三趣·四效

小学科学课堂教学的研究与实践

吴润石　著

苏州大学出版社

图书在版编目（CIP）数据

三趣·四效：小学科学课堂教学的研究与实践 / 吴润石著. -- 苏州：苏州大学出版社，2025. 9. -- ISBN 978-7-5672-5181-6

Ⅰ. G623. 62

中国国家版本馆 CIP 数据核字第 2025XE5771 号

SANQU · SIXIAO：XIAOXUE KEXUE KETANG JIAOXUE DE YANJIU YU SHIJIAN

责任编辑：沈　琴　　**装帧设计**：刘　俊

助理编辑：任雨萌

出版发行：苏州大学出版社　　**网　　址**：http：//www. sudapress. com

社　　址：苏州市十梓街 1 号　　**邮　　箱**：sdcbs@ suda. edu. cn

邮　　编：215006　　**开　　本**：700 mm×1 000 mm　1/16

印　　刷：江苏凤凰数码印务有限公司　　**印　　张**：16. 25

版　　次：2025 年 9 月第 1 版　　**字　　数**：275 千

印　　次：2025 年 9 月第 1 次印刷　　**定　　价**：60. 00 元

图书若有印装错误，本社负责调换

苏州大学出版社营销部电话　　0512-67481020

苏州大学出版社天猫旗舰店　　https：//szdxcbs. tmall. com

PREFACE 前言

在全球化与信息技术迅速发展的时代，教育的重要性愈发凸显，而小学教育作为基础教育的起点，尤其具有不可忽视的作用。小学科学教育，不仅仅是传授知识的过程，更是培养学生科学素养、激发学生好奇心、发展学生探究能力的关键阶段。如何在这一过程中有效地激发学生的学习兴趣，促进其全方位发展，成为当代教育工作者亟待解决的课题。

本书以“趣”和“效”为核心，深入探讨小学科学课堂教学中的策略与方法。通过“为‘趣’而教”这一理念，本书首先阐述了兴趣在儿童学习科学中的重要性，指出兴趣是儿童学习科学最好的老师。本书分析了小学科学教育的教学目标及核心素养，希望通过科学合理的教育目标设计，教师能更好地激发学生的学习兴趣，并在实践中培养他们的科学素养。

在理论基础方面，本书结合人本主义心理学、建构主义心理学与认知派学习理论，深入探讨了这些理论在小学科学教学中的应用，为教师的教学设计提供了坚实的理论支撑。在课堂教学策略的实践部分，本书提出了“三趣”的概念，即“儿童游戏之趣”“理性思考之趣”“探究实践之趣”。这三个维度的趣味性是激发学生学习兴趣的关键，它们不仅帮助学生在游戏中感受科学的魅力，还培养学生通过理性思考和探究实践提升科学思维水平与动手能力。同时，本书提出了“四效”的教学方法，即有效的教学设计、有效的技术运用、有效的器材改进与有效的课外延伸。这些方法旨在提升课堂教学的有效性，通过精心设计教学方案、合理运用现代技术、改进教学器材，以及课外活动的延伸，让科学课堂更加生动有趣且富有成效。小学科学教师在课堂中的表现直接影响学生的学习效果。为此，本书专门探讨了教师在课堂中必备的技能，包括课堂导入、提问、讲解、演示与随堂评价等技能，帮助教师在实际教学中更好地掌控课堂，激发学生的学习兴趣。在研究与实践的基础上，本书还对 STEM 教育的整合、环境教育与可持续发展等特殊主题进行了案例研究，结合具体的教学情境，探讨了“趣”与“效”如何在实际教学中达到统一。最后，本书探讨了小学科学课程的评估与反馈，特别关注了数字技术在评估中的应用，对在教学过程中利用评估和反馈不断改进教学、提升教育质量提出了建议。

希望本书能够为一线的小学科学教师提供理论支持与实践指导，使他们在教学中能够真正做到“趣”“效”合一，帮助学生在快乐中学习科学，在学习科学中发展兴趣，在兴趣中成就未来。让我们共同努力，激发孩子们对科学的热爱，培养出具有创造力和探究精神的新一代科学公民。

CONTENTS 目录

第一章

为“趣”而教：小学科学教育概述

第一节
兴趣是儿童学习科学最好的老师

在小学阶段，科学教育不仅仅是向儿童传授知识的渠道，更是激发儿童探索自然和世界的好奇心的重要途径。而在这一过程中，兴趣扮演着至关重要的角色。兴趣是儿童主动学习的动力源泉，是他们乐于探索和思考的催化剂。正因为如此，在小学科学教育中，培养儿童的科学兴趣比单纯传授知识更为重要。

一、兴趣概述

（一）兴趣的定义与心理学基础

1. 兴趣的定义

（1）兴趣是一种心理状态

兴趣是个体在面对某种事物或活动时所产生的一种积极的情感和动机状态。它不仅是情感体验的一部分，也是推动个体行为的内在力量。当一个人对某个事物感兴趣时，往往会表现出高度的注意力和积极的参与度。对于儿童来说，兴趣尤其重要，因为兴趣是他们探索世界、发现新知识的动力源泉。具体而言，兴趣可以让儿童在面对科学学习时，保持好奇心和热情，从而主动投入到学习活动中去。

（2）兴趣的分类

在心理学中，兴趣通常分为内在兴趣和外在兴趣。内在兴趣源于活动本身的吸引力。例如，当儿童对科学实验本身感到好奇和兴奋时，这种兴趣就属于内在兴趣。内在兴趣通常与深层次的学习动机和长期的学习成果密切相关。外在兴趣则更多受到外界因素的影响，如奖励、表扬或其他外部激励。这种兴趣可能在短期内激励儿童参与学习活动，但儿童通常难以维持长久的学习动力。因此，在小学科学教育中，培养儿童的内在兴趣显得尤为重要，它能促进儿童持续学习和深度理解。

2. 心理学视角下的兴趣

（1）兴趣与动机的关系

在心理学研究中，兴趣被视为一种强大的内在动机。动机是驱动个体行为的力量，而兴趣则是动机的一个重要来源。当儿童对某一科学主题产生兴趣时，这种兴趣能够激发他们自主学习的动机，使他们愿意主动提问、探索和实验。这种内在动机不仅提升了儿童的学习积极性，也使得他们在学习过程中更加持久和投入。此外，兴趣驱动的学习常常伴随着更深层次的认知加工，儿童会更愿意去理解和解决复杂问题，而不是仅仅满足于表面的知识获取。

（2）兴趣的认知基础

从认知心理学的角度来看，兴趣通过激活大脑的认知机制，起到促进学习的作用。当儿童对某一科学主题感兴趣时，他们的大脑会更加活跃，注意力集中度也会显著提高。这不仅有助于信息的有效编码和储存，还能增强记忆的持久性。此外，兴趣还能够增强儿童的思维活跃度，使他们更容易进行联想、推理和创造性思考。在科学学习中，这种认知激活尤为重要，因为科学本身就是一门需要不断探索和创新的学科。通过兴趣驱动，儿童不仅能够更好地掌握科学知识，还能培养解决问题和创新的能力。

（二）儿童兴趣的形成与发展

1. 儿童兴趣的形成过程

（1）早期接触与体验

儿童的兴趣往往在他们幼年时期的日常体验中逐渐萌发。在幼儿期，儿童通过直接接触大自然、观察身边的事物，开始对世界产生好奇心。比如，当他们看到一只蝴蝶在花丛中飞舞，或者感受到泥土的质感，这些简单的体验会激发他们对自然现象的兴趣。这种通过感官体验获得的直接认知，是儿童兴趣形成的初步阶段。通过游戏、探索和简单的实验，儿童在这一阶段开始对科学世界有了最初的感知和兴趣，奠定了未来学习科学的基础。

（2）社会环境的影响

除了早期的感官体验，社会环境在儿童兴趣发展中也起着至关重要的作用。家庭是儿童接触世界的第一个窗口，家长的引导和陪伴在激发儿童兴趣方面具有重要意义。当家长主动带领孩子进行科学探索，比如参观博物馆、观察星空或进行简单的家庭实验时，孩子的兴趣会被进一步激发。学校和教师则通过课堂教学、科学实验和探究性学习活动，系统地引导儿童对科学的兴趣。同伴之间的互动也不可忽视，尤其是当儿童分享他们的发现和好奇心时，彼此的兴趣会得到加强。因此，社会环境通过提供正向反馈和鼓励，帮助儿童形成并巩固对科学的兴趣。

2. 儿童兴趣的维持与发展

（1）动态发展观

儿童的兴趣不是一成不变的，而是随着他们的年龄、认知能力和经验的增加而动态发展。早期的兴趣可能是零散的、感性的，但随着儿童的成长，这些兴趣会逐渐变得更为理性和系统化。例如，一个对昆虫感兴趣的孩子，可能随着年龄增长而对生物学产生更广泛的兴趣。为了保持和深化儿童的兴趣，教育者需要在不同的成长阶段提供适合他们认知水平的学习材料和活动。这不仅能维持儿童对科学的持久兴趣，还能帮助他们不断扩展和深化对科学的理解。

（2）个性化兴趣的培养

每个儿童的兴趣都是独特的，因此，教育者应当注重识别和支持儿童的个性化兴趣。在科学教育中，因材施教尤为重要。通过观察和了解儿童的兴趣点，教师和家长可以提供更加个性化的学习材料和资源，比如特定科学领域的书籍、实验工具或学习项目。同时，创造一个支持和鼓励探索的环境也至关重要。当儿童的个性化兴趣得到认可和支持时，他们会更加积极地参与学习，并在感兴趣的科学领域中取得更大进步。这种因材施教的方法，有助于培养儿童的自主学习能力，并在未来的科学学习中持续发展他们的兴趣。

二、兴趣对儿童学习科学的积极影响

（一）激发探索欲望

兴趣是儿童探索未知世界的强大动力。对于孩子们来说，兴趣不仅仅是一种喜欢或偏好，更是一种促使他们主动发现和理解世界的内在驱动力。当孩子们对某个科学主题产生浓厚的兴趣时，这种兴趣会自然地转化为强烈的探索欲望。正是这种欲望，促使他们不断寻找新信息、提出问题，并深入探究，以满足他们对知识的渴求。

当孩子们被某一科学领域所吸引时，他们通常会表现出极高的主动性。例如，一个对动物充满兴趣的孩子，可能不仅仅满足于观察动物的外表特征，还会进一步深入了解动物的生活习性以及它们在生态系统中的作用。为了满足这种探索欲望，这个孩子可能会阅读大量与动物相关的书籍，观看自然纪录片，甚至亲自动手在家里饲养小动物，通过实际体验加深对动物世界的理解。

这种由兴趣驱动的探索行为，不仅有助于孩子们丰富他们的知识储备，还显著增强了他们的自主学习能力和探究精神。当孩子们主动去寻找问题的答案、解开自然界的奥秘时，他们不仅在积累科学知识，也在培养一种科学的思维方式。这种思维方式将使他们在面对未来的学习任务和生活挑战时，表现出更强的解决问题的能力和创新精神。

因此，兴趣不仅是学习的催化剂，更是儿童不断探索世界、拓宽视野的内在动力。通过兴趣，儿童能够更主动、更深入地参与科学学习，并在这一过程中获得持久的满足感和成就感。这种兴趣驱动的学习模式，不仅帮助儿童更好地掌握科学知识，还为培养他们终身学习的态度和能力奠定了坚实的基础。

（二）增强科学学习动力

兴趣在学习中扮演着增强学习动力的关键角色。当儿童对某一科学主题产生兴趣时，他们的学习行为就不再是被动的知识接受过程，而是变成了一种积极的探索活动。兴趣促使他们主动参与到科学活动中，无论是实验、观察还是讨论，儿童都会表现出高度的积极性和投入感。这种主动参与不仅使学习过程更具吸引力，还能大大提高学习效果的持久性。

当学习动机源于内在的兴趣时，儿童会表现出更强的持久力和耐心。他们不再是为了完成任务而学习，而是因为对科学的深刻兴趣而投入更多时间和精力。他们会愿意挑战自己，去理解复杂的科学概念和原理，而不是仅仅满足于表面的知识。兴趣驱动下的学习让儿童享受探索的过程，他们会感受到发现新知识的乐趣，这种乐趣进一步强化了他们的学习动力。

在兴趣的推动下，儿童在学习中的注意力和专注度显著提升，学习效率因此得到大幅度提高。兴趣能够使儿童全神贯注于他们感兴趣的主题，减少外界干扰，增强学习的深度和广度。例如，一个对化学实验充满兴趣的孩子，可能会自主花费大量时间在实验室进行各种实验。他不仅会按照教材的要求完成实验，还会尝试不同的方法，观察各种化学反应，甚至设计自己的实验方案。

这种由兴趣驱动的自主学习，使得儿童能够在实践中积累经验，从而获得课堂上无法提供的深刻理解和知识。这种学习不仅仅局限于理论的掌握，还包括实践能力的提升和动手操作技能的增强。通过不断地实验和探索，儿童逐渐建立起对科学现象的直观理解，培养了科学思维和解决问题的能力。这种基于兴趣的学习模式，不仅提升了他们的学习效率，还为他们未来的科学学习打下了坚实的基础。

因此，兴趣不仅是学习的推动力，更是学习效率的加速器。通过兴趣驱动，儿童能够更高效地学习，更深入地理解科学概念，并在实际操作中验证他们的知识。这种学习方式使他们的科学学习变得更加主动和富有成效，为他们未来的学术和职业发展奠定了坚实的基础。

（三）提升解决问题的能力

当儿童对某一科学主题产生浓厚兴趣时，他们往往不仅仅满足于学习现有的知识，还会主动寻求解决在学习过程中遇到的各种问题。这种兴趣引导下的学习让儿童更加愿意面对挑战，不轻易放弃，甚至乐于解决复杂的问题。这一过程中，儿童不断地思考、尝试、修正自己的观点和方法，这种持续探究和解决问题的过程，极大地培养了他们的批判性思维和分析能力。

批判性思维和分析能力对于科学学习至关重要，因为科学本质上是一个不断提出问题、分析问题并寻找答案的过程。通过兴趣的驱动，儿童在面对问题时不会仅仅依赖现成的答案，而是更倾向于自己动手解决问题。他们会从多个角度分析问题，寻找可能的解决方法，并验证这些方法的有效性。这种能力的提升不仅在科学学习中有重要作用，也为他们未来应对各种复杂问题打下了坚实的基础。

例如，一个对天文学感兴趣的孩子，可能会对宇宙的起源、行星的运动规律等问题产生浓厚的兴趣。当他遇到不理解的概念或现象时，不会轻易放弃，而是会主动查阅资料，观看相关的科普节目，甚至向教师或专家请教。通过这种自主探索，他不仅丰富了自己的天文学知识储备，还学会了如何系统地分析问题。

在这一过程中，儿童学会了如何将复杂的问题分解为更小的、可管理的部分，并逐步寻找解决方案。这种分析和解决问题的能力是批判性思维的核心部分。通过不断练习和应用，儿童逐渐掌握了科学地思考问题的方法，他们能够质疑现有的假设，提出新的假设，并通过实验或进一步的研究来验证这些假设。

这种能力的培养对儿童未来的学习和生活将产生深远的影响。无论是在学术研究中，还是在日常生活中，批判性思维和分析能力都是解决问题的关键能力。通过兴趣驱动的科学学习，儿童不仅能够更好地掌握知识，还能够成为富有创造力和独立思考能力的个体，为他们未来的个人发展和为社会做出贡献奠定坚实的基础。

三、在小学科学教育中培养和激发兴趣的方法

（一）采用多样化的教学方法

1. 通过游戏、实验、项目学习等多种方式激发兴趣

在小学科学教育中，采用多样化的教学方法是激发学生学习兴趣的关键。游戏化教学是一种特别有效的方式，它通过将科学知识与游戏元素结合起来，利用学生天生的好奇心和对游戏的热爱，使学习过程变得有趣而富有吸引力。例如，教师可以设计科学谜题，让学生在解谜过程

中掌握科学概念，或通过模拟实验室游戏，让学生在虚拟环境中进行实验，从而加深对科学原理的理解。

此外，动手实验和项目学习也能显著提升学生对科学的兴趣。在实验活动中，学生不仅是知识的接受者，更是探究者和发现者。通过亲自动手进行实验，他们能够直接观察到科学现象，感受到科学的真实与魅力。项目学习则为学生提供了一个更广阔的探索平台，他们可以根据自己的兴趣选择课题，进行深入研究，从中体验到科学探究的乐趣。这种基于实际问题和真实情境的学习方式，不仅提高了学生的参与度，还培养了他们的独立思考能力和团队合作精神。

2. 运用多媒体和互动技术，使科学学习更生动有趣

现代科技的发展为科学教育带来了丰富的教学资源，通过多媒体和互动技术，教师可以将抽象的科学概念变得更加直观和生动。例如，使用动画和视频可以让复杂的自然现象如火山爆发、气候变化等变得易于理解，学生能够通过视觉和听觉的双重感受，加深对这些现象的认知。虚拟现实（VR）技术更是为学生提供了沉浸式的学习体验，他们可以“走进”一个细胞，或者“飞越”太阳系，这种身临其境的学习方式极大地激发了他们对科学的兴趣。

互动式白板、科学应用程序和在线实验平台等工具，也为课堂增添了更多的互动性和趣味性。例如，通过互动式白板，教师可以让学生参与到教学内容的演示中，进行实时的互动和反馈；科学应用程序提供了大量的互动内容，学生可以通过这些应用进行模拟实验、观察科学现象，甚至进行科学竞赛；在线实验平台则让学生可以在虚拟环境中进行各种科学实验，帮助他们在没有实验条件的情况下也能进行科学探究。

这种多媒体和互动技术的运用，不仅使课堂教学更加生动有趣，还增加了学生的参与感和学习动力。通过这些技术手段，科学学习不再是枯燥的知识记忆，而是充满了探索与发现的乐趣。学生在这个过程中，不仅能够获得科学知识，更能培养起对科学的持久兴趣和热情，为他们的未来学习奠定坚实的基础。

（二）结合生活实际提升学生学习兴趣

在小学科学教育中，将科学知识与学生的日常生活相结合是增强理解和兴趣的重要方法。通过这种方式，学生能够更清晰地认识到，科学不仅仅是书本上的知识，而且渗透在他们生活的方方面面。这种教学方式能够帮助学生理解科学知识的实际应用，并鼓励他们在日常生活中运用这些知识进行观察和思考。

例如，在学习生命科学时，教师可以引导学生观察家中或学校周围的植物生长过程。这种观察不仅能让学生更直观地理解植物生长的基本概念，还能使他们感受到自然界的变化和科学的魅力。通过记录植物的生长变化，学生可以学会系统地观察和分析数据，并从中得出科学结论。此外，这种学习方式还培养了学生的好奇心和探索精神，使他们更乐于将科学知识应用于实际生活。

再如，教师可以布置一个作业，让学生在家中种植一棵植物幼苗，并每天记录其生长过程。学生可以测量植物的高度，观察叶子的数量变化和颜色变化，并记录这些数据。教师还可以引导他们思考阳光、水分和土壤对植物生长的影响，讨论植物生长所需的基本条件。这些观察和思考不仅帮助学生理解植物生长的生物学原理，还让他们体验到了科学探究的乐趣。

通过这种结合实际生活的学习方式，学生不仅能够更好地掌握生物学知识，还能培养出一种科学思维方式。他们会开始关注生活中的科学现象，思考这些现象背后的科学道理，从而形成一种将科学与生活紧密联系在一起的认知模式。这种认知模式不仅有助于科学知识的内化和应用，还能激发学生对科学的持久兴趣，推动他们在日常生活中不断探索和发现更多的科学知识。

（三）鼓励学生自主探索

1. 提供资源和环境，鼓励学生自主进行科学实验和探索

鼓励学生自主进行科学实验和探索，是激发他们科学兴趣和培养科学思维的重要途径。学校和家庭可以通过提供适当的资源和支持，帮助学生在安全且富有挑战性的环境中自由探索科学世界。简单的实验材

料、基础的科学工具和丰富的参考书籍都是学生开展自主实验的必要条件。例如，家长可以为孩子们准备一个小型的家庭实验室，提供试管、放大镜、显微镜等工具，让他们在家中自由进行各种科学实验。与此同时，教师可以在教室内设立一个科学角，摆放各类科学材料和工具，让学生在课余时间探索自然与科学。

通过提供这样的环境和资源，学生不仅能够在实践中掌握科学知识，还能培养独立探究的能力。他们可以根据自己的兴趣选择实验项目，自主设计实验步骤，并通过亲自动手获得第一手的科学经验。这种自由探索的过程不仅激发了学生对科学的兴趣，还让他们体验到了科学发现的乐趣和成就感。

2. 支持学生提出自己的问题，并通过实际操作找到答案

自主探索不仅需要提供资源和环境，还要鼓励学生主动提出问题，并通过实际操作寻找答案。在日常生活中，学生常常会对身边的现象产生好奇心，教师和家长应积极引导他们将这些好奇心转化为具体的问题，并通过科学方法来解决这些问题。

例如，当一个学生对水的蒸发现象感到好奇时，教师可以鼓励他设计一个小实验来观察水的蒸发过程。学生可以在不同温度下放置几杯水，观察水位的变化，并记录下每个时间点的水量变化。这种实验不仅让学生亲身体验了科学研究的过程，还帮助他通过实际操作来理解抽象的科学概念。

这种自主探索的学习方式，不仅提高了学生的科学素养，还培养了他们的独立思考能力和科学探究精神。通过自主提出问题和寻找答案，学生学会了科学地思考问题，系统地分析现象，并通过实验验证假设。这些能力的培养，将对他们未来的科学学习和生活产生深远的影响，使他们能够以批判性和创造性的方式应对各种挑战。

（四）营造积极的学习氛围

1. 通过鼓励和表扬，增强学生的自信心和学习兴趣

在小学科学教育中，创造积极的学习氛围对于激发学生的科学兴趣和增强自信心至关重要。教师和家长在学生探索科学的过程中，应当给

予及时的鼓励和表扬，以此来肯定他们的努力和进步。无论学生在科学实验中取得的成就大小，都值得收获积极的反馈，这种认可能够让学生感受到自己的价值，并激发他们继续探索和学习的热情。

鼓励的形式可以多种多样，口头赞扬是最常见的一种方式。例如，在课堂上当学生提出了一个独特的观点或完成了一次成功的实验时，教师应当给予积极的评价。同时，小奖品、证书或公开表扬也是有效的激励手段。这些奖励不仅能增强学生的自信心，还能使他们对科学学习产生更强的兴趣和动力。

通过这种积极的反馈机制，学生会更加乐于参与科学活动，愿意花更多的时间和精力在科学学习上。他们会认为自己的努力和成就得到了认可，从而形成一个良性循环：兴趣带动参与，参与带来成就感，成就感又进一步增强了学习的兴趣和动力。

2. 营造一种探究和合作的课堂氛围，使学生更乐于参与

在科学课堂上，营造一种探究和合作的氛围，可以大大提升学生的学习兴趣和参与度。教师应鼓励学生之间的合作与交流，通过小组学习和团队项目，学生可以互相启发，分享彼此的发现和想法。这种合作学习不仅能够增强他们对科学的理解，还能培养他们的团队精神和沟通能力。

教师可以设计一些开放性的问题，鼓励学生大胆提出自己的看法和疑问，并共同讨论解决问题的方案。例如，在探讨一个科学现象时，教师可以让学生分组讨论不同的解释，并通过实验或进一步研究来验证他们的假设。这样的课堂环境，不仅让学生感受到科学探究的乐趣，还能鼓励他们主动参与到知识的构建过程中。

此外，教师应当重视课堂上的每一个想法和问题，鼓励学生表达自己的观点，并引导他们通过讨论和合作来解决问题。这种包容和鼓励的课堂氛围，有助于学生树立自信，培养批判性思维，并形成积极的学习态度。

总之，通过创造一种积极的学习氛围，教师和家长可以有效地激发学生对科学的兴趣，增强他们的自信心，并促进他们在科学学习中的持

续发展。这样的环境不仅有助于学生在学术上取得成功，还为他们的个人成长和社会能力的培养奠定了坚实的基础。

四、家长和教师在激发孩子兴趣中的角色

（一）家长的支持与引导

1. 与孩子共同参与科学活动

家长在激发孩子们的科学兴趣中扮演着至关重要的角色。通过与孩子共同参与科学活动，家长可以有效地激发孩子的好奇心和探索欲望。这种共同参与不仅使孩子们感受到科学的魅力，还能增强亲子关系，培养孩子们对科学的持久兴趣。例如，家长可以带孩子参观科学博物馆，亲身体验各种科学现象和互动展览，激发他们对不同科学领域的兴趣。天文观测活动也是一个很好的选择，通过一起观看星空，认识星座和行星，孩子们可以对天文学产生浓厚的兴趣。此外，在家里进行简单的科学实验，如制作火山喷发模型或观察水的蒸发过程，能够让孩子们在轻松愉快的氛围中学习科学知识。

家长的积极参与和支持让孩子们感受到，科学不仅是课堂上的内容，更是生活中可以亲身体验的乐趣。当孩子们看到父母也对科学活动表现出兴趣时，他们往往会更加积极投入，从而形成对科学的长期兴趣和探索精神。这种亲子互动还可以加强沟通，使家长能够更好地了解孩子的兴趣点，并进一步支持他们的发展。

2. 提供科学书籍、玩具和工具，营造良好的学习环境

为了更好地激发和支持孩子们的科学兴趣，家长可以通过为孩子提供适合他们年龄和兴趣的科学书籍、教育性玩具和科学实验工具，来营造一种鼓励探索和学习的家庭环境。科学启蒙书籍是一个非常有效的工具，它们可以以简单易懂的语言和生动有趣的插图，向孩子们介绍各种科学主题，从天文学到生物学，再到物理学和化学。通过阅读这些书籍，孩子们可以在家长的陪伴下逐步了解科学的基本概念，激发对科学的初步兴趣。

科学玩具也是培养孩子们科学兴趣的重要工具。显微镜、化学实验套装、太阳能汽车模型等玩具，不仅让孩子们在玩乐中学习科学知识，

还能激发他们的创造力和动手能力。例如，使用显微镜观察植物叶片或昆虫的结构，可以让孩子们对微观世界产生浓厚兴趣；通过化学实验套装进行简单的化学反应实验，可以让他们体验到化学的神奇和魅力。

此外，为孩子们准备一个专门的学习角落，配备基本的学习和实验工具，可以帮助他们更专注地进行科学探索。这种环境支持不仅能激发孩子们的科学兴趣，还能培养他们独立学习和探索的能力。当孩子们有了一个属于自己的科学角落，他们会更愿意花时间在其中进行实验、阅读科学书籍，并记录他们的发现和思考。这种自主探索的过程，能够帮助孩子们建立对科学的持久兴趣，并为他们未来的科学学习打下坚实的基础。

（二）教师的启发与鼓励

1. 通过提问和讨论激发学生的思考

教师在科学课堂上扮演着至关重要的引导者角色，通过提问和讨论，激发学生的思考和探索精神。科学教育不仅仅是知识的传递，更是思维方式和探索能力的培养。教师可以通过设计开放性的问题来引导学生进行自主思考。例如，在讲解重力的概念时，教师可以提出“为什么不同重量的物体会以相同的速度下落”这样的问题，引导学生思考并讨论这个现象背后的科学原理。这种问题驱动的教学方法，促使学生积极参与，寻找答案，并提出自己的假设和解释。

此外，课堂上的讨论环节可以让学生分享各自的想法和疑问，形成互动的学习环境。教师可以鼓励学生大胆表达自己的观点，并引导他们通过讨论和辩论来深化对科学概念的理解。这种互动式教学不仅有助于学生更深入地理解所学知识，还培养了他们的批判性思维能力和团队合作精神。

2. 关注每个学生的兴趣点，因材施教

每个学生的兴趣和学习风格都是独特的，教师在教学中应当敏锐地关注这些差异，并采取因材施教的方法。通过细致的观察和沟通，教师可以了解每个学生的兴趣点，进而设计出更加个性化的学习活动。这种个性化的教学不仅能够最大限度地激发学生的科学兴趣，还能帮助他们

在自己感兴趣的领域取得更大的进步。

例如，对于那些喜欢动手实验的学生，教师可以安排更多的实验课程，让他们在实践中学习科学原理；而对于那些喜欢阅读和研究的学生，教师则可以提供更多的参考资料和项目研究机会，鼓励他们深入探究自己感兴趣的科学问题。这种因材施教的方式，能够充分发挥每个学生的潜力，使他们在科学学习中感到满足和成就感。

通过关注每个学生的兴趣点，教师不仅能够帮助他们在学术上取得进步，还能培养他们的自主学习能力和持续的学习兴趣。这样，学生不仅能够在课堂上有所收获，还能够在未来的学习和生活中，持续保持对科学的热情和探索精神。

第二节
小学科学教育教学目标研究

小学科学教育是基础教育的重要组成部分，它不仅为学生未来的科学学习奠定了基础，还在培养学生的科学素养、思维能力和探究精神方面起到了关键作用。小学阶段是学生认知发展的关键时期，他们对世界充满好奇，具有强烈的探索欲望。因此，科学教育在这一阶段显得尤为重要。通过科学课程的学习，学生可以初步了解自然界的基本规律，掌握科学的思考方式，并形成科学的态度和价值观。这些素质的培养对于学生未来的发展具有深远的影响，因此，小学科学教育在整个教育体系中占据了不可替代的位置。

教学目标是教学活动的核心，明确的教学目标能够有效地引导教学过程，提升教学效果。在小学科学教育中，设定明确的教学目标尤为重要。它不仅能够帮助教师合理安排教学内容、选择合适的教学方法，还能够确保学生在学习过程中逐步达到预期的学习成果。明确的教学目标可以帮助学生明确学习的方向和重点，增强他们的学习动力和成就感。此外，教学目标还为教学评价提供了依据，使得教师能够及时了解学生的学习进度，并根据实际情况进行调整和改进。因此，研究小学科学教育的教学目标，不仅有助于提升科学教育的质量，还能够更好地满足学生的学习需求，促进他们的全面发展。

一、小学科学教育的教学目标概述

（一）教学目标的定义与分类

小学科学教育的教学目标是指在小学科学教育过程中，教师期望学生达成的学习成果和发展状况。

1. 知识性目标：基础科学知识的传授

知识性目标是小学科学教育的核心内容之一，其主要任务在于向学生传授系统的基础科学知识。这些知识涵盖了广泛的领域，包括自然界的基本规律、科学现象的解释、科学概念的掌握及科学原理的理解。通过这些知识的学习，学生不仅能够初步了解科学世界的运作机制，还能为未来更深入的科学学习打下坚实的基础。

在小学阶段，由于学生的认知能力和理解能力尚在发展，科学知识的传授应采用简明易懂、富有启发性的方式进行。教师应当通过贴近生活的实例和生动的教学手段，使学生能够在具体的情境中理解抽象的科学概念。例如，在教授太阳系的基本构成时，教师可以借助模型、图片或多媒体演示，帮助学生直观地认识太阳、行星和其他天体之间的关系。通过这种视觉化的教学方法，学生不仅能够清晰地理解天体的位置和运动，还能产生对宇宙的好奇心和探索欲望。

此外，科学知识的传授不应仅停留在理论层面，而应注重与学生日常生活的联系。通过实际观察和体验，学生能够将课本上的知识转化为现实中的理解。例如，在学习植物的生长过程时，教师可以安排学生在校园或家中种植植物，并定期观察其生长变化。通过记录植物的生长过程，学生能够更好地理解植物生长所需的条件，如光照、水分和土壤的作用。这种将科学知识与实际生活结合的教学方式，能够有效增强学生的学习兴趣和理解能力。

知识性目标的实现不仅仅是为了让学生掌握一些具体的科学事实，更重要的是帮助他们建立起对自然和科学的初步认知。通过科学知识的积累，学生可以逐步形成科学的思维方式，并学会用科学的眼光去观察和解释世界。这种科学认知的形成，将为学生未来的学习和成长提供重要的支持，使他们能够在更高阶段的学习中，继续探究科学的奥秘并应用这些知识解决实际问题。

因此，科学知识的传授在小学科学教育中具有不可替代的重要性。通过科学知识的系统学习，学生不仅能够了解和掌握基础的科学概念和原理，还能培养出对科学的浓厚兴趣和探究精神。这种对科学的初步认知和兴趣，将引导学生在未来的学习道路上，不断探索、创新，成为具备科学素养的公民。

2. 技能性目标：科学实验与操作技能的培养

技能性目标在小学科学教育中扮演着至关重要的角色，其重点在于培养学生的科学实验能力和操作技能。这一目标不仅关注学生对科学知识的理解，更强调学生在实际操作中如何应用这些知识。通过动手实践，学生能够更深入地理解科学原理，并学会使用科学的方法来探究和解决问题。

在小学阶段，学生正处于动手能力和逻辑思维发展的关键时期。科学教育中设置技能性目标，旨在通过实际操作和实验活动，学生能掌握科学探究的基本方法和技能。例如，教师可以安排学生使用简单的实验工具，如放大镜、温度计、量杯等，进行观察、测量和记录。这些活动不仅让学生体验到科学研究的过程，还能够培养他们细致的观察能力和精确的测量技巧。同时，教师可以引导学生设计和实施小型实验，例如，探索植物生长的最佳条件、观察物体下落速度的变化等。这些实验让学生在亲自动手的过程中，掌握科学实验的基本步骤，包括假设的提出、实验的设计、数据的收集和结果的分析。

通过这些科学实验活动，学生不仅学会了如何进行科学实验，还发展了多种关键技能。首先，动手能力是技能性目标的核心。学生在操作实验工具、组装实验装置及记录实验结果的过程中，逐渐提高了自己的动手能力。这种能力不仅在科学学习中至关重要，在日常生活中也具有广泛的应用价值。

其次，观察能力和问题解决能力也是技能性目标的重要组成部分。在实验过程中，学生需要通过仔细观察来捕捉实验现象的细微变化，并据此进行分析和判断。这一过程中，学生的观察能力得到了极大的锻炼，变得更加敏锐和细致。而在面对实验中出现的问题时，学生则需要动脑思考，尝试不同的方法来解决问题。这种解决问题的能力，是学生在科学学习和实际生活中应对挑战的重要工具。

最后，科学实验还培养了学生的逻辑思维和系统性思考能力。在实验过程中，学生需要按照科学的步骤进行探究，遵循从假设到验证的逻辑顺序。这种系统性的思维方式，不仅帮助学生更好地理解科学原理，还为他们未来的学习和工作奠定了良好的基础。

技能性目标的培养，不仅是为了让学生掌握一系列操作技能，更是为了在他们心中埋下探究世界、解决问题的种子。通过科学实验和实际操作，学生能够更好地理解和运用科学知识，逐步养成严谨的科学态度和思维方式。这些技能和态度将伴随他们成长，使他们在未来的学习和生活中，具备应对复杂问题的能力，并在探索未知的过程中，保持不懈的好奇心和创新精神。

3. 情感态度与价值观目标：培养科学兴趣和探究精神

情感态度与价值观目标在小学科学教育中扮演着至关重要的角色，它不仅关系到学生的知识掌握和技能发展，更深刻影响着他们对科学的整体态度和人生观。这一目标的核心在于培养学生对科学的浓厚兴趣，激发他们的好奇心和探究精神，并逐步形成科学的态度和价值观。这些情感和态度的培养，将为学生的科学素养打下坚实的基础，使他们在未来的学习和生活中，能够以理性和批判的眼光看待和解决问题。

首先，激发学生对科学的兴趣是情感态度与价值观目标的首要任务。兴趣是学习的动力源泉，当学生对某一领域产生兴趣时，他们会更主动、更积极地投入学习。在科学教育中，教师应当通过生动有趣的教学内容和丰富多样的教学活动，吸引学生的注意力，激发他们的学习兴趣。例如，利用实验、游戏、故事等多种形式，将抽象的科学概念形象化，使学生能够在轻松愉快的氛围中学习科学知识。通过这样的方式，学生不仅能够对科学产生兴趣，还能感受到学习的乐趣，从而进一步增强他们的学习动机。

其次，培养学生的好奇心和探究精神是情感态度与价值观目标的核心内容。好奇心是科学探究的起点，它驱使学生不断提出问题、寻找答案。教师在教学中应当鼓励学生大胆提问，探索未知领域，并通过探究活动来寻找问题的答案。例如，通过观察自然现象、设计小实验、参与科学探究项目，学生能够在实践中培养起主动探究的精神。这种探究精神不仅帮助学生在科学学习中获得更深刻的理解，还培养了他们独立思考和创新的能力。

再次，情感态度与价值观目标还强调科学精神的培养。这不仅包括严谨的科学态度，还涉及对科学的热爱、对自然的尊重及团队合作的意识。在科学教育中，教师应注重培养学生的批判性思维，鼓励他们以质疑的态度面对科学问题，并通过逻辑推理和实验证据来验证观点。与此同时，教师还应引导学生认识到科学研究需要合作与分享，培养他们的团队合作意识。例如，通过小组合作的方式进行实验和探究活动，学生能够学会如何与他人合作，共同解决问题，并在合作中分享彼此的发现和成果。

最后，对自然的尊重也是情感态度与价值观目标的重要组成部分。科学教育应当帮助学生认识人类与自然之间的密切联系，以及保护环境的重要性。通过教育学生珍惜资源、保护生态环境，教师可以培养他们的环保意识和责任感，使他们在日常生活中能够以实际行动践行这些价值观。

总之，情感态度与价值观目标不仅在于知识和技能的传授，更在于塑造学生的科学素养和人生态度。通过培养科学兴趣、激发探究精神及塑造科学态度，学生不仅能够在科学学习中取得优异成绩，还能形成一种终身受益的科学观念。这种观念将帮助他们在未来的学习、工作和生活中，保持对世界的好奇心和探索精神，具备批判性思维和解决问题的能力，并以理性和负责的态度对待自然和社会。

（二）小学阶段科学教育的特点与需求

1. 年龄段特征与认知能力

小学阶段的学生处于认知发展的关键时期，他们的思维方式和认知能力与成年人大不相同。这个年龄段的学生通常表现出强烈的好奇心和探索欲望，对新鲜事物充满兴趣，愿意尝试和接触各种各样的科学现象。然而，由于他们的认知能力尚处于发展阶段，尤其是抽象思维能力尚未完全成熟，他们在理解复杂概念和抽象原理时可能会遇到困难。因此，小学科学教育必须充分考虑这些年龄段的认知特点，设计适合他们的教学方法和内容。

首先，在教学设计中应采用具体形象、直观有趣的教学方法，以帮助学生理解那些对他们来说相对抽象的科学概念。例如，教师可以利用丰富的图画、实物和模型来直观展示科学原理，这些工具能够将抽象的概念形象化，使学生更容易理解和记忆。例如，在讲解太阳系时，使用太阳和行星的模型可以帮助学生更好地理解天体之间的相互关系和运动规律。通过这样的视觉化教学，学生能够建立起对复杂概念的初步认知，并且在未来的学习中逐步深化这种理解。

其次，教学内容应根据学生的认知发展水平进行科学合理的安排，遵循由浅入深、循序渐进的原则。对于小学阶段的学生来说，科学教育的内容不宜过于复杂或抽象。教师应当从学生的生活经验出发，选择与他们日常生活密切相关的科学现象作为教学起点，通过具体的事例引导他们理解基本的科学概念。例如，在讲解浮力原理时，教师可以引导学生观察生活中的漂浮现象，如木块在水中漂浮、石头沉入水底等，并由此引出浮力的概念。通过这样的教学设计，学生能够在熟悉的情境中逐步掌握科学知识。

最后，科学教育还应注重激发学生的学习兴趣和探索精神。教师可以通过设置有趣的问题、组织小组讨论和开展动手实验等方式，鼓励学生主动参与到科学探究中来。对于这个年龄段的学生来说，动手实践是他们理解和内化科学知识的重要途径。因此，教师应鼓励学生在实验中大胆尝试，观察实验结果，并通过讨论和分享加深对科学原理的理解。

总的来说，小学科学教育应充分尊重学生的年龄段特征和认知能力，采用符合他们发展水平的教学方法和内容。通过具体形象的教学方式和循序渐进的内容设计，教师能够帮助学生更好地理解科学知识，并在此基础上激发他们的学习兴趣和探究精神。这种以学生认知特点为导向的科学教育，不仅能够有效提升教学效果，还为学生未来的科学学习奠定了坚实的基础。

2. 小学科学课程的设置与内容

小学科学课程的设置应充分考虑学生的认知发展特点，注重课程内容的基础性和趣味性，以激发学生的学习兴趣和探究精神。在这一阶段，学生正处于认知能力逐步发展的关键期，他们的学习需要通过具体、直观的体验来逐步掌握科学知识。因此，小学科学课程的内容设计应覆盖广泛的自然科学领域，同时要与学生的生活经验紧密结合，使他们能够在熟悉的情境中理解和内化科学原理。

课程内容通常涵盖物质科学、生命科学、地球与宇宙科学、工程与技术等多个领域。这些学科的选择不仅旨在为学生提供广泛的科学知识基础，还旨在通过多样化的学习内容，激发学生对不同科学领域的兴趣。例如，在生命科学方面，课程可以包括观察植物的生长过程，了解植物的生命周期，认识常见动物的生活习性，以及探索它们在生态系统中的作用。这些内容能够让学生通过实际观察和实验，亲身体验生物学的基本概念和原理。

在物质科学领域，课程内容设计应更多注重互动性和实验性。例如，学生可以通过简单的实验来理解力学的基本原理，如利用弹簧秤测量力的大小、通过斜坡实验观察物体的加速度变化等；此外，学生还可以进行简单的溶解实验，观察物质在水中的溶解过程，了解溶解度的概念。这些动手实践活动不仅能够帮助学生掌握科学知识，还能培养他们的科学探究能力和实际操作技能。

地球科学和环境科学则可以通过与自然现象的直接接触来增强学生的学习体验。例如，教师可以带领学生观察天气变化，记录温度、降雨量、风速等数据，并探讨这些因素的变化规律和影响。通过这种方式，学生能够理解天气变化的基本原因，并培养出对自然环境的尊重和保护意识。

在课程设置中，强调学生的实际参与和体验至关重要。科学教育不仅仅是知识的传授，更是培养学生科学思维和探究精神的过程。因此，教师应鼓励学生积极参与动手实验和实践活动，让他们在实验中提出问题、设计实验、收集数据并进行分析和总结。这样的教学方式不仅满足了学生的好奇心和探索欲望，还帮助他们掌握了科学探究的基本方法，为他们未来的科学学习打下了坚实的基础。

此外，课程内容的设计还应注重与学生的生活经验紧密相关，使学生能够将课本上的知识应用到日常生活中。例如，通过学习如何观察植物的生长过程，学生不仅掌握了植物学的基本知识，还学会了如何在家中种植和照料植物；通过认识常见动物的生活习性，他们可以更好地理解人与自然的关系，形成对生命的尊重和保护意识。这种联系生活实际的课程设计，有助于学生在具体的生活情境中学习和应用科学知识，培养良好的科学思维方式和学习习惯。

通过合理的课程设置，科学教育能够更好地适应小学阶段学生的学习需求，帮助他们建立起科学的思维方式和学习习惯。这种基于学生认知发展特点和生活经验的课程设计，不仅激发了学生对科学的兴趣，还为他们未来的科学学习和创新能力的培养奠定了坚实的基础。

二、小学科学教育教学目标的现状分析

（一）教学目标的现行标准与规范

1. 教育部对小学科学教育的目标要求

（1）政策文件与指导方针

教育部对小学科学教育的目标要求主要通过政策文件和指导方针进行规范与引导。《义务教育小学科学课程标准》（以下简称《课程标准》）是其中极具代表性的文件之一。《课程标准》明确了小学科学教育的总体目标，旨在通过科学教育培养学生的科学素养，使他们具备基本的科学知识和技能，并形成正确的科学态度与价值观。《课程标准》详细规定了小学各年级段应达到的教学目标，包括知识性目标、技能性

目标及情感态度与价值观目标。这些目标不仅是教师教学的指引，也是教育评估和质量监控的重要依据。

在知识性目标方面，《课程标准》要求小学科学教育要向学生传授自然科学的基本概念和原理，使他们理解和掌握与生活密切相关的科学知识，如物质的基本性质、生物的生活习性、地球和宇宙的基本结构等。技能性目标则强调动手实践的重要性，要求学生能够通过实验和观察，掌握科学探究的基本方法和技能，如进行简单的实验设计、操作科学仪器、记录和分析数据等。情感态度与价值观目标则侧重于培养学生的科学兴趣和探究精神，鼓励他们形成尊重自然、尊重科学的价值观，养成良好的学习习惯和科学态度。

（2）《课程标准》的核心内容

教育部制定的《课程标准》对不同年级段学生的学习目标做了详细规定。《课程标准》要求低年级的学生以接触和感知科学现象为主，通过观察和简单实验，初步形成对自然界的认识。随着年级的提升，学生的学习内容逐渐复杂化，《课程标准》要求他们掌握更多的科学概念，并能够进行较为复杂的实验操作和数据分析。例如，三至四年级的学生应掌握基本的生物学、物理学和化学概念，并能够解释一些常见的自然现象。五至六年级的学生则需要掌握更为系统的科学知识，能够独立设计并完成一些小型实验项目，提出科学假设并验证其正确性。

《课程标准》还特别强调了科学精神和态度的培养。它要求教师在教学中不仅要传授知识，还要注重激发学生的好奇心，培养他们探索未知的兴趣。通过科学学习，学生应逐渐形成严谨的思维方式和批判性思维能力，学会用科学的方法去观察和分析问题。同时，学生应在科学学习中学会合作，尊重他人的意见，善于沟通和分享。

（3）目标设定的合理性与可行性

教育部设定的小学科学教育教学目标在很大程度上符合小学阶段学生的认知特点。首先，这些目标在内容上体现了由浅入深、循序渐进的原则，能够适应学生认知能力的发展轨迹。例如，首先，低年级侧重感知和体验，中高年级逐步过渡到理论学习和实验操作，这样的目标设定有助于学生稳步掌握科学知识和技能。其次，教学目标注重动手实践和体验学习，这符合小学生以具体形象思维为主的认知特点，能够激发他们的学习兴趣和动手能力。

然而，目标设定的合理性和可行性在不同地区、不同学校的实施过程中可能会存在差异。一些资源丰富的地区和学校，能够较好地实现这些目标，教师可以借助充足的实验设备和教具，全面贯彻《课程标准》。而在教育资源相对薄弱的地区，受教学条件的限制，这些目标的实现可能会面临挑战。因此，虽然目标设定具有较高的合理性，但在实际应用中，还须考虑各地区的具体情况，灵活调整和实施这些目标，以确保所有学生都能在科学教育中受益。

总体而言，教育部对小学科学教育设定的目标是科学合理的，它不仅注重学生的知识积累和技能培养，还高度重视学生科学精神和态度的形成。这些目标的达成，需要教师在教学中灵活运用多种教学手段，并根据学生的实际情况进行调整，以确保每一位学生都能达到预期的教育效果。

2. 各地区教学目标的具体落实情况

（1）地方教育部门的执行与调整

在全国范围内，教育部制定的科学教育目标为各地提供了统一的指导方针，但在实际执行过程中，各地区的教育部门通常会根据自身的具体情况进行相应的调整和优化。这些调整主要是为了适应地方经济发展水平、教育资源分配状况及教师素质的不同情况，从而更有效地实现教育目标。

例如，在经济发达的地区，地方教育部门可能会投入更多的资金用于科学实验设备的采购、教学环境的改善及教师培训的强化，从而确保教学目标的高效落实。这些地区的学校可能配备有现代化的科学实验室，学生能够在良好的条件下进行实验和探究，教师也能够得到更为全面的专业发展支持。

相反，在一些经济欠发达的地区，教育资源可能相对匮乏，教学设施和设备有限。面对这些挑战，地方教育部门可能会采取更加灵活和实用的策略，如通过区域合作共享教学资源，或使用成本较低的替代性实验材料，来确保教学目标的基本实现。此外，这些地区的教育部门可能更注重教师的实际教学能力，通过加强基础性教师培训，提升教师在有限资源下的教学效果。

（2）教学目标的地方特色

各地区在执行教学目标时，通常会结合当地的自然资源、文化背景和社会需求，进行具有地方特色的调整和创新。这种因地制宜的做法，不仅使教学内容更加贴近学生的生活实际，也能够激发学生的学习兴趣，并增强他们对地方文化和环境的认同感。

例如，在沿海地区，科学教育可能会更多地关注海洋生物和生态系统的保护，通过实际观察和研究海洋资源，培养学生的环保意识和科学探究能力。而在西部高原地区，科学课程可能会结合高海拔环境下的特殊自然环境，如冰川、草原生态系统等，帮助学生理解和保护他们所处的独特自然环境。

此外，一些地方还会将环境保护教育融入科学课程中，特别是在面临生态挑战较为严重的地区，如荒漠化或水污染严重的地区，这些内容不仅具有鲜明的地方特色，也符合教育部倡导的情感态度与价值观目标，有助于培养学生的环保意识和社会责任感。

（3）实际执行中的挑战与差异

尽管各地在实施科学教育目标时进行了积极的调整和创新，但在实际执行中仍然面临诸多挑战，导致教学目标的落实存在显著差异。其中，教学资源的不足是一个普遍存在的问题，特别是在偏远和农村地区，实验设备匮乏、教材更新不及时及教学环境不佳等问题，严重影响了科学教育目标的实现。

此外，教师培训的不到位也是影响教学目标有效落实的一个关键因素。在一些地区，特别是教育资源薄弱的地区，教师往往缺乏系统的科学教学培训，教学水平参差不齐。由于科学课程的特殊性，教师不仅需要具备扎实的科学知识，还需要掌握科学探究的教学方法，才能有效传达科学教育目标。然而，培训资源的不足使得很多教师在教学中感到力不从心，难以完全达成教育目标。

这些挑战使得各地区在科学教育目标的实际落实中出现了较大的差异。经济发达地区和教育资源充足的地区，能够较好地达到甚至超越既定的教育目标；而在资源匮乏的地区，尽管进行了多方面的调整，教学效果仍可能不尽理想。因此，要实现全国范围内科学教育的均衡发展，还需要进一步缩小地区间的资源差距，提升教师的专业素养，并在政策层面提供更有力的支持。通过这样的努力，各地区才能更有效地实现科学教育目标，为学生提供公平而优质的科学教育。

（二）教学目标在实际教学中的落实情况

1. 教学目标与课堂教学的衔接

（1）课程设计与目标的匹配度

在小学科学教育中，课程设计的首要任务是确保其与设定的教学目标紧密衔接。科学课程的内容和教学方法必须充分反映教学目标的要求，以确保学生能够在学习过程中达到预期的教育效果。对于知识性目标，课程设计应包括系统的知识讲解和具体的知识点练习，帮助学生逐步掌握科学概念和原理。技能性目标的实现则依赖于课程中实验和动手实践环节的设置，通过科学实验、数据分析和问题解决等活动，培养学生的科学探究能力和操作技能。

然而，课程设计与目标的匹配度在实际教学中并不总是理想的。一些课程可能在理论内容上过于强调知识的传授，而忽视了技能性和情感态度与价值观目标的落实。这种不平衡可能导致学生在掌握科学知识的同时，缺乏足够的实践机会和对科学精神的理解。因此，课程设计不仅要关注科学知识的系统性，还应平衡理论与实践、知识与态度的关系，以全面实现教育目标。

（2）课堂教学中的目标达成度

教学目标能否在课堂中得到有效实现，是衡量科学教育成功与否的关键指标。通过实际课堂教学的案例可以发现，教师在课堂中如何实施教学目标，以及学生对这些目标的接受和理解程度，直接影响到教学的有效性。理想的课堂教学应当能够全面覆盖设定的教学目标，包括知识的传授、技能的培养及科学态度的形成。

在实践中，有些教师能够较好地将教学目标融入课堂教学中，通过生动的讲解、互动式的实验和积极的讨论，帮助学生逐步达成既定的目标。然而，也有一些教师在实际操作中存在偏差。例如，过于注重知识的讲授而忽视了技能训练，或是未能充分引导学生对科学现象进行深入探讨。这些问题可能导致学生在知识层面有所收获，但在技能和态度方面的发展不足。

学生对教学目标的理解和接受程度也是评估课堂教学效果的重要因素。教师不仅需要传授科学知识，还需要通过提问、讨论和实验等方式，确保学生真正理解并内化这些目标。这意味着教师应当灵活运用多种教学策略，根据学生的反馈调整教学内容和方法，以提高目标的达成度。

（3）教材与目标的一致性

科学教材是实现教学目标的重要工具，其内容与教学目标的一致性直接影响到目标的达成。理想的教材应当全面覆盖科学教育的各项目标，包括知识点的详细讲解、实验操作的指导及对科学精神的引导。教材内容不仅要与教学目标相一致，还要有助于学生的理解和应用。

然而，教材与教学目标的一致性在实际中可能存在问题。一些教材可能在内容选择上存在偏差，过多地强调某些知识点而忽略了其他重要内容，或是对实验和实践活动的指导不够详细，无法有效支持技能性目标的实现。此外，教材内容的更新速度与科学发展的步伐不一致，也可能导致某些知识更新的滞后，影响学生对最新科学进展的理解。

因此，在选择和使用教材时，教师应仔细审查教材内容是否全面覆盖教学目标，并根据实际教学需要进行适当的补充和调整，确保教材能够有效支持目标的达成。通过合理的教材使用，教师可以更好地引导学生达成既定的科学教育目标，实现知识、技能和态度的全面发展。

2. 教师对教学目标的理解与执行

（1）教师对教学目标的理解程度

教师作为小学科学教育的直接执行者，对教学目标的理解程度直接影响到这些目标在实际教学中的落实效果。通过对一线教师的调查和分析，可以发现，教师对教学目标的掌握程度存在一定的差异。一部分教师能够全面理解教学目标的内涵和要求，熟悉知识性、技能性及情感态度与价值观目标的具体内容，并能够在日常教学中有意识地将这些目标融入课堂。然而，也有一些教师对教学目标的理解较为片面，可能只关注了知识性目标，而忽视了技能培养和态度教育的重要性。

这种理解上的差异可能源于教师的教学经验、培训背景及对《课程标准》的熟悉程度的差异。那些具有丰富教学经验并且接受过系统培训的教师，通常能够更加准确地把握教学目标的全貌，进而在课堂中有针对性地设计教学活动，帮助学生全面发展。而对于那些缺乏足够培训或对《课程标准》理解不深的教师，他们在贯彻教学目标时往往表现出一定的局限性，无法充分实现教学目标的全覆盖。

（2）教学目标执行中的实际问题

在实际执行教学目标的过程中，教师往往会遇到一系列困难，这些困难影响了教学目标的有效达成。其中，教学时间的限制是一个普遍存在的问题。科学课程在小学阶段通常与其他课程并列，但由于课时有限，教师在设计和执行教学活动时，往往感到时间不足，无法在有限的时间内覆盖所有的教学目标。当科学课程涉及较为复杂的实验或探究活动时，这种情况尤其明显，教师需要在时间与教学内容之间进行权衡，有时不得不压缩实验时间或减少讨论环节，导致技能培养和情感态度目标的实现受到影响。

此外，学生的个体差异也是教学目标执行中的一个挑战。小学阶段的学生在认知能力、兴趣爱好、学习习惯等方面存在显著差异，教师在统一的课堂教学中，难以满足所有学生的学习需求。一些学生可能对科学学习表现出极大的兴趣和潜力，能够快速理解和掌握教学内容；而另一些学生则可能在理解和应用科学知识时遇到困难，导致他们在课堂上无法完全跟上进度。这种差异使得教师在执行教学目标时，需要根据学生的实际情况进行灵活调整，但在大班教学模式下，教师的调整空间有限，难以兼顾所有学生的需求。

3. 教师培训与支持机制

教师的培训和支持机制在很大程度上决定了他们能否有效执行科学教育的教学目标。现有的教师培训体系在一定程度上为教师提供了关于科学教育的基本知识和教学方法的培训，但在深度和广度上仍存在不足。特别是在如何将教学目标转化为具体的课堂实践方面，许多教师仍感到缺乏指导。

一些教师反映，目前的培训内容过于理论化，与实际教学的关联不够紧密，培训后的实际教学效果有限。此外，教师在教学中遇到的问题，往往需要通过教研活动和同事交流来寻求解决方案。然而，由于教学任务繁重，教师参与教研活动的时间和精力受到限制，这影响了教研活动的效果和持续性。

为提升教师对教学目标的执行力和教学效果，教育部门和学校应加强教师的持续专业发展，提供更为系统和实用的培训内容。例如，可以通过案例教学、模拟课堂、教学反思等方式，帮助教师更好地理解和贯彻科学教育目标。此外，学校应鼓励教师参与校内外的教研活动，建立支持性的教师网络，促进教师之间的经验分享和共同成长。通过这些手段，教师不仅能够在教学中更好地执行科学教育目标，还能够不断提升自身的专业素养，推动科学教育质量的整体提升。

三、小学科学教育教学目标的优化策略

（一）以学生为中心设定教学目标

1. 根据学生兴趣与认知发展设定目标

（1）兴趣导向的目标设定

小学阶段的学生天性充满好奇心和探索欲望，他们对新奇事物的强烈兴趣是驱动他们学习的重要动力。因此，在设定教学目标时，教师应充分考虑学生的兴趣，将科学教育内容与他们的兴趣点紧密结合，使学习过程变得更加吸引人和富有趣味性。例如，针对那些对天文学感兴趣的学生，教师可以设定与宇宙、星空相关的学习目标，如“认识太阳系的主要天体”或“了解月相变化的原因”，通过与宇宙有关的探究活动，激发他们对天文学的兴趣。

同样，对于那些对动植物充满热情的学生，教师可以设计与生物学相关的目标，例如“观察植物生长的不同阶段”或“探究不同动物的栖息环境”，通过让学生亲自种植植物或参观动物园等活动，增强他们对生物学的理解和兴趣。这样的兴趣导向目标设定，不仅让学生觉得科学学习贴近生活，还能够有效激发他们的学习动力，使他们在探索自己感兴趣的科学领域时，充满积极性和主动性。

这种基于兴趣的目标设定，还可以通过个别化的学习计划得以实现。教师可以通过与学生的交流、观察课堂参与情况以及分析他们的作业和实验结果，深入了解每个学生的兴趣点，并在此基础上为他们量身定制学习目标。这种方法既能照顾到学生的个体差异，又能充分利用他们的兴趣来促进科学学习。

（2）认知发展水平的匹配

小学阶段学生的认知能力随着年龄和年级的增长而逐步发展，不同年级段的学生在理解力、抽象思维能力和分析能力上存在显著差异。因此，教学目标的设定不仅要基于学生的兴趣，还必须与他们的认知发展水平相匹配，确保目标既具有挑战性，又在学生的能力范围内。

对于低年级的学生，由于他们的抽象思维能力尚未完全发展，教学目标应侧重于以感知和体验为主。目标可以设定为通过直观的感官体验和简单的实验，帮助学生初步理解科学概念。例如，目标可以是“通过观察不同物体的形状和颜色，认识基本的物质特性”，或者“通过听觉和触觉，感知不同材料的声音和触感”。通过这些直观的体验，学生可以在实际操作中理解科学知识，初步培养对科学的兴趣。

随着学生年级的提升，他们的认知能力逐渐增强，教学目标可以逐步深入。在中高年级，教师可以设定更加复杂和抽象的目标，要求学生在理解概念的基础上进行分析和应用。例如，目标可以是“解释简单的电路原理并设计一个电路模型”或“分析天气变化的原因并记录一周的气象数据”。这些目标不仅要求学生理解科学概念，还要求他们能够将知识应用到实际问题中，并培养他们提出和解决科学问题的能力。

为了确保教学目标与学生认知发展水平的匹配，教师应不断评估学生的学习进展，并根据他们的反馈调整目标。例如，如果发现学生在理解某个概念时存在困难，教师可以适时调整目标，使其更具操作性或增加支持性教学材料。通过这样的调整，教学目标能够更好地适应学生的认知发展水平，帮助他们在科学学习中获得成功体验，从而增强他们的学习信心和兴趣。

总之，以学生兴趣和认知发展为基础设定的教学目标，不仅能够有效激发学生的学习动力，还能够确保他们在适合自身能力的挑战中逐步成长。这种关注个体差异和发展特点的目标设定策略，是提高小学科学教育效果的重要途径。

2. 设定与实施个性化教学目标

（1）个性化目标设定的目的

个性化的教学目标设计旨在满足每个学生的独特需求，确保他们在科学学习中能够得到最大的发展。由于学生在学习能力、兴趣和需求上存在显著差异，教师需要通过测评、课堂观察及与学生的互动，深入了解每个学生的个体差异，并据此量身定制教学目标。这样的目标设定不仅能够满足学生的个性化需求，还能够激发他们的潜能。

一方面，对于那些在科学学习中表现出色、具有较强学习能力的学生，教师可以设定更具挑战性的目标。例如，可以要求他们进行更复杂的实验设计，探索更深入的科学问题，或者参与科学竞赛等。这样的目标不仅能满足这些学生的求知欲，还能帮助他们在现有知识基础上，进一步拓展和深化对科学的理解，培养更高层次的科学思维和探究能力。

另一方面，对于那些在学习过程中遇到困难、进度较慢的学生，教师应设定更为基础的目标。这些目标应注重夯实学生的科学基础知识，帮助他们逐步克服学习中的障碍。例如，可以通过分解任务、增加实践机会及提供更多的指导和反馈，帮助这些学生逐步掌握科学概念和实验技能。这种量身定制的目标设定，有助于这些学生建立信心，使他们能够逐步赶上学习进度，并在科学学习中取得成就感。

（2）个性化目标设定的实施

个性化教学目标的设计不仅需要考虑学生当前的学习水平，还应具有足够的灵活性，以适应学生在学习过程中的进步和变化。由于学生的学习能力和兴趣会随着时间的推移而不断发展，教师在实施个性化教学目标时，必须保持灵活性，及时调整和优化目标，确保学生始终处于适合他们发展水平的学习环境中。

在个性化目标的实施过程中，教师应定期评估学生的学习效果，通过测验、课堂表现和实验成果等多种方式，了解学生是否达到了设定的目标，并根据评估结果及时做出调整。例如，如果发现某些学生在科学学习中进步迅速，教师可以适时提高目标的难度，增加挑战性内容，帮助他们继续提高。而对于那些在学习过程中遇到困难的学生，教师可以适当降低目标的难度，或者提供额外的帮助和资源，确保他们能够在适合自己的节奏中继续学习。

此外，个性化教学目标的灵活性还体现在对学生反馈的敏感性上。教师应鼓励学生积极反馈自己的学习体验和遇到的困难，并根据这些反馈对教学目标进行相应调整。例如，学生可能会对某些科学主题表现出特别浓厚的兴趣，这时教师可以将目标调整为更深入地探讨该主题，充分利用学生的兴趣驱动他们的学习。同时，对于那些表达了对某些内容不理解或不感兴趣的学生，教师也可以通过调整教学方法或重新设定目标，再次激发他们的学习兴趣。

通过这样灵活和具有适应性的个性化目标的设定和实施，教师能够确保每个学生都能在科学学习中找到适合自己的发展路径，不论他们的起点如何，都能在自己的节奏中稳步前进。这不仅提升了教学的有效性，还大大提高了学生在科学学习中的积极性和自信心，最终为他们的全面发展奠定坚实基础。

（二）结合实际生活与科学探究设定教学目标

1. 将科学知识与生活实际相结合

（1）现实生活中的科学应用

教学目标在科学教育中起着重要的导向作用，有助于学生将课堂上学到的科学知识应用到实际生活中。这种联系不仅增强了学生对科学学习的兴趣，还使他们认识到科学知识在日常生活中的实际应用价值。教师应通过设计与学生日常生活密切相关的学习目标，使学生能够在熟悉的环境中应用和巩固他们所学的知识。

例如，教师可以设定“了解厨房中的化学反应”这一目标，让学生通过观察和探讨日常烹饪中的现象，如发酵、氧化、溶解等，理解化学反应在烹饪中的作用。学生可以通过参与厨房活动，发现化学原理在他们熟悉的情境中是如何运作的，从而更深刻地理解这些科学知识。同样，目标“观察季节变化中的植物特征”可以引导学生在一年四季的变化中，关注身边植物的生长、开花、凋谢等过程，从而让学生理解植物的生命周期和季节变化的科学原理。这种贴近生活的目标设定，不仅使科学学习变得更加生动有趣，还帮助学生将科学知识与日常生活紧密结合，培养他们解决实际问题的能力。

（2）生活经验与科学概念的链接

科学教育的一个重要目标是帮助学生理解和内化科学概念，而将这些概念与学生的生活经验相结合是实现这一目标的有效途径。教师可以通过设计小实验或观察活动，将科学理论与学生的日常生活经验联系起来，使学生能够在具体的情境中理解抽象的科学概念。

例如，教师可以设置目标“通过种植植物，观察光照对植物生长的影响”，这一目标可以让学生在实践中探索光合作用的基本原理。学生在种植和照顾植物的过程中，通过观察植物在不同光照条件下的生长状况，逐步理解光合作用及其在植物生长中的重要性。这种亲身体验的学习方式，使得抽象的科学概念不再是难以理解的理论，而是与学生生活经验息息相关的具体知识。

此外，教师还可以引导学生进行其他生活相关的实验，例如“通过不同材料的保温效果实验，理解热传导的概念”，在这些实验中，学生可以通过触觉、视觉等感官体验，直接感受科学原理在日常生活中的表现形式。这种将科学概念与生活经验相结合的目标设定方式，不仅帮助学生更容易地掌握科学知识，还激发了他们的好奇心和探索欲望，使他们在日常生活中也能自发地进行科学思考和探究。

通过将科学知识与生活实际相结合的目标设定，教师不仅能够使科学教育更加贴近学生的生活，还能帮助学生更好地理解和应用科学知识，从而提升他们的学习效果和科学素养。这种教学策略，有助于培养学生在实际生活中运用科学思维解决问题的能力，为他们未来的学习和生活奠定坚实的基础。

2. 强调实践性与探究性

（1）实践导向的目标设定

实践性是科学教育的重要特征之一，强调让学生通过动手实践来深入理解科学概念和原理。教学目标应当以实践为导向，鼓励学生在实际操作中探索科学问题，从而将理论知识转化为实际技能。例如，教师可以设定目标“设计并制作一个简单的水循环模型”，引导学生通过亲自动手制作模型，观察和模拟水在自然界中的循环过程。在这个过程中，学生不仅了解了水循环的各个环节，如蒸发、凝结、降水和地表径流等，还通过实际操作提高了动手能力和理解能力。

这种实践导向的目标设定，不仅有助于学生掌握复杂的科学概念，还能增强他们对科学学习的兴趣。通过参与实验和模型制作，学生能够将书本上的抽象知识具象化，认识到理论如何在现实中运作。这种动手实践的经历，使得学生的学习过程更加生动、有趣，同时也大大提高了他们的实践技能和创新思维能力。

此外，实践性目标还能够培养学生的团队合作精神和解决问题的能力。在设计和实施水循环模型的过程中，学生可能需要合作完成任务，交流想法，解决遇到的技术难题。这种合作学习的方式，不仅能够帮助他们更好地理解科学知识，也培养了他们在科学探究中的团队协作能力和责任意识。

（2）鼓励探究性学习

探究性学习是现代科学教育的重要方法，强调学生通过主动提出问题和独立探究，来获取知识和解决问题。教学目标应当设定为激发学生的探究精神，鼓励他们在学习过程中不断提出问题，并通过科学探究来寻找答案。例如，教师可以设定目标“提出一个与空气污染相关的问题并设计实验进行验证”，通过这种目标设定，学生不仅学会了如何提出科学问题，还掌握了设计实验、收集数据、分析结果的科学方法。

这种探究性目标的设定，不仅能培养学生的独立思考能力，还能提高他们解决实际问题的能力。在空气污染探究项目中，学生需要对现实中的问题进行观察和思考，提出自己的见解，并设计合理的实验方案进行验证。这个过程要求学生运用批判性思维来分析问题，运用创造性思维来设计实验，并运用逻辑推理来解释实验结果。这一系列的探究活动，不仅帮助学生深刻理解科学的内涵，还培养了他们的科学思维和创新能力。

探究性学习还能够激发学生的内在学习动机，使他们更加积极主动地参与到科学学习中来。当学生自己提出问题并通过探究寻找答案时，他们的学习不再是被动接受知识，而是一个充满挑战和成就感的探索过程。这种学习方式大大提高了学生的学习兴趣和参与度，使他们在探索科学问题的过程中，不断发展自己的科学素养和创新思维。

通过实践性与探究性教学目标的设定，科学教育能够更加有效地培养学生的综合能力，使他们不仅掌握科学知识，更具备科学探究的精神和技能。这种教育策略，有助于学生在未来的学习和生活中，成为具备独立思考、创新能力和实践技能的全面发展的人才。

（三）加强多元化的教学评价机制

1. 过程性评价与结果性评价相结合

（1）过程性评价

教学评价不仅应关注学生的最终学习成果，还应覆盖他们的整个学习过程。这种全程性的评价方式，即过程性评价，能够为教师提供更全面的学生学习情况的反馈，帮助教师更好地指导和支持学生的学习发展。通过观察、课堂提问、实验报告、项目参与情况等多种形式，教师可以在学生学习的不同阶段进行动态评价。

例如，教师在课堂上可以通过提问和讨论，了解学生对某一科学概念的理解深度，并根据学生的回答及时调整教学策略。如果学生在某些内容上表现出困惑或误解，教师可以立即提供解读、校正或补充资料，帮助学生克服学习中的困难。此外，在科学实验课上，教师可以通过观察学生的实验操作过程，评估他们的实践能力和问题解决能力，从而及时给予指导，确保他们掌握正确的方法。这种持续性的过程性评价，不仅有助于提高学习效果，还能够激发学生的学习兴趣，使他们在科学探究中保持积极性。

过程性评价的一个重要优势是它能够识别和解决学习过程中出现的问题，而不是等到期末评估时才发现问题，这样可以减少学习过程中的障碍，让学生获得更顺畅的学习体验。通过及时的反馈和指导，学生可以更好地理解科学概念，并在学习过程中不断进步，达到更高的学习效果。

（2）结果性评价

在小学科学教育中，结果性评价肩负着对学生在科学课程学习结束时所取得成果进行全面评估的重任。这种评估融合了量化与质性的手段，致力于全方位、深层次地洞察学生在科学知识积累、技能锤炼以及态度养成等多维度的发展状况，为小学科学教育的持续优化与进阶提供坚实依据。

在评价内容方面，结果性评价主要着重于以下三个方面：① 知识掌握。考查学生对物质科学、生命科学、地球与宇宙科学、技术与工程等领域基础概念、原理、规律的记忆与理解。如通过笔试，让学生阐述植物光合作用的过程、简单电路的组成等。② 技能运用。评估学生科学探究技能，像观察、实验操作、数据记录与分析、工具使用等能力。比如观察种子发芽过程并准确记录时间节点和生长状态，规范使用天平、量筒等实验器材。③ 态度养成。关注学生在科学学习中的好奇心、探究欲、合作精神、坚持性等态度表现。可依据学生在小组探究活动中的参与度、遇到困难时的态度等方面进行评价。

在选择评价工具上，往往从四方面入手：① 纸笔测试。编制试卷，涵盖选择题、填空题、简答题、论述题等多种题型。选择题可考查基本概念的识别，如“下列哪种现象属于物理变化?”；简答题让学生简述实验步骤或科学原理，如“简述探究土壤成分的实验步骤”。② 实验操作考核。设置特定实验任务，如搭建一个能实现电路通断控制的装置，现场观察学生实验操作的规范性、准确性和熟练程度，包括器材的安装、连接、调试等环节。③ 项目作业。布置长期或综合性项目，如设计并制作一个小型生态瓶。从方案设计、材料收集、制作过程到最终成果展示，全面评估学生对知识的综合运用能力、问题解决能力和团队协作能力。④ 学习档案袋。收集学生日常的科学观察记录、实验报告、手抄报、科技小制作等作品，按时间顺序整理，期末时综合评定学生在一段时间内的学习成果与进步情况。

2. 多维度评价学生的科学素养

（1）知识、技能与态度的综合评价

科学教育的评价应当以多维度的方式进行，全面考查学生的科学素养。单一的知识测验已经不足以衡量学生的全面发展，教师应采用多种形式的评价手段来评估学生的综合能力。通过试卷测验，教师可以了解学生对科学概念和原理的掌握情况，这依然是评价的一部分。然而，更为重要的是，教师还应注重对学生动手实践能力和科学态度的考查。

例如，教师可以通过实验操作考核，了解学生是否掌握了科学实验的基本步骤，如正确使用实验仪器、精确测量和记录数据，以及分析实验结果的能力。实验操作不仅考验学生的知识运用能力，还反映了他们的动手能力和细致程度，这是科学素养的重要组成部分。

此外，探究报告也是综合评价学生的重要工具。通过探究报告，教师可以评估学生在科学探究中的能力，包括他们提出问题、设计实验、收集和分析数据及得出结论的过程。这些报告能够反映学生的科学思维过程，如逻辑推理能力、批判性思维和创新能力。通过对这些维度的综合考查，教师能够更全面地了解学生的科学素养，帮助他们在知识、技能和态度上取得平衡发展。

科学态度的评价也应被纳入综合评价体系。教师可以通过观察学生在课堂和实验中的表现，了解他们的科学态度，如是否保持好奇心，是否坚持实验，面对困难时是否表现出韧性，以及他们对科学探究的兴趣和积极性。科学态度是学生未来能够持续学习和创新的基础，因此，教师在评价中应给予足够的重视。

（2）多主体参与的评价体系

科学素养的评价不应仅限于教师的单方面判断，而应引入多主体的参与，使评价过程更加全面、客观和多角度。一个多主体参与的评价体系能够为学生提供更丰富的反馈，从不同的角度帮助他们认识自己的优点和不足。

首先，学生自评是一种重要的评价形式。通过自我反思，学生可以主动评估自己的学习过程和成果，了解自己在哪些方面表现出色，哪些方面需要改进。自评不仅能增强学生的自我意识，还能培养他们的独立思考和自我管理能力。

其次，同伴互评也是多主体参与评价体系的重要组成部分。通过同伴互评，学生可以在比较中发现自身的优点和不足。互评过程中，学生能够借鉴同伴的长处，反思自己的学习策略，并在互相学习中提升科学素养。同时，互评也能促进同伴间的合作与交流，增强他们的沟通能力和团队合作意识。

最后，家长的反馈为评价体系增添了家庭教育的视角。家长可以帮助教师更全面地了解学生在家中进行科学学习时的表现，如他们在家庭作业中的表现，参与家庭科学活动的积极性，或是他们在日常生活中对科学现象的关注和思考。家长的参与不仅能够提供宝贵的反馈，还能加强家庭与学校之间的联系，共同促进学生的科学学习。

通过多主体参与的评价体系，评价不再是教师单向的评判，而是一个多方互动的过程，能够更全面和深入地促进学生的科学素养发展。这种评价方式有助于学生在多角度的反馈中不断进步，最终形成全面发展的科学素养，为他们未来的学习和生活奠定坚实的基础。

四、教学目标对小学科学教育的长期影响

（一）提升学生科学素养

1. 培养学生的科学思维与创新能力

教学目标在小学科学教育中起到了培养学生科学思维和创新能力的关键作用。通过精心设定的教学目标，学生能够系统地学习科学知识，并逐步养成科学思维的方式。例如，通过解决实际问题的探究性学习，

学生学会了提出科学假设、设计实验验证，并从数据中得出结论。这种科学思维的培养不仅有助于学生在科学学习中取得进步，还为他们未来的学习和工作打下了坚实的基础。此外，教学目标中的创新性要求，鼓励学生在科学探究中运用创造性思维，提出独特的见解和解决方案。随着时间的推移，这种创新能力将在学生的学习和职业生涯中发挥重要作用，使他们能够应对复杂的挑战并推动社会进步。

2. 强化学生对科学的持续兴趣与学习动力

明确的教学目标可以有效强化学生对科学的持续兴趣和学习动力。科学教育中设定的情感态度与价值观目标，旨在激发学生的好奇心和探究欲望，让他们在学习过程中感受到科学的魅力。通过有趣的实验、现实生活中的科学应用及与学生兴趣紧密结合的教学内容，学生的学习动机得到了大大提升。他们不再将科学视为枯燥的知识点，而是充满探索乐趣的领域。随着学习的深入，学生对科学的兴趣逐渐转化为持久的学习动力，促使他们在未来的学术生涯中继续追求科学知识，甚至选择与科学相关的职业方向。

（二）提升教学质量

1. 明确目标指导下的教学策略优化

教学目标不仅对学生的学习产生深远影响，也为教师的教学策略优化提供了明确的方向。明确的教学目标为教师设计教学内容、选择教学方法及安排课堂活动提供了清晰的指引。通过目标导向的教学设计，教师能够更有效地组织课堂活动，使教学过程更加有序和有目的性。例如，针对不同的教学目标，教师可以灵活运用讲授法、讨论法、实验探究法等多种教学策略，确保每个学生都能在课堂上有所收获。目标的明确性还帮助教师更好地评估教学效果，根据学生的反馈和表现及时调整教学方法，从而不断提升教学质量。

2. 促进教师的专业发展

教学目标的设定和实施对教师的专业发展具有重要意义。通过对教学目标的深刻理解和有效执行，教师在教学过程中不断积累经验和提升专业能力。明确的教学目标促使教师在教学前进行充分的准备，包括对科学知识的深入理解、教学方法的选择及可能遇到的教学问题的预判。这种过程不仅有助于提升教师的课堂教学质量，也推动了教师在专业领域的成长。

此外，教学目标还鼓励教师进行持续的反思和改进，推动教师参与教研活动和专业培训。通过对教学目标的不断优化，教师能够在教学实践中不断创新，形成更为高效的教学模式。这种专业发展的路径使得教师不仅成为科学知识的传授者，更成为学生科学素养和创新能力培养的引导者和支持者。

总体而言，教学目标在小学科学教育中不仅为学生的科学素养提升奠定了基础，还为教师的教学质量和专业发展提供了有力支持。明确的教学目标促使教育过程更具方向性和目的性，最终实现教师和学生的共同进步。

第三节 小学科学教育核心素养研究

随着教育改革的不断深入，科学素养作为学生核心素养的重要组成部分，日益受到关注和重视。在小学阶段，科学教育不仅仅是知识的传授，更是对学生科学态度和责任感的培养，以及科学探究能力的塑造。科学素养的培养不仅有助于学生理解和解释自然现象，还能提升他们在未来学习和生活中运用科学思维解决实际问题的能力。

一、科学观念

（一）基本科学概念的理解与应用

科学观念是学生在科学学习中的基本框架，而理解和应用基本的科学概念则是构建这一框架的关键环节。科学领域的基本概念如物质、能量、生命、地球与空间等，构成了学生理解世界的基础。这些概念不仅是科学知识的核心内容，也是学生进一步学习和探究复杂科学原理的前提。

为了使学生能够扎实地掌握这些基本概念，教学应当充分结合实际生活中的例子，使抽象的科学概念变得具体而生动。例如，在教授“生命的特性”时，教师可以带领学生观察植物的生长过程，记录植物从种子到成熟的各个阶段的变化，通过这种直观的观察，学生可以深刻理解生命的基本特征，如生长、呼吸和繁殖等。同样，在讲解物质状态变化时，教师可以通过简单的实验，如冰块融化和水蒸气冷凝，帮助学生理解固态、液态和气态之间的转化过程。这种将科学概念与实际生活紧密联系的教学方法，不仅有助于学生理解和记忆科学知识，还能提高他们在实际生活中应用这些概念的能力。

此外，教师应鼓励学生在日常生活中主动寻找科学概念的应用场景。例如，学生可以通过观察厨房中的烹饪过程，理解加热导致的化学反应和物质状态的变化；通过观察夜空中的星星和月亮，理解地球与空间的关系。通过这些实际应用，学生能够更好地将课堂上学到的科学知识内化为自己的理解，从而在不同情境中灵活应用。

（二）跨学科的科学理解

科学概念不仅存在于单一学科中，还在多个学科中交织和应用。跨学科的科学理解是现代科学教育的一个重要目标，它帮助学生认识到科学知识的整体性和互联性。通过跨学科的学习，学生可以更全面地理解科学世界，培养综合运用不同学科知识的能力。

例如，能量的概念在物理学中是用来解释运动和机械工作的基础，但在生物学中，它同样被用来解释生物体如何通过食物摄取能量并进行生命活动。能量转化的概念还在化学中广泛应用，如化学反应中能量的释放与吸收。通过跨学科的学习，学生能够理解能量这一核心概念在不同科学领域中的应用和重要性，从而形成对科学世界的整体认识。

教师在教学中应主动设计跨学科的学习活动，引导学生将一个学科中的概念应用到另一个学科中。例如，在讲解地球科学时，教师可以结合物理学中的重力概念，解释地球和其他天体的运动规律；在讲解生态系统时，教师可以结合化学知识，探讨植物如何通过光合作用将太阳能转化为化学能，并影响整个生态系统的能量流动。这种跨学科的整合性教学，能够帮助学生认识科学概念在不同学科中的共通性和多样性，培养他们更全面的科学素养。

通过跨学科的科学理解，学生不仅能够更好地掌握单一学科的知识，还能培养在复杂问题中综合运用多学科知识的能力。这种能力在未来的学习和生活中至关重要，因为许多实际问题往往无法用单一学科的知识来解决，而需要跨学科的思维和方法。通过跨学科的科学观念培养，学生能够更全面地理解科学的本质，形成更加立体的世界观和科学思维模式。

二、科学探究

（一）科学问题的提出与假设的形成

科学探究的第一步是学会从观察中提出问题，并根据已有的知识和观察结果形成合理的假设。这一过程不仅培养了学生的好奇心和探究精神，还帮助他们发展逻辑思维和批判性思维能力。在科学课堂上，教师应引导学生通过观察自然现象或实验过程，发现值得探究的问题。

例如，学生可以通过观察植物在不同环境下的生长情况，提出关于“光照对植物生长的影响”这一科学问题。在此过程中，教师应鼓励学生思考不同的观察结果，并将这些结果与他们已经掌握的知识联系起来。这种联系帮助学生形成初步的假设，如“光照越多，植物生长得越快”。这种假设不仅是学生对自然现象进行解释的第一步，也是他们接下来设计实验的基础。

提出问题和形成假设的过程，实际上是学生科学探究能力发展的关键环节。通过反复观察、思考和假设形成，学生不仅学会了提出有意义的科学问题，还掌握了将知识应用于新问题的技能。教师在这一过程中扮演着引导者的角色，帮助学生从简单的观察中挖掘出科学问题，并通过恰当的引导，使他们的假设更加合理和科学。

（二）实验设计与数据收集

在形成假设之后，学生需要设计实验来验证假设的正确性。实验设计是科学探究的核心部分，它要求学生学会选择合适的变量进行控制，并正确收集和记录数据。这一过程不仅考验学生的动手能力和实践技能，还培养他们的细致性和严谨性。

例如，在探究“不同温度对水的蒸发速度的影响”时，学生可以设计一个实验来比较水在不同温度下的蒸发速度。他们需要选择几个不同的温度作为实验条件，确保在其他条件（如容器的大小、空气流动的速度等）相同的情况下，仅改变温度这一变量。学生还需要精确地测量水的蒸发量，并将数据仔细记录下来，以便后续分析。

在实验设计中，学生应学习如何控制变量，确保实验的公平性和科学性。教师应当指导学生理解控制变量的重要性，以及如何在实验过程中保持对所有其他变量的控制，以获得准确的实验结果。此外，正确的数据收集和记录也是实验设计的重要部分。学生应学会使用适当的工具和方法来测量和记录实验结果，确保数据的准确性和可靠性。

通过实验设计和数据收集的实践，学生不仅能够验证自己的假设，还能够深刻理解科学探究的过程。教师在这个阶段的指导，对于培养学生的科学探究能力至关重要，他们需要帮助学生理解实验设计的原则，并通过具体的实验案例，使学生掌握设计实验和收集数据的技能。

（三）分析与解释结果

实验数据的分析与解释是科学探究的最后一步，也是得出科学结论的关键环节。学生应学习如何通过对实验数据的分析，得出与假设相关的科学结论，并根据这些结论来验证或修正初始的假设。

在这一阶段，教师应引导学生仔细分析实验数据，通过比较不同条件下的数据结果，找出数据之间的关系和规律。例如，在水的蒸发实验中，学生可以通过比较不同温度下的蒸发量，分析温度对蒸发速度的具体影响，并得出相应的结论。这种基于数据的推理和判断，培养了学生的逻辑思维能力和证据支持的科学推理能力。

此外，教师还应鼓励学生在数据分析的基础上，对初始假设进行验证或修正。例如，如果实验结果与最初的假设不符，学生需要重新审视自己的假设，并考虑可能影响结果的其他因素。这一过程不仅帮助学生理解了科学探究的循环性特征，还教会他们如何在面对新证据时灵活调整自己的观点和理论。

通过数据分析和结果解释，学生不仅能够得出科学结论，还能够发展基于证据的思考方式。教师在这一环节的指导，有助于学生将实验数据转化为科学知识，并通过反思和讨论，使他们的科学探究能力得到进一步提升。最终，这些科学探究的实践，使学生掌握了从提出问题到得出结论的完整科学探究过程，为他们未来的科学学习奠定了坚实的基础。

三、科学思维

（一）逻辑推理与批判性思维

科学思维的核心在于逻辑推理和批判性思维的培养，这两者是学生在科学学习过程中不可或缺的能力。通过科学实验和探究活动，学生应逐步发展出分析问题和提出解决方案的能力。在科学教育中，逻辑推理不仅体现在学生对科学现象的解释上，还体现在他们对实验数据的分析和科学结论的推导过程中。

例如，当学生进行某项实验时，他们需要通过观察现象、记录数据并分析这些数据来得出科学结论。在这一过程中，学生必须运用逻辑推理，将数据与科学概念结合起来，得出合理的解释。这种能力的培养有助于学生在面对复杂问题时有条理地进行思考，逐步分解问题并找到解决方案。

批判性思维则是科学思维的另一个重要方面。学生不仅需要接受已有的知识，还要学会质疑和审视这些知识的可靠性。批判性思维要求学生在学习和探究过程中，能够提出不同的观点和解释，并通过逻辑和证据来验证这些观点的正确性。例如，在学习某个科学定律时，教师可以引导学生讨论这一定律在不同条件下是否适用，是否有例外情况，从而培养他们的批判性思维。

此外，批判性思维还包括辨别信息的能力。在信息化时代，学生接触到的信息渠道更加多样，如何辨别信息的可靠性成为一个关键问题。科学教育应教会学生判断信息的来源、证据的可信度，并在面对矛盾信息时，进行独立思考，做出合理判断。

（二）创造性思维与创新能力

创造性思维和创新能力是科学思维中不可或缺的部分。科学的进步往往来自创新，而创新又源于对问题的不同角度思考和新颖的解决方法。科学教育应当鼓励学生在学习和探究过程中，积极运用创造性思维，提出独特的见解和方法。

例如，在实验设计中，教师可以鼓励学生尝试不同的途径或工具，以找到更有效的实验方案。学生可以在规定的实验框架内，进行各种尝试和改进，如改变变量的设置、调整实验条件，或者使用新的实验材料。这种自由度的增加，不仅激发了学生的创造力，还培养了他们的创新能力，使他们学会在科学探究中寻找多种解决方案，而不是仅仅依赖于标准答案。

创造性思维还表现在学生对现有知识的扩展和应用上。教师可以通过项目学习或开放性问题，鼓励学生将所学的科学知识应用于新的情境或挑战中。例如，学生可以设计一个环保项目，运用他们在科学课堂上学到的知识，提出改善环境的创新方案。这不仅锻炼了他们的创造性思维，还培养了他们解决实际问题的能力。

通过系统的科学教育，学生不仅掌握了逻辑推理和批判性思维的基础，还发展了创造性思维和创新能力。这些能力将帮助学生在未来的学习和生活中，以更广阔的视野和灵活的思维应对各种挑战，并在不断变化的世界中，成为有创新精神和批判能力的科学思维者和解决者。

四、科学态度

（一）好奇心与探究精神

科学态度的核心在于对自然界和未知事物的好奇心及探究精神。这种态度是学生科学学习的内在驱动力，促使他们不断探索周围的世界，并主动寻找答案。好奇心是科学发现的起点，学生应被鼓励保持对各种自然现象的兴趣，从而激发他们的探究欲望。

在科学教育中，教师应通过各种方法来培养和激发学生的好奇心。课堂上，教师可以展示一些有趣的科学现象或提出引人入胜的问题，鼓励学生思考和讨论。例如，教师可以展示一朵花在水中变色的实验，引导学生思考“为什么会这样”并鼓励他们设计实验来验证自己的猜想。这样的教学方法能够让学生保持对科学的浓厚兴趣，并主动参与到科学探究活动中。

探究精神则是学生在面对未知问题时表现出的主动性和坚持不懈的态度。学生在发现问题后，应能够通过设计实验、收集数据、分析结果等科学探究活动，来寻找问题的答案。在这一过程中，教师应鼓励学生大胆提问，并在探究过程中不断反思和修正自己的想法。这种探究精神不仅有助于学生掌握科学知识，还能培养他们独立思考和解决问题的能力。

（二）客观性与开放性

科学态度还包括客观性和开放性，这两者是科学探究过程中不可或缺的品质。客观性要求学生在分析问题时能够保持公正，不受个人情感或先入为主的观念影响，始终依靠事实和证据来得出结论。这种态度有助于学生在科学学习中形成实事求是的品质。

在科学教育中，教师应帮助学生理解客观性的重要性，并通过实践培养他们的客观分析能力。例如，在实验过程中，学生可能会发现实际结果与他们的预期相矛盾。此时，教师应鼓励学生重新审视实验过程和数据，客观地分析可能出现的误差或问题，而不是简单地坚持最初的假设。通过这样的训练，学生能够逐渐培养出面对事实的勇气和科学的客观态度。

开放性是指学生在科学探究中愿意接受新的观点和信息，尤其是在面对与自己原有认知不符的情况时，能够保持开放的心态。这种态度使学生在科学学习中更加灵活，不拘泥于既有的观念，乐于接受和探索新知识。

教师可以通过多元化的教学内容和开放性问题，引导学生接触不同的科学观点和理论，培养他们的开放性。例如，在讨论宇宙起源问题时，教师可以介绍不同的理论观点，并鼓励学生基于证据进行讨论，而不是强求一种答案。学生在这样的学习过程中，能够逐渐养成尊重多样性、勇于质疑和不断求知的科学态度。

总之，科学态度的培养是小学科学教育中至关重要的一部分。通过培养学生的好奇心与探究精神、客观性与开放性，教师能够帮助学生形成积极的科学学习态度，为他们未来的科学探索和个人发展奠定坚实的基础。

五、科学责任

（一）环境保护与可持续发展意识

科学责任的培养在小学科学教育中扮演着至关重要的角色，尤其是在环境保护和可持续发展意识的教育方面。学生应当理解科学技术的发展与环境保护之间的紧密关系，认识到科学探究不仅仅是为了满足人类的好奇心或提升生活质量，更重要的是服务于人类与自然的和谐共存。

在教育过程中，教师应当通过具体的实例和教学活动，引导学生树立环保意识。例如，通过讨论气候变化、森林砍伐、海洋污染等全球性环境问题，学生能认识到这些现象背后的科学原理和人类活动的影响。学生应被鼓励思考如何在日常生活中采取环保措施，如减少使用一次性塑料制品、节约用水、分类回收垃圾等。通过这些实际行动，学生可以深刻理解环境保护的重要性，并将环保理念融入日常生活。

此外，教师可以组织学生参与环保项目，如植树活动、河流清洁、校园绿化等，这些实践活动不仅可以增强学生的环保意识，还能让他们感受到自己的行动对环境的积极影响，培养他们为环境保护做出贡献的责任感。

（二）社会责任感与科技伦理

随着科学技术的不断进步，科学探究和技术应用对社会的影响日益深远。学生应意识到科学技术不仅带来了便利和进步，也引发了许多道德和伦理问题。因此，培养学生的社会责任感和科技伦理意识，是科学教育的重要目标之一。

在教学中，教师可以通过讨论和案例分析，引导学生理解科技进步带来的道德和伦理挑战。例如，在学习基因编辑技术时，教师可以介绍基因编辑在医疗和农业领域的应用，并讨论其潜在的社会影响，如基因编辑可能导致的伦理困境、隐私问题、社会不公等。通过这些讨论，学生可以理解科学家和普通公民在科技进步中的责任，意识到科学决策不仅需要考虑技术可行性，还需要权衡社会影响和伦理道德。

此外，学生应被鼓励思考科学研究和技术应用的社会价值和潜在风险。例如，在学习人工智能和自动化技术时，学生可以探讨这些技术如何改变就业结构、影响社会公平，以及可能带来的伦理挑战。通过这些探讨，学生能够更加全面地理解科技与社会的复杂关系，并在未来科技应用中保持警惕，积极参与社会讨论，推动科技向着更符合社会和人类长远利益的方向发展。

总之，科学责任的培养不仅限于知识的传授，更在于引导学生成为负责任的科学公民。通过环境保护与可持续发展意识的培养，学生能够理解科学在维护自然平衡中的作用，并在日常生活中积极践行环保理念；通过社会责任感与科技伦理教育，学生能够认识到科技的社会影响，培养道德责任感和批判性思维能力。小学科学教育通过这些细化的要素，促进学生在未来以科学的眼光看待世界，积极参与社会事务，并承担起对自然和社会的责任，为建设更加美好的未来贡献力量。

第二章

小学科学教育的理论基础研究

第一节 人本主义心理学与小学科学教育

人本主义心理学是20世纪中叶发展起来的心理学派别，强调个体自我实现的重要性和人的主观体验。该理论认为，每个人都有实现其潜能的内在动力。在教育领域，人本主义心理学着重于学习者的个体差异，强调教育应当满足学生的个人成长需要，这包括培养自尊、自我认同及创造力。这种理念提倡教育环境应适应学生的个体需求，以促进其整体人格的发展。人本主义心理学的教育观念与小学科学教学之间存在天然的联系。通过人本主义心理学的视角，教师可以更好地理解和满足学生在科学学习中的个性化需求。例如，教师可以通过提供以学生为中心的学习环境，激发学生的探索精神，帮助他们建立起对科学概念的初步理解，并在探索中实现自我价值。

一、人本主义心理学的主要观点

（一）以学生为中心的教育理念

人本主义心理学提倡的以学生为中心的教育理念，核心在于促进学生的自我实现和潜能发展。这种教育理念强调，教育的目的不仅仅是传授知识和技能，更重要的是支持和促进学生的个人成长和自我发现。这种理念下，教师的角色发生了根本性的转变，他们不再是传统意义上的权威讲授者，而是成为学习的促进者和引导者。

在这种教育模式中，教师的主要职责是创建一个温馨、开放和支持性的学习环境，学生在其中可以自由地表达自己的想法和感受。教师需要通过各种教学策略，如小组讨论、项目式学习和角色扮演等，来激发学生的内在动机和创造力。这种环境鼓励学生去探索、质疑和批判性地思考，帮助他们在探索过程中发现自我价值，从而激发他们实现个人潜力。

此外，教师在以学生为中心的教学中扮演的是支持者和合作者的角色，他们通过倾听和响应学生的需求，帮助学生设定和达成个人学习目标。这种互动不仅增强了学生的学习体验，也促进了他们的情感和社交发展。通过这样的教育实践，学生可以在认知、情感和社会技能上获得全面的发展，为他们将来的学习和生活奠定坚实的基础。

（二）关注学生的情感与动机

从人本主义心理学的视角出发，学生的情感状态和动机是学习过程中不可或缺的因素。这一观点强调，为了实现有效的学习，教育者必须深入了解和积极响应学生的情感需求和动机驱动。学生的情感健康和动力是他们学习成功的关键支柱，因此，创造一个情感支持性的学习环境对于促进学生的积极参与至关重要。

教育者应重视培养学生的自我效能感，即信念体系中的一个核心部分，它使学生相信自己有能力完成学习任务和挑战。通过设置适当的期望和实现目标的小步骤，教师可以帮助学生建立成功的经验，这种经验是自我效能感增强的基础。此外，积极的反馈和鼓励也是增强学生自我效能感的重要策略，它可以增强学生的学习动力。

尊重学生的个体差异也是人本主义心理学中非常重要的一环。学生在认知能力、学习风格、兴趣和背景等方面都存在差异，理解这些差异并通过个性化的教学方法来适应每位学生的特定需求，是实现教学效果最大化的关键。这可能涉及调整教学节奏，使用不同的教学材料，或者提供多样化的活动，以满足不同学生的需求。

最终，通过关注学生的情感与动机，并尊重他们的个体差异，教师可以更有效地促进学生的情感和认知发展。这种以学生为中心的教育方法不仅有助于学生在学术上取得成就，还有助于他们成长为自信、有适应能力和情感成熟的个体。这样的教育实践不仅丰富了学生的学习经历，也为他们未来的教育和职业生涯奠定了坚实的基础。

（三）全人教育的理念

人本主义心理学强调全人教育的重要性，这种教育模式认为学术成功与情感及个人发展同等重要。在这种理念指导下，教育的主要目标是帮助学生实现学术知识掌握和情感成熟度之间的平衡，从而促进他们成为全面发展的个体。

为了实现这一目标，教育系统必须提供一个支持性的环境，即不仅仅传授书本知识，还要关注学生的自尊和自信心的培养。自尊是个体自我价值感的核心，而自信心是学生面对生活和学术挑战时的关键动力。通过在学校课程中融入团队活动、领导力训练和社交技能培训，教育者可以帮助学生建立起这些重要的个人属性。

此外，全人教育还包括情感智力的培养，即教育孩子认识和管理自己的情绪，以及有效地与他人交流和互动。通过角色扮演游戏、情景模拟等教学方法，学生可以在安全的环境中练习这些技能，这不仅有助于他们适应学校的环境，更有助于他们在未来的职业和个人生活中取得成功。

总之，通过实施全人教育，学生不仅能获得必要的学术知识，更能够在情感智力和社会适应能力上得到显著提高。这种教育模式的实施能够帮助学生成为更有韧性、更具创造力和更有适应能力的人，从而更好地应对未来的机遇和挑战。

二、人本主义心理学在小学科学教育中的应用

（一）构建积极的学习环境

在小学科学教学中，构建一个积极、安全且支持性的学习环境至关重要。这种环境的营造首先依赖教师的积极态度和对学生表现的持续鼓励。积极的教学态度可以通过教师的语言、表情、对学生学习进展的及时反馈来体现。例如，教师可以表扬学生的努力和进步，而不仅仅是成绩，以增强学生的自信心和学习动力。

此外，安全与支持性的课堂氛围使得学生感到自己在学习过程中被尊重和理解。这样的氛围能够鼓励学生在课堂上积极发言，如询问问题或表达自己对科学概念的理解。教师可以通过建立明确的课堂规则，打造一个包容和非评判性的环境，从而促进学生之间的正面互动和相互支持。

此外，支持性的学习环境还应该包括适应不同学生需求的教学策略。例如，利用多种教学媒介，如视频、模型和实验，以适应不同学习

风格的学生。通过这种多样化的教学方法，学生不仅能够从不同角度理解科学知识，还能通过各种感官体验来增强记忆。

通过这些策略，教师能够创建一个积极的学习环境，让学生感到被鼓励和支持，更加愿意参与到科学学习中去。这不仅有助于提高学生的参与度，还能够激励他们积极探索和解决科学问题，从而增强他们的学习动力和科学素养。这样的学习环境是培养未来科学家和探索者的基础，有助于孩子们在科学领域中建立持久的兴趣和深厚的知识基础。

（二）个性化教学与因材施教

人本主义教育强调教师需要了解每个学生的兴趣和需求，并根据这些信息来调整教学内容和方法。在小学科学教学中，这种方法尤为重要，因为它可以培养学生对科学的兴趣和热情。通过设计个性化的学习活动，教师能够针对不同学生的学习风格和兴趣点提供更为贴切的教学方法。

例如，对于那些对宇宙感兴趣的学生，教师可以整合更多关于天文的阅读材料、视频和实验活动，如通过望远镜观察星体或模拟太阳系的运行，让学生直观地感受到宇宙的奥秘。这种教学策略不仅能够满足学生的个人兴趣，还能够激发他们的探索欲，使他们在学习过程中更加主动和投入。

此外，个性化教学还考虑到学生在认知发展阶段上的差异。教师可以通过调整难度和深度来适应不同学生的理解能力。例如，对于理解能力较强的学生，教师可以提供更多的挑战性问题和深入探讨的机会；而对于需要更多支持的学生，教师可以提供更多的指导和基础概念的复习。

这种个性化教学不仅有助于学生保持高度的兴趣和参与度，还极大地促进了他们在理解复杂科学概念时的自信和舒适感。通过这样的教学方法，学生能够在一种支持性和刺激性的环境中成长，这不仅有助于他们学术上的成功，更有助于他们成为终身学习者和未来的创新者。

（三）动机驱动的科学探究

激发学生的好奇心和探究欲是小学科学教育中的一个重要方面。在这一教育阶段，好奇心本身就是一个强大的动机，可以驱使学生深入探索和理解周围的世界。通过精心选择与学生日常生活紧密相关的实际问题作为教学案例，教师可以有效地引导学生进行自主学习和探究。

例如，教师可以引入一个“减少日常生活中的水耗”的项目。学生可以通过实验测定不同家庭节水措施的效果，比如短时间淋浴与长时间淋浴的水耗比较，或者比较不同的节水装置的效率。通过这样的实际活动，学生不仅能学习到水资源的科学知识，还能亲身体验数据收集和分析的过程，理解科学方法论。

同样，讨论可持续能源的利用也是一个极好的教学案例。教师可以组织学生探讨和比较各种能源的优缺点，如太阳能、风能与化石燃料等。学生可以参与设计小型实验，如使用太阳能小车或风力发电模型，以此了解各种能源转换的原理和效率。这种类型的探究不仅增加了学生对科学的兴趣，而且有助于他们理解复杂的环境问题和可持续发展的概念。

通过这些实际的探究项目，学生不仅能积累科学知识，更重要的是，能够培养解决问题的技能和批判性思维能力。这种教学方法强调学生的主动参与和实际操作，使得学习过程更加生动有趣，同时也更加具有实际意义。最终，这种动机驱动的探究活动不仅提高了学生的科学素养，还促进了他们对科学学习的持久兴趣和热情。

（四）情感教育与科学教育的结合

将情感教育融入科学教育是小学阶段一个创新的教学策略。这种方法不仅加深了学生对科学知识的理解，还有助于培养他们的情感智力和社会责任感。在科学课程中，教师可以利用多种活动和讨论，来探讨科学活动对环境和社会的影响，从而帮助学生建立起对科学和社会关系的深刻认识。

例如，教师可以组织学生讨论全球变暖的科学基础和其对地球生态系统的潜在影响，引导学生思考如何通过日常行为减少对环境的负面影响。在这样的讨论中，学生不仅能学习到关于气候变化的科学事实，还能够理解到个人和集体行动在环保中的重要性。这种教学方式有助于培养学生的环保意识和行动力，使他们成为能够对社会产生积极影响的公民。

此外，通过实际案例分析，如科学家如何通过技术和研究努力保护濒危物种，学生可以看到科学如何直接影响和改善我们的世界。这不仅增强了学生的科学学习兴趣，也强化了他们的道德观和责任感。学生通过了解科学家的角色和贡献，增强对科学职业的兴趣和尊重。

通过将情感教育与科学学习结合起来，教师可以帮助学生建立一种更全面的世界观，认识到科学不仅仅是实验和理论，更是一种可以解决实际问题和促进社会进步的工具。这样的教学策略不仅促进了学生的知识积累，更重要的是，它还促进了学生成为一个有道德的、有责任的人。

三、人本主义心理学对小学科学教学的启示

（一）建立以学生为中心的教学模式

人本主义心理学为小学科学教学提供了丰富的启示，其中尤为重要的是以学生为中心的教学模式。这种模式将学生置于学习过程的核心，强调学生的主动性和参与度，而非仅仅作为知识的被动接受者。通过这种教学方式，教师能够更有效地激发学生的学习热情，使他们在科学探究中发挥更大的主动性和创造力。

以学生为中心的教学模式中，教师的角色转变为引导者和支持者，他们通过创造一个开放和互动的课堂环境，鼓励学生积极参与。例如，当学生感受到自己在课堂上有发言权，并且他们的意见和问题受到重视时，他们会更愿意参与到学习活动中。这种积极参与不仅提升了学生的学习效果，还培养了他们的自信心和表达能力。通过鼓励学生提出问题并探索答案，教师能够帮助他们发展批判性思维和提高问题解决能力。

此外，以学生为中心的教学模式不仅关注学术知识的传授，更致力于学生的全面发展。这种模式强调培养学生在各个方面的能力，包括批判性思维、问题解决能力、创造力及自我表达能力。例如，在科学课堂中，教师可以通过项目式学习让学生自己动手实验、收集数据和得出结论，从而增强他们的科学理解力和创造性思维。这样的学习体验不仅使

学生掌握了科学知识，还有助于他们培养独立思考的能力。

以学生为中心的教学模式还强调个性化教育，即教师根据每个学生的兴趣、能力和学习风格调整教学方法。这种关注学生个体差异的教学方式，有助于每个学生在适合自己的节奏中学习，从而最大限度地发挥他们的潜力。

这种全面发展的教育理念不仅有助于学生在科学学习中形成更深刻的理解，也为他们未来的成长奠定了坚实的基础。通过这种教育方法，学生不仅能够在学术上取得成功，还能够在社会中成为具有创造力、批判性思维能力和社会责任感的全面发展的人。这样的教学模式为他们的终身学习和个人成长打下了坚实的基础，确保他们能够应对未来的机遇和挑战。

（二）未来科学教育的方向

人本主义心理学强调人的正面本质和价值，关注人的自我实现、主观经验以及成长和发展。从人本主义心理学角度来看，未来科学教育可能有以下方向：

1. 教育理念的转变

充分尊重学生的个性差异：每个学生都是独特的个体，具有不同的兴趣、能力和学习风格。未来科学教育将更加注重根据学生的个性特点，制定个性化的教育方案，满足不同学生的学习需求。例如，对于对实验操作感兴趣的学生，可以提供更多的实践机会和资源；对于擅长理论思考的学生，则可以引导他们深入探究科学理论。

有效发挥学生的主观能动性：人本主义强调学生的自我驱动和自我实现。在未来科学教育中，学生将不再是被动接受知识的容器，而是积极主动的学习者。教育者会鼓励学生自主探索、发现问题、提出假设并进行验证，培养他们的自主学习能力和创新思维。例如，设置开放性的科学项目，让学生根据自己的兴趣和想法选择研究课题，并自主设计研究方案。

2. 教师角色的转变

学习的促进者：教师不再是知识的灌输者，而是学生学习的促进者、引导者和帮助者。教师要为学生提供丰富的学习资源，包括书籍、实验设备、在线课程等，帮助学生确定学习目标和计划，并为他们创造良好的学习环境和氛围。例如，教师可以组织科学讨论小组、开展课外科学活动，激发学生的学习兴趣和积极性。

学生的倾听者和理解者：教师需要倾听学生的想法和感受，理解他们在学习过程中遇到的困难和问题，并给予及时的支持和鼓励。教师要关注学生的情感需求，尊重学生的个性和选择，与学生建立良好的师生关系，让学生在安全、信任的环境中学习和成长。

3. 教学方式的转变

组织自主探究：认可学生学习的自主性，未来科学教育会增加学生自主探究比重。教师布置开放性科学任务，如设计环保科技小发明，让学生自主确定研究问题、制定方案、搜集证据、得出结论，在实践中提升科学探究和问题解决能力。

个性化与差异化教学：认识到学生在学习能力、兴趣、风格上的差异，未来科学教育借助大数据、人工智能等技术精准了解学生情况，为每个学生定制学习路径。如为学习困难学生提供基础知识巩固课程，为学有余力学生安排拓展性科研项目。

4. 学习方式的转变

体验式学习：未来科学教育将更加注重让学生通过亲身参与科学实验、观察自然现象、进行实地考察等体验式学习方式，来获取知识和技能。例如，组织学生到野外观察动植物的生态环境，让他们亲身体验科学探究的过程，培养他们的观察力、思考力和实践能力。

合作学习：合作学习也是未来科学教育的重要方式之一。通过小组合作、团队项目等形式，让学生在与他人的合作中相互学习、相互启发，共同解决问题。在合作学习过程中，学生不仅可以提高自己的科学素养，还可以培养团队协作能力、沟通能力和人际交往能力。

总之，人本主义理念下的科学教育转型意义深远。它以学生为中心，全方位革新教育各环节。长此以往，学生不仅能在科学领域实现自我突破，更能成长为全面发展、心怀热爱的个体，为社会源源不断输送具创新活力与人文关怀的优质人才。

第二节
建构主义心理学与小学科学教育

建构主义心理学是一种关注学习者如何主动构建知识和理解的理论。其核心理念是：学习是一个动态的过程，学习者通过与环境、经验和他人互动，逐步构建和重组自己的知识体系，而不是被动接受外界传授的信息。这一理论认为知识是通过个人的主观体验和认知加工而建构起来的，强调学习者的主动性和经验的重要性。

建构主义心理学在教育领域的应用背景源于对传统教学模式的反思。传统教学模式通常以教师为中心，学生作为知识的被动接收者，这种方式在某些情况下可能忽视了学生个体的认知过程和学习需求。建构主义心理学提出的以学生为中心的教学方法，强调通过提供丰富的学习环境和机会，让学生通过探究和互动，主动构建知识。这一理念已经广泛应用于教育实践中，特别是在科学教育领域，建构主义的影响尤为显著。

小学阶段是儿童认知发展和学习能力迅速提升的关键时期。在这一阶段，学生逐渐发展出更为复杂的思维能力，能够进行基本的逻辑推理和问题解决。然而，小学生的抽象思维能力仍在发展中，因此他们的学习往往依赖于具体的经验和直接的互动。小学科学教学必须考虑到这些认知特点，通过实际操作、观察和探究活动来帮助学生理解科学概念。

科学教育在小学阶段的目标不仅是传授基础科学知识，还包括培养学生的科学兴趣和探究精神。这一阶段的科学教育旨在激发学生的好奇心，鼓励他们观察自然现象，提出问题，并通过实验和探究活动寻找答案。此外，小学科学教学还致力于帮助学生养成科学的思维方式和解决问题的能力，为他们今后的学习和生活奠定基础。

建构主义心理学对小学科学教学有着重要的支持作用。通过强调学习者的主动性和探究精神，建构主义心理学为科学教学提供了理论基础。在建构主义心理学的指导下，小学科学教学可以通过设计探究性学习活动，鼓励学生在动手操作和实际探究中构建科学知识。比如，学生通过亲自参与实验、观察和记录，可以在具体情境中理解抽象的科学概念。

一、建构主义心理学的主要观点

（一）知识建构的过程

建构主义心理学强调学习者在知识建构过程中的主动性。根据这一理论，学生并不是被动接受信息的容器，而是知识的主动建构者。在这个过程中，学生扮演着积极的角色，他们通过与环境的互动、个人经验的积累及对新信息的整合，不断构建和重组自己的知识体系。这意味着学生在学习中并不是简单地接受教师或教材传授的信息，而是在不断地质疑、探索和反思中构建自己的理解。他们会根据自身已有的知识背景和理解方式，对所接触的新内容进行解释、归纳和总结，从而形成个人化的知识结构。

这个过程是动态的、持续的，并且高度个性化。每个学生在构建知识时，都可能会因其独特的经验和认知方式而形成不同的理解。建构主义心理学认为，这种主动的建构过程对于真正理解和掌握知识至关重要，因为通过这种方式，学生能够将新信息与已有知识有效地整合，从而形成一个更加全面和深入的知识体系。

在知识建构过程中，先前知识与新知识的相互作用起着关键作用。建构主义心理学强调，学生在学习新知识时，往往依赖于已有的知识和经验作为基础。这些先前知识构成了学生理解和处理新信息的框架。新信息并不是孤立地被吸收，而是通过与已有知识的互动，经过内化和整合，成为更为复杂和系统的知识。这个过程使得学习不仅仅是记忆新知识，而是通过不断地重构和更新已有的认知结构，从而更有意义和应用价值。

这种知识建构的过程也意味着教师在教学中应当关注学生的背景知识。教师需要了解学生已有的知识和经验，才能有效地设计教学内容和活动，帮助学生将新旧知识联系起来。教师通过引导学生将新信息与他们已有的认知框架结合，可以促进学生产生更深层次的理解。例如，在引入新的科学概念时，教师可以通过提问、讨论和实验，鼓励学生反思他们已有的知识，并将其与新学到的内容联系起来。这样，学生不仅能够更好地理解新知识，还能在已有的知识基础上进一步扩展和深化他们的理解。

总之，建构主义心理学所倡导的知识建构过程强调学生在学习中的主动性和个性化，这种方法有助于学生在学习中形成更加牢固和综合性的知识结构，并在实践中灵活应用所学内容。教师在这一过程中扮演着引导和支持的角色，通过提供适当的环境和资源，帮助学生将新旧知识有机结合，促进他们的全面发展。

（二）学习的社会性与情境性

建构主义心理学不仅强调个体在知识建构过程中的主动性，还特别关注学习的社会性和情境性。这一观点认为，学习并不仅仅是一个孤立的认知过程，而是深深植根于社会互动和具体情境中的动态过程。学习的社会性意味着，学生在学习中与他人互动的方式，对于他们的知识建构和理解有着重要影响。通过与教师、同伴及其他参与者的交流，学生能够交换观点、分享经验，从而在互动中检验、修正和深化自己的理解。

这种社会互动是多层次的，可以发生在课堂讨论、小组合作、师生对话等多种形式中。在这些互动过程中，学生不仅有机会表达自己的见解，还能够接触到他人的不同视角和思考方式，这种多样化的互动使得学生的学习体验更加丰富和全面。例如，在小组讨论中，学生可以通过辩论和协作来解决问题，这不仅有助于他们巩固所学知识，还促进了他们批判性思维和团队合作能力的发展。

情境性学习是建构主义心理学的另一个核心概念。建构主义心理学认为，知识的真正意义在于应用，而学习应该与真实的任务和情境紧密结合。换句话说，学生在学习过程中，不应仅仅停留在理论层面，而应通过实际操作和实践活动，将所学知识应用到真实情境中。这种情境性学习能够帮助学生更好地理解和掌握知识，因为他们能够亲身体验知识在实际问题中的作用和效果。

例如，教师可以设计与学生日常生活或未来职业相关的任务，让他们在解决这些实际问题的过程中应用所学的科学知识。这不仅使得学习更加贴近学生的生活经验，还能激发他们的学习兴趣和动机。当学生能够看到所学知识在现实生活中的实际价值时，他们对学习的态度会更加积极，并且更加愿意投入时间和精力去深入理解和掌握这些知识。

此外，情境性学习还增强了学生解决问题的能力。在真实的情境中，学生不仅要应用知识，还需要根据实际情况进行判断、调整策略和解决问题。这种实践经验能够培养学生灵活应用知识的能力，使他们在面对复杂多变的现实世界时更具备适应性和创新能力。

综上所述，建构主义心理学所强调的学习的社会性和情境性，为教育实践提供了重要的指导。在这种理念指导下的教学不仅丰富了学生的学习体验，促进了知识的深度建构，还通过情境性学习培养了学生的实际应用能力和解决问题的能力。通过将学习与社会互动和实际情境相结合，教师可以帮助学生在更加丰富和真实的环境中进行学习，从而更好地掌握知识并在未来的生活中灵活运用。

（三）教师的角色转变

在建构主义教学理念的指导下，教师的角色发生了显著转变。教师不再仅仅是知识的传递者或讲授者，而是成为学习的引导者和促进者。这种角色的转变意味着教师需要在教学过程中采取更加灵活和互动的方式，以支持和引导学生自主构建知识。在这个新角色中，教师不仅要传递知识，还要为学生提供多样化的学习资源和机会，帮助他们通过探究和互动来主动学习。

作为引导者，教师需要设计启发性的问题，这些问题应具有挑战性，能够激发学生的思考和好奇心。通过提出这些问题，教师可以引导学生进行更深入的探讨和探索，促使他们超越表面的理解，进入更深层次的认知过程。例如，在科学课堂上，教师可以提出“为什么植物会向光生长”这样的问题，引导学生通过观察和实验去探索现象背后的科学原理，而不是直接告诉他们答案。

同时，教师还需要组织合作学习活动，这些活动能够促进学生之间的互动与合作。在小组合作中，学生不仅能够互相分享各自的见解和知识，还可以通过讨论和辩论来挑战自己的认知结构，从而在共同探讨中获得更丰富的理解。教师在这个过程中扮演着引导者和协调者的角色，确保每个学生都有参与和表达的机会，并通过适时的反馈和引导，帮助他们在合作中共同进步。

即时反馈也是教师在建构主义教学中的关键任务之一。教师需要在学生的学习过程中及时提供反馈，以帮助学生认识自己的进步和不足。这种反馈不仅仅是对正确与否的判断，还应包括对学生思考过程的鼓励和指导，帮助他们进一步深化理解和改进学习方法。通过及时的反馈，学生能够不断调整和完善自己的认知结构，逐步形成更牢固和全面的知识体系。

课堂互动与合作学习在建构主义教学中尤为重要。这种互动不仅仅是学生之间的交流，还包括师生之间的互动。教师通过营造一种开放、支持的课堂氛围，鼓励学生积极参与讨论和合作，使得每个学生都能在相互交流中找到自己的位置和声音。在这种氛围中，学生感到被尊重和支持，更加愿意分享自己的想法和观点，这有助于他们在互动中共同建构知识。

通过这些方式，教师能够有效地促进学生的深度学习和全面发展，帮助他们在知识和技能上取得更大的进步。这种教学方式不仅有助于学生掌握学科内容，还培养了他们的批判性思维、问题解决能力和团队合作精神，使他们为未来的学习和生活做好更充分的准备。教师的角色转变不仅推动了教学模式的创新，也为学生的全面成长提供了更加广阔的空间。

二、建构主义心理学在小学科学教学中的应用

（一）问题导向的科学探究

在建构主义心理学的指导下，小学科学教学可以采用问题导向的科学探究方式，这种方式不仅能够有效地促使学生积极参与学习，还能培养他们的批判性思维和自主学习能力。问题导向的教学方法通过提出引

导性问题，激发学生的好奇心和探究欲望，促使他们深入思考科学概念并进行独立探究。例如，教师可以提出“为什么天空是蓝色的”或“植物如何吸收水分”这样的问题，吸引学生的注意力，让他们思考这些日常现象背后的科学原理。

这些引导性问题并非简单地要求学生记忆答案，而是鼓励他们通过推理和探索来理解科学原理。这种方法有助于学生建立更深层次的理解，并且能够激发他们的学习兴趣。通过这样的探究过程，学生不仅在认知上得到了提升，还产生了对科学现象的好奇心，这对于他们未来的学习和成长都是非常重要的。

在问题导向的科学探究中，激发学生提出假设并进行验证是一个关键环节。教师应鼓励学生根据已有的知识和经验，对问题提出合理的假设，并通过实验和观察来验证这些假设的正确性。这不仅使学生成为学习过程中的积极参与者，还帮助他们掌握科学探究的方法。例如，在探讨“植物需要光合作用吗”这一问题时，学生可以首先提出假设，如“植物在没有光的条件下不会进行光合作用”，然后设计实验来验证这一假设。他们可能会种植两组植物，一组放在阳光下，另一组放在黑暗中，通过观察植物的生长情况来验证假设的正确性。

这种探究过程不仅帮助学生理解了科学概念，还培养了他们的逻辑思维能力和科学素养。通过亲身参与观察和实验，学生能够更加清晰地理解科学原理，认识到科学探究并不是一成不变的，而是需要不断提出问题、验证假设、得出结论并进行修正的动态过程。这种体验式学习能够增强学生对科学的兴趣，并为他们今后在科学领域的学习打下坚实的基础。

此外，问题导向的科学探究还培养了学生的合作能力和沟通技巧。在进行实验设计和结果讨论时，学生需要与同学合作交流，这不仅帮助他们更好地理解问题，还培养了他们的团队合作精神和有效沟通的能力。这些能力在现代社会中同样至关重要，因此，通过这种教学方法，学生不仅能够获得科学知识，还能发展出全面的个人素质，为未来的学习和生活做好准备。

（二）基于探究的学习活动

建构主义心理学倡导在小学科学教学中设计基于探究的学习活动，这些活动不仅注重学生的动手实践，还强调他们在学习过程中的自主探究和独立思考。通过这样的活动，学生不仅能在实际操作中理解科学概念，还能发展出更强的解决问题能力和创新思维。例如，教师可以设计一个关于“水的循环”的实验活动，让学生观察和记录水的蒸发、凝结及降水的过程。通过亲身参与，学生能够直接看到这些自然现象，并理解背后的科学原理。这种学习方式使得复杂的科学概念变得更加直观和易于理解。

动手实验活动不仅增强了学生的实际操作能力，还让学习过程变得更加有趣和富有成效。学生在实验过程中能够通过观察、记录和分析数据，亲身体验科学探究的过程。这不仅帮助他们更好地理解理论知识，还激发了他们的好奇心和求知欲，使得科学学习不再是枯燥的知识记忆，而是充满探索和发现的旅程。

在这些探究活动中，教师应特别鼓励学生进行自主探索和合作学习。自主探索让学生有机会按照自己的节奏和兴趣深入研究特定问题。这种学习方式尊重学生的个体差异，允许他们根据个人的理解和兴趣深入研究特定领域。例如，当学生被要求研究不同类型的岩石时，他们可以根据自己的兴趣选择研究某种特定岩石的形成过程和特点，从而在深入研究中加深对地质学的理解。

合作学习则通过团队协作的方式，促进学生之间的交流和互助。通过分组合作，学生可以在相互讨论和分享过程中丰富自己的认知，并共同解决遇到的问题。例如，在一个研究生态系统的项目中，学生可以分组研究不同的生态环境，如森林、草原和海洋系统。每个小组负责一个特定的环境，通过研究各自的生态系统组成部分，如动植物种类、气候条件和资源循环等，学生能够形成对生态系统整体运行的全面理解。最后，各小组可以将自己的发现汇总，形成一个完整的生态系统模型。这种合作学习不仅帮助学生掌握了科学知识，还培养了他们的团队合作精神和社交能力。

此外，合作学习还可以促进学生的沟通技巧和领导能力的发展。在团队项目中，学生需要分配任务、分享资源，并共同做出决策，这种互动培养了他们在团队中有效沟通和解决冲突的能力。这种合作学习的经验对于学生未来的学术和职业生涯都是极为宝贵的，它不仅教会他们如何在团队中高效工作，还让他们体验到集体智慧的力量。

通过基于探究的学习活动，教师能够创造一种丰富的学习环境，使学生在动手实践和合作学习中全面发展技能和能力。这种教学方法不仅提高了学生对科学的兴趣，还帮助他们在个人成长和社会互动中获得更多经验，为他们未来的学习和生活奠定坚实的基础。

（三）知识的整合与迁移

在建构主义心理学的框架下，帮助学生将新知识与已有知识联系起来是科学教学中的一个关键任务。这种知识整合过程不仅有助于学生更好地理解新概念，还能使他们在学习中感到更加连贯和有意义。教师在教学中应积极引导学生将新学到的知识融入他们已有的认知框架，从而形成更为系统和全面的理解。例如，在教授“力与运动”这一主题时，教师可以帮助学生将重力、摩擦力等抽象概念与他们日常生活中的实际经验联系起来，比如解释为什么汽车在湿滑路面上更容易打滑，或者为什么踢球时球会停下来。通过这些联系，学生不仅能够更好地理解科学原理，还能看到这些原理在现实生活中的具体应用。

知识整合过程还有助于减少学生在学习新概念时的认知负荷。当新知识与已有知识能够紧密结合时，学生会发现理解新信息更加轻松，因为他们可以依托已有的知识结构来吸收和消化新内容。教师在这个过程中扮演着重要的引导角色，他们需要通过适当的提问、示范和讨论，帮助学生找到新旧知识之间的联系。这种方法不仅增强了学生的学习效果，还提高了他们将知识内化为长期记忆的能力。

促进知识在不同情境中的迁移与应用也是建构主义教学的一个核心目标。迁移指的是学生能够在不同的情境中应用所学知识的能力，这是衡量学生真正理解知识的重要标志之一。教师应鼓励学生在各种不同的情境中尝试应用他们所学的知识，以加深他们的理解。例如，在学习完光的折射原理后，教师可以引导学生思考这个原理如何应用在日常生活中，比如设计光学仪器、解释彩虹的形成，或者理解潜水员在水中看到的物体位置为何会发生偏移。

通过这些迁移和应用，学生不仅能够巩固知识，还能够提高他们解决实际问题的能力。迁移学习的过程让学生意识到科学知识并不是孤立的，而是与他们的生活密切相关的工具。比如，学生可以通过理解光的折射原理，来解释眼镜片是如何帮助矫正视力的，或者明白为什么潜水时需要特别设计的光学设备来正确判断物体的位置。这些实例使得学生的学习更有现实意义，同时也培养了他们将课堂知识应用于生活中的复杂问题的能力。

此外，知识迁移的能力还为学生在未来的学习和职业生涯中打下了坚实的基础。无论是应对新的学术挑战，还是解决实际生活中的问题，能够有效迁移和应用知识的学生总是能够更好地应对变化和不确定性。这不仅提升了他们的学术成就，也增强了他们的自信心和独立性，使他们能够在未来的各个领域中都取得成功。通过这种教学方法，教师能够帮助学生在科学学习中实现全面发展，培养出既有深厚知识基础，又具备灵活应用能力的终身学习者。

（四）合作学习与课堂互动

在建构主义教学中，合作学习与课堂互动起着至关重要的作用。这种教学方法强调通过小组合作和互动，让学生在相互交流和探讨中深化对科学概念的理解。合作学习不仅是一种有效的学习方式，还能培养学生的社交能力、沟通技巧和团队精神。

通过小组合作，学生有机会互相分享知识和观点，集思广益，从而在共同探讨中深化理解。例如，当学生探究“地球的层次结构”时，他们可以被分成不同的小组，每个小组负责研究地壳、地幔和地核的不同特点。每个小组成员根据自己负责的部分进行深入研究，随后将各自的研究成果带到全班讨论并整合成一个完整的模型。这种学习方式不仅可以帮助学生更好地理解地球的层次结构，还让他们体验到协作的重要性。通过分工合作，学生能够学会有效地分配任务、解决冲突，以及通过团队的力量达成共同的学习目标。

合作学习的过程还提供了一个多元化的学习环境，学生在其中可以接触到不同的思维方式和解决问题的方法。通过与同学们的合作，学生能够挑战自己的思维局限，看到问题的多种解决路径，从而在知识建构的过程中受益匪浅。此外，合作学习也能增强学生的责任感和自我管理能力，因为他们不仅要对自己的学习负责，还要为团队的整体进展贡献力量。

鼓励课堂讨论与集体反思是建构主义教学的另一个重要组成部分。课堂讨论提供了一个平台，学生可以在其中表达自己的想法、质疑他人的观点，并在相互交流中形成更加全面的理解。教师在课堂上可以通过提出开放性问题，激发学生进行讨论和反思。例如，在完成一个科学项目后，教师可以组织学生讨论他们在项目中遇到的挑战、克服这些挑战的方法，以及在下一次类似的任务中可以改进的地方。

这种课堂互动不仅有助于知识的内化和巩固，还培养了学生的批判性思维和自我评估能力。通过反思他们的学习过程，学生能够更清晰地认识到自己的思考方式和问题解决策略的有效性，并不断改进。这种反思性学习使学生不仅关注学习结果，还更加注重学习过程中的思考和理解，这对他们未来的学习和发展至关重要。

此外，课堂讨论和集体反思也有助于培养学生的自信心和表达能力。在这样的互动中，学生有机会练习清晰、有逻辑地表达自己的观点，并且在面对不同意见时保持开放和尊重的态度。这些能力对于学生今后的学术和职业发展都是极为宝贵的。

总的来说，合作学习与课堂互动在建构主义教学中不仅促进了知识的深度建构，还为学生提供了一个全面发展的平台。通过合作与互动，学生不仅能够获得更扎实的学术知识，还能在社会技能、批判性思维和自我评估等方面得到全面提升。这种教学方法为学生的终身学习和未来的社会参与打下了坚实的基础。

三、建构主义心理学对小学科学教学的启示

（一）增强学生主动学习的能力

建构主义心理学为小学科学教学提供了深远的启示，其核心之一在

于增强学生的主动学习能力。在传统的教学模式中，学生通常被动地接受教师传授的知识，学习过程以教师为中心，学生的角色较为消极。然而，建构主义强调，学生在学习过程中应当成为知识的主动建构者。这一理念主张，学习不仅仅是记忆和接受信息的过程，更是一个主动探索、思考和构建知识的过程。因此，教师应当鼓励学生在学习中主动参与，积极进行知识建构。

这种主动建构知识的方式意味着，学生不再只是依赖教师的讲解来理解科学概念，而是通过探究、实验和自主思考来掌握知识。教师的角色转变为引导者，他们为学生提供适当的工具和资源，帮助学生在实践中发现和解决问题。例如，在学习物理原理时，学生可以通过设计并进行实验，观察和记录现象，最终总结出自己的理解。这种探究性学习方法不仅使学生更好地掌握所学内容，还能够培养他们的批判性思维和问题解决能力。

鼓励学生在学习中进行知识建构，不仅有助于他们更深入地理解所学内容，还能显著增强他们的学习动机和自信心。当学生发现自己能够通过实践和思考找到问题的答案时，他们的学习兴趣将会大大提高。这种主动参与的学习方式使得学生在知识上取得更大的进步，同时也培养了他们独立学习的能力。他们学会了从现有的知识出发，通过不断地尝试和调整，逐步构建新的理解和知识体系。

此外，建构主义教学法还特别强调促进学生的批判性思维与创新能力。在科学教育中，教师应鼓励学生质疑传统观念，提出自己的见解，并通过实验和探究来验证自己的假设。这种教学方法不仅培养了学生的批判性思维能力，还激发了他们的创造力。教师可以设计开放性的问题和项目，鼓励学生在解决实际问题的过程中发挥创新思维。例如，在讨论环境保护问题时，学生可以提出自己的假设，如“减少塑料使用能否显著改善海洋环境”，然后通过研究和实验来探讨这一假设的可行性。

通过这种方式，学生在学习过程中不断挑战自我，开拓思路。他们不仅学会了如何运用已有知识解决问题，还培养了创造性思维和对未知领域的探索精神。这种批判性思维与创新能力对于学生的长远发展至关重要，它不仅有助于他们在学术上取得成功，也为他们提升在未来社会中的竞争力奠定了坚实的基础。在一个日益复杂和多变的世界中，这种能力显得尤为重要，它使学生能够适应不断变化的环境，面对未来的挑战时更加从容、自信。通过建构主义教学，学生不仅获得了扎实的科学知识，更重要的是，他们学会了如何成为终身学习者和创新者，这将使他们在未来的学习和职业生涯中受益终身。

（二）未来科学教育的发展方向

建构主义心理学强调学习是学习者主动建构知识的过程，学习者不是被动地接受信息，而是根据自己已有的知识和经验，对新信息进行主动地选择、加工和处理，从而建构起对新知识的理解。从建构主义心理学角度来看，未来科学教育可能有以下发展方向：

1. 倡导主动学习模式

尊重学生的原有经验：每个学生在进入科学课堂之前，都已经有了自己对世界的理解和认知方式。未来科学教育将更加重视学生的这些原有经验，教师会在教学中充分了解学生已有的知识和观念，将新知识与学生的原有经验相结合，帮助学生更好地理解和建构新的科学知识。例如，在教学有关力的知识时，教师可以先让学生分享自己在日常生活中对物体运动和力的感受和理解，然后再引导学生通过实验和理论学习来修正和完善这些观念。

发挥学生的主观能动性：学生将成为学习的主体，积极主动地参与到科学探究和知识建构中。教师会设计各种富有挑战性和启发性的学习任务，鼓励学生自主提出问题、设计实验、收集数据、分析结果，并得出结论。例如，在学习“生命科学”领域的内容时，教师可以让学生自主选择一个感兴趣的生物现象，如植物的向光性，然后让学生自己设计实验来探究其原因，通过这种方式培养学生的科学思维和创新能力。

引导知识的整合：学生不再孤立学习科学知识，而是在引领下将新学知识与已有知识体系整合。例如学习“生态瓶”时，引导学生联系之前学过的生物分类、生物与环境关系等知识，构建完整的生态系统认知，明白生产者、消费者、分解者之间相互依存又相互制约的关系。

2. 倡导创设情境组织教学

设计真实情境：为让学生更好理解和应用科学知识，未来科学教育会创设大量贴近生活、生产实际的情境。比如在学习能源相关知识时，模拟家庭用电场景，让学生分析不同电器能耗，探讨节能措施；或模拟工厂能源使用情况，思考工业节能途径，使学生在真实情境中感受科学知识的价值，更有效地构建知识。

利用虚拟情境：未来科学教育将会大量借助虚拟现实（VR）、增强现实（AR）等技术，创设虚拟科学情境。如在学习空气热胀冷缩时，通过 VR 技术让学生仿佛置身微观世界，直观观察原子的运动变化；学习“八大行星”时，用 AR 呈现太阳系各行星运行轨道等，突破时间和空间限制，为学生提供丰富感知，助力知识构建。

3. 重视学习过程与动态发展

注重过程评价：不再单纯以考试成绩评判学习成果，而是更关注学生学习过程。教师会观察学生在科学探究中的表现，包括提出问题的能力、实验操作的规范性、分析解决问题的思路等。例如在探究对比实验中，观察学生如何控制变量、如何分析实验误差等，根据这些过程性表现给予及时反馈和指导。

适应个体差异：认识到每个学生知识构建过程和速度不同，未来科学教育会根据学生个体差异调整教学。对于学习进度快、理解能力强的学生，提供拓展性学习内容，如引导其进行更深入的科学研究；对于学习困难学生，给予更多基础指导和帮助，如重新讲解关键知识点、提供更多学习机会，确保每个学生都能在原有基础上发展。

综上所述，建构主义心理学为未来科学教育照亮了前行的道路。当主动学习模式全面落地，情境化教学有效开展，对学习过程与个体差异给予充分重视，学生们将真正成为科学知识的建构者。他们不再是被动的知识吸纳者，而是在原有经验的基石上，凭借自身的探索与思考，不断搭建起稳固且丰富的科学认知大厦。未来科学教育的课堂将充满活力与创新，学生们在真实与虚拟交织的情境中，深度挖掘科学知识的内涵，在个性化的学习进程中，绽放出属于自己的科学探索光芒，为社会源源不断地输送具有深度思维与创新精神的未来栋梁，推动科学教育乃至整个社会的持续进步与发展。

第三节 认知派学习理论与小学科学教育

认知派学习理论是一种以理解和解释学习过程中的认知活动为核心的理论体系。它的核心理念是：学习是一个主动的信息加工过程，学生在这一过程中通过感知、记忆、思维和推理等认知活动来构建知识。与行为主义不同，认知派更关注学习者的内在心理过程，强调个体在知识获取、整理和应用中的积极作用。认知派学习理论认为，学生不是被动地接受外部信息，而是通过内部的认知结构主动地组织和整合这些信息，从而形成有意义的学习成果。

认知派学习理论在教育领域有着悠久的发展历史。从 20 世纪初期的皮亚杰和维果斯基的研究开始，认知理论逐渐成为教育心理学的重要组成部分。皮亚杰的认知发展理论强调了儿童在不同发展阶段中的思维模式，而维果斯基则提出了社会文化背景在认知发展中的作用。随着这些理论的不断发展和完善，认知派学习理论在教育实践中得到了广泛应用，特别是在科学教育领域，该理论为理解学生的学习过程和设计有效的教学策略提供了宝贵的支持。

认知派学习理论对小学科学教育具有重要的指导作用。该理论强调学生在学习过程中的主动性和独特的认知过程，这与科学教育中的探究式学习理念高度契合。通过认知理论的指导，教师可以更好地理解学生如何建构科学知识，从而设计出更有效的教学策略。例如，教师可以利用认知负荷理论来合理设计实验和探究活动，帮助学生在理解复杂科学概念时减少认知负担，增强学习效果。

一、认知派学习理论的主要观点

（一）信息加工与记忆

认知派学习理论将学习过程视为信息加工的过程，认为学习者在这个过程中通过一系列的认知活动，将外界信息转化为知识。这一过程包括信息的编码、存储和提取三个关键环节。编码是指将外界信息转换为大脑能够处理的形式，这一过程涉及将感知到的信息进行解释和组织，使其能够进入记忆系统。教师在教学中需要设计有效的教学活动和材料，以帮助学生更好地进行信息编码。例如，通过使用图像、图表或比喻等多种方式，教师可以帮助学生将抽象概念转化为易于理解和记忆的形式。

存储是信息在短期记忆和长期记忆中的保持过程。短期记忆负责暂时存储和处理信息，通常只能保持少量信息，且持续时间较短。如果信息未能及时被复习或加深处理，便有可能从短期记忆中消失。为使信息得以长期保存，学生需要通过反复复习、实践和应用将其转移到长期记忆中。长期记忆是一种容量几乎无限的记忆系统，能够持久地保存信息。教师应通过设计有针对性的练习和活动，帮助学生将新信息与已有知识联系起来，从而促进信息的深度加工和长期记忆的形成。

在实际教学中，教师应特别注重帮助学生有效地进行短期记忆和长期记忆之间的转换。通过反复练习和多次暴露于学习内容，学生能够更容易地将知识从短期记忆转移到长期记忆。例如，在科学学习中，教师可以通过多次重复关键概念的讲解和练习，帮助学生巩固记忆。情境化学习也是一个有效的策略，它通过将学习内容与实际应用情境联系起来，使学生能够更好地理解和记忆知识。比如，在学习化学反应时，教师可以通过实验让学生亲自观察和操作，从而加深学生对化学反应原理的记忆。

提取是指从记忆中获取信息并应用的过程。即使信息已经存储在长期记忆中，如果不能有效提取出来，它对实际应用的帮助也会大打折扣。教师应通过设计各种情境和问题，促使学生频繁地练习信息提取。例如，通过测验、课堂讨论或模拟真实情境的任务，教师可以帮助学生在不同情况下练习提取相关知识，这不仅能加强学生对知识的掌握，也有助于他们在实际生活中灵活运用所学内容。

总之，信息加工与记忆在认知派学习理论中占据着核心地位。通过有效地编码、存储和提取策略，教师可以帮助学生更好地掌握和应用知识。在科学学习中，教师应注重通过各种教学方法和策略，促进学生将知识从短期记忆转移到长期记忆，并确保他们能够在需要时顺利提取和应用这些知识。这样，不仅能提高学生的学习效果，还能增强他们对知识的深度理解和实际应用能力。

（二）认知结构与知识建构

认知结构是指个体在头脑中形成的知识组织方式，这一结构不仅包括已有的知识，还涉及这些知识之间的关系和组织方式。认知结构在学习过程中发挥着关键作用，它决定了新知识如何被理解、整合，并最终成为学习者认知体系的一部分。当学生接触到新的信息时，他们并不是将这些信息孤立地吸收，而是通过与已有的认知结构进行对比和整合，从而形成新的理解。这种对比和整合的过程就是知识建构的核心。

随着学习的深入，学生的认知结构逐渐发展和完善，这种结构对新知识的吸收和整合起着至关重要的作用。当学生遇到与已有知识相符或相关的新信息时，他们能够更快地理解并内化这些信息，因为这些新知识可以无缝嵌入已有的认知框架中。反之，如果新知识与现有认知结构存在冲突，学生则需要进行更深层次的思考和调整，重新组织或扩展他们的认知结构，以便有效整合这些信息。

在知识建构过程中，先行组织者发挥了重要作用。先行组织者是教学中引入的一种工具或策略，它帮助学生在学习新知识之前建立一个认知框架，从而更有效地吸收和整合新信息。先行组织者可以是概念图、关键问题、引导性提问或任何能够帮助学生预先组织信息的策略。其目的是在学生面对新内容之前，提供一个可以依托的认知基础，从而使他们能够更容易地将新知识与已有知识联系起来。

例如，在科学教学中，教师可以在讲授新的科学概念之前，带领学生回顾相关的基础知识。假设教师要讲解光合作用的过程，他们可以首先帮助学生回顾植物的基本结构和功能，尤其是叶片在植物生命活动中的作用。通过提供这些相关的背景信息，教师帮助学生建立起一个初步的认知框架，使他们能够更容易地理解光合作用的复杂过程。

先行组织者不仅有助于减少学生面对新知识时的认知负荷，还能促进知识的整合和迁移。当学生已经在头脑中形成一个清晰的认知框架时，他们能够更容易地将新信息纳入其中，从而形成一个更为完整的知识体系。这种有效的知识整合不仅提高了学生的学习效果，还增强了他们在不同情境下应用所学知识的能力。

综上所述，认知结构与知识建构是认知派学习理论中的重要概念。通过理解和利用学生已有的认知结构，教师可以设计更有效的教学策略，帮助学生更好地整合新旧知识，促进深度学习和知识的灵活应用。在此过程中，先行组织者作为一种关键工具，能够显著提高教学的有效性，帮助学生构建更加牢固和全面的知识体系。

（三）学习策略与元认知策略

在科学教学中，有效的学习策略起着至关重要的作用。这些策略包括组织、复述、精细加工等，它们能够帮助学生更好地处理和掌握信息，从而提高学习效果。学习策略是学生在学习过程中使用的一系列方法和技巧，旨在增强对学习内容的理解和记忆。例如，学生可以通过制作笔记、绘制概念图或参与小组讨论，将所学内容进行结构化组织，这样不仅有助于理清复杂的科学概念，还能在头脑中形成系统的知识框架。

学习策略中的精细加工是指在学习过程中，学生通过将新知识与已有知识联系起来，形成更深刻的理解和更持久的记忆的策略。比如，当学生学习新的科学原理时，他们可以通过回顾之前学到的相关概念，寻找二者之间的联系，从而使新知识更容易被理解和记忆。这种策略不仅提高了学习效果，还使得学生能够在面对新的问题或挑战时，更加灵活地应用所学知识。

除了学习策略，元认知策略也是认知派学习理论中的一个重要方面。元认知是指个体对自己认知过程的意识和调节能力，简单来说，就是“思考的思考”或“学习的学习”。通过使用元认知策略，学生能够更好地规划、监控和调整自身的学习过程。这种自我调节的能力对于有效学习至关重要，特别是在科学学习中，元认知能够帮助学生在复杂的探究过程中保持方向感和目标感。

具体来说，学生可以通过设定学习目标来明确学习方向，并在学习过程中不断监测自己的理解程度。例如，学生可以在每次学习之前设定具体的目标，比如“今天我要理解光合作用的基本过程”，然后在学习过程中时刻检查自己是否达到了这个目标。如果发现自己在理解某个概念上有困难，他们可以及时调整学习方法，比如重新阅读教材、寻求同学帮助或通过其他资源进一步学习。

元认知策略不仅帮助学生在学习中更加自主和有效，还培养了他们的自我调节能力，这种能力对于科学学习尤为重要。科学学习通常需要学生进行持续的探索和反思，面对复杂的问题时，能够自我调节的学生更容易找到解决方法。通过元认知策略，学生学会了如何对自己的学习进行有效的管理和控制，这不仅提高了他们的学习效率，还增强了他们的自信心和学习动机。

总的来说，学习策略与元认知策略是认知派学习理论中的两个重要组成部分。通过有效的学习策略，学生能够更好地理解和记忆科学知识，而通过元认知策略，他们能够更好地规划和调整自己的学习过程。这两者结合起来，不仅能够帮助学生在学术上取得更大的成功，还能培养他们成为更加自主、善于反思的终身学习者。

二、认知派学习理论在小学科学教育中的应用

（一）激活先前知识与引导新学习

在小学科学教育中，激活学生的先前知识并引导他们进行新学习是一个至关重要的教学策略。学生在进入课堂时，已经拥有了一定的知识和经验，这些先前知识为他们理解和吸收新信息提供了基础。因此，教师需要通过精心设计的教学活动来激活这些已有的知识，使学生能够更好地连接新旧知识，进而有效地理解和掌握新内容。

教师可以通过提问和讨论来激活学生的先前知识，这是一种非常有

效的方法。例如，在教授有关天气现象的课程时，教师可以提出一系列引导性问题，如“你们经历过哪些类型的天气”或“在不同的天气条件下，你们观察到了什么变化”，这些问题能够引导学生回忆和分享他们对不同天气类型的经验和理解，从而唤起他们已有的知识储备。通过这样的互动，学生的思维得到了激活，他们开始主动参与到课堂讨论中，不仅增强了课堂的参与感，也为后续学习新内容铺平了道路。

此外，使用先行组织者是另一种行之有效的方法，它能够为学生提供一个结构化的预备知识，使他们在接触新内容时能够更容易地理解和内化这些信息。例如，当教师要引入光合作用的概念时，可以先展示植物的基本结构图，并回顾学生已经学习过的相关概念，如阳光和水对植物生长的作用。这样的预先铺垫能够帮助学生迅速建立起一个认知框架，使他们在学习光合作用的过程中能够更好地将新知识与已有的理解联系起来。

通过先行组织者，学生不仅能够在头脑中形成一个初步的概念框架，还能降低面对新知识时的认知负荷。这种方法不仅有助于学生对新知识的理解和记忆，还能增强他们对学习内容的信心。例如，在学习复杂的科学概念时，如果学生能够首先将新知识与已有的相关知识连接起来，那么他们在面对新信息时就不会感到陌生或困惑，从而更容易内化并掌握这些知识。

总之，激活先前知识和使用先行组织者是小学科学教育中两个非常重要的策略。这些方法不仅能够帮助学生更好地连接新旧知识，促进他们对新概念的理解和掌握，还使得课堂教学更加高效和有趣。通过这些策略，教师能够引导学生在已有知识的基础上，持续构建和扩展他们的知识体系，从而实现深度学习。

（二）制定有助于理解与记忆的教学策略

在小学科学教育中，促进学生对知识的深度理解和长久记忆是教育的核心目标。有效的教学策略不仅能够帮助学生掌握科学概念，还能提升他们的思维能力和应用知识的能力。在这一过程中，图示与概念图成为极为有用的工具，因为它们可以帮助学生组织和结构化他们的知识。

通过将信息视觉化，学生能够更直观地理解和记忆复杂的科学概念和关系。

例如，在学习生态系统时，教师可以利用食物链的概念图来展示不同生物之间的能量流动关系。通过这种图示，学生可以清晰地看到植物、食草动物、食肉动物之间的联系，理解能量如何从一个生物体传递到另一个生物体。这不仅帮助学生在记忆中更好地保留信息，还使他们能够理解生态系统的整体运作原理。这种方式的优点在于，它通过视觉线索增强了学习效果，使得抽象的科学原理变得更加具体和易于理解。

然而，促进理解与记忆不仅仅依赖于图示等工具，还需要教师着重培养学生的理解性学习。理解性学习应当被放在首位，而不是让学生依赖机械记忆。机械记忆虽然可以在短时间内帮助学生记住大量的信息，但这种记忆方式往往无法支持深层次的理解和长久的记忆保留。相反，理解性学习强调学生对知识的深度理解和内化，它要求学生不仅要知道某个科学现象或原理的表面信息，还要能够解释其背后的原因和影响。

为了实现理解性学习，教师可以通过引导学生解释科学现象、进行推理和应用知识来强化学习效果。例如，在学习地球的自转和公转时，教师可以通过问题引导学生思考和解释这些运动如何影响季节变化和昼夜交替。教师可以设计互动活动或实验，让学生模拟地球自转和公转的过程，观察并记录其对日照时间和温度的影响。这种教学方法不仅使学生对这些科学概念有了更深刻的理解，还培养了他们的科学思维能力，使他们学会通过逻辑推理和实际观察来验证自己的理解。

此外，理解性学习还可以通过让学生运用所学知识解决实际问题来达成。例如，在学完气象学的基础知识后，教师可以要求学生预测天气变化，并解释预测的科学依据。通过这种应用性的学习活动，学生不仅复习了所学知识，还在实践中验证了这些知识的应用价值。这种方法增强了学生的学习动机，因为他们能够看到学习的实际效果和意义。

总而言之，在小学科学教育中，教师应注重通过有效的图示工具和理解性学习策略来促进学生的理解和记忆。这些策略不仅帮助学生掌握科学知识，还培养了他们的科学思维能力和解决问题的技能。通过理解而非机械记忆，学生能够在学习过程中真正内化知识，并在未来的学习和生活中灵活应用这些知识。

（三）发展学生的学习策略与元认知能力

在认知派学习理论的指导下，教师应当致力于帮助学生发展有效的学习策略和自我调节能力。这些策略不仅能够提升学生对科学知识的掌握，还能培养他们独立学习的能力，使他们在面对复杂的学习任务时更加从容。

学习策略如总结、复述和联想在科学学习中起着关键作用。总结是指学生在学习结束后，将所学内容进行概括，提炼出核心要点。这一过程促使学生对所学知识进行整理和反思，帮助他们明确学习的重点，从而形成对整体内容的系统性理解。例如，在学习完一节关于动植物适应性进化的课程后，学生可以总结出主要的适应性特征，如伪装、迁徙、体色变化等，通过这个过程，他们能够更清晰地把握知识的脉络。

复述则是通过重复和回顾所学内容，来增强记忆。复述不仅能够帮助学生加深对知识的印象，还可以巩固学习成果，使信息在大脑中更加牢固地存储。例如，学生可以在学习后通过与同学分享所学内容，或者在作业中再次使用所学知识，来进一步加强对科学概念的掌握。

联想指的是将新知识与已有知识联系起来，从而加深理解。通过联想，学生可以在已有知识的基础上构建新的理解，这不仅有助于知识的整合，还能促进知识的迁移应用。举例来说，学生在学习动植物适应性进化时，可以联想之前学过的生态环境特征，思考特定适应性特征如何帮助动植物在特定环境中生存。这种联想可以使新旧知识相互联系，加深学生对科学原理的理解，并帮助学生更好地记忆和应用所学内容。

在发展学习策略的同时，培养学生的元认知能力同样至关重要。元认知是指学生对自己学习过程的监控和调节能力，它包括学生对自己学习情况的认知和对学习策略的选择与调整。通过元认知，学生能够更好地掌控自己的学习进度，并在遇到困难时采取有效的应对措施。

教师可以通过多种方式培养学生的元认知能力。例如，教师可以教导学生设定明确的学习目标，这样他们在学习过程中就有了方向和动力。此外，教师还可以引导学生在学习过程中定期监控自己的理解程度，并根据需要调整学习策略。例如，学生在学习新概念时，可以自问是否真正理解了所学内容，如果发现有困难，则可以选择复习并寻求帮助，或者使用其他学习资源如在线视频或参考书籍来进一步学习。这种自我调节的过程使学生能够更主动地控制自己的学习，从而提高学习效率和效果。

元认知能力的培养不仅帮助学生在当前的学习任务中取得成功，还为他们的终身学习奠定了基础。掌握了元认知策略的学生能够更好地适应未来的学习挑战，因为他们具备了独立分析和解决学习问题的能力。他们能够自觉地调整自己的学习策略，以应对不同的学习内容和情境，从而在不断变化的学习环境中始终保持高效的学习状态。

总的来说，发展学生的学习策略和元认知能力是小学科学教育中的重要任务。这些能力不仅有助于学生更好地掌握科学知识，还培养了他们的独立学习和解决问题的能力。通过有效的学习策略和元认知能力的培养，学生能够成为更加自主和自信的学习者，为他们未来的学习和生活打下坚实的基础。

（四）设计逐步复杂化的任务

在科学教育中，任务设计的复杂性应当是逐步增加的，以适应学生认知能力的发展。随着学生在学习过程中逐渐提升他们的理解和技能水平，教师有责任通过精心设计的任务，逐步引导学生应对更高层次的认知挑战。这种逐步复杂化的任务设计不仅能够帮助学生适应更复杂的学习内容，还能够促进他们的深度思考和探究能力的发展。

教师可以从简单的科学任务入手，如基础实验或观察活动。这些任务通常涉及对基本科学原理的初步理解和简单的操作技能。例如，学生可以通过观察植物的生长过程或记录天气变化来学习科学方法和数据收集的基本技巧。在这些初级任务中，学生主要是熟悉科学的基本过程和工具，同时建立起对科学学习的信心。

随着学生对科学基础知识和技能的掌握，教师应逐渐引入更复杂的任务。例如，教师可以设计需要学生自己动手进行实验、分析数据和提出假设的任务。在这些任务中，学生不仅需要应用之前学到的知识，还需要进行更深层次的思考和推理。例如，在学习浮力时，教师可以让学生设计一个实验，探究不同液体的密度如何影响物体的浮沉情况。学生需要选择合适的材料、控制变量、收集和分析数据，并根据实验结果提出合理的解释和假设。这些任务不仅要求学生动手操作，还要求他们进行逻辑推理和科学论证，从而在科学学习中逐渐提高他们的思维能力和问题解决能力。

此外，鼓励学生进行深度思考和探究是培养科学素养的重要手段。为了达到这一目标，教师应设计开放性问题和探究任务，促使学生超越简单的事实记忆，进入更复杂的分析和综合阶段。例如，教师可以提出涉及多重变量的科学问题，要求学生综合运用他们的知识和技能来解决问题。比如，在探讨环境保护问题时，教师可以让学生调查当地的生态状况，分析环境变化的原因，并提出改善建议。这些探究任务要求学生进行深入的研究，批判性地评估信息，并创新性地提出解决方案。

这种深度探究不仅增加了学生的科学知识，还培养了他们的批判性思维和创新能力。通过解决实际问题，学生能够体验到科学知识在现实世界中的应用价值，这种体验有助于激发他们的学习兴趣和动机。此外，开放性任务的设计鼓励学生提出独立见解，并通过实验和数据支持他们的观点，这对于培养学生的科学思维和研究技能尤为重要。

通过逐步复杂化的任务设计，教师能够有效地引导学生在科学学习中不断挑战自我，发展更高层次的思维和探究能力。这种教学策略不仅帮助学生更好地掌握科学知识，还为他们未来的学习和职业发展打下了坚实的基础。学生通过这样的任务设计，不仅学会了解决问题的方法，还拥有了终身学习的能力，他们能够在未来面对更加复杂的科学和技术挑战时，具备足够的信心和能力。

三、认知派学习理论对小学科学教育的启示

（一）提升学生的科学理解与应用能力

认知派学习理论为提升学生的科学理解与应用能力提供了重要的指导。首先，强化知识的组织与结构化学习是帮助学生掌握科学知识的关

键环节。科学知识往往包含复杂的概念和多层次的信息，学生只有通过有效的知识组织来理清这些概念之间的关系，才能更好地理解和内化它们。教师在这一过程中起着引导作用，他们应当帮助学生将分散的知识点有机地联系起来，形成一个系统的知识结构。

例如，在教授生态系统的课程中，教师可以运用概念图或思维导图等工具，将食物链、能量流动、物质循环等相关概念整合在一起，使学生能够直观地看到这些概念之间的关联性。通过这种结构化学习，学生不仅能够更清晰地理解生态系统的运作机制，还能够在遇到新情境时更加自如地应用这些知识。这种方法不仅能帮助学生理清知识脉络，还能提高他们在不同情境中灵活应用知识的能力，从而促进他们对科学理解的深化。

其次，促进学生的长期记忆与概念迁移也是提升科学理解与应用能力的另一重要方面。长期记忆的形成依赖于学生对知识的多次接触和深度加工。为了帮助学生将信息从短期记忆转移到长期记忆，教师应通过多种方式反复强化学习内容。比如，通过重复练习、情境化学习、参与式讨论和实际操作等多样化的教学活动，教师可以使学生在不同的情境中反复接触和使用所学知识，这不仅巩固了他们的记忆，还使得这些知识更加牢固地嵌入他们的长期记忆中。

概念迁移是科学理解的重要体现，它指的是学生能够将所学知识灵活应用于不同的情境中。例如，在学习了热传递的基本原理之后，学生能够在现实生活中解释为什么金属勺子比木勺子更容易变热。这种迁移能力表明学生不仅理解了知识，还能够将其应用到新的、不同的环境中，这显示了他们对科学概念的真正掌握。

为了促进这种迁移能力的发展，教师可以设计跨学科的活动或任务，要求学生在不同的情境中应用所学知识。例如，教师可以让学生在科学课上学习热传递的概念，然后在美术课上设计一款能够保持饮品温度的杯子，这不仅测试了他们对科学原理的理解，还鼓励他们将知识应用于实际问题的解决中。通过这种方式，学生能够体验到科学知识的广泛应用性，这种体验有助于激发他们的学习兴趣和内在动机，使他们在未来的学习和生活中更加愿意主动探索和应用所学的知识。

综上所述，认知派学习理论通过强化知识组织与结构化学习、促进长期记忆和概念迁移，为提升学生的科学理解与应用能力提供了有力的支持。这些策略不仅能帮助学生更好地掌握科学知识，还培养了他们在不同情境中灵活运用知识的能力，从而为他们的长期学术发展和实际问题解决能力提升奠定了坚实的基础。

（二）未来小学科学教育的发展方向

认知派学习理论认为学习是形成反映整体联系与关系的认知结构，强调学习是认知结构的组织与重新组织，注重学习者的主动性和内部心理过程。从该理论视角看，未来小学科学教育有以下发展方向：

1. 注重知识结构体系构建

注重梳理科学知识框架：教师帮助学生梳理科学知识框架，让学生清晰了解科学知识的内在逻辑和层次结构。例如，在生命科学领域，从细胞、组织、器官到生物体，再到生态系统，形成完整的知识体系。

注重学科知识整合：未来小学科学教育会加强学科内和学科间知识的整合。如在学习地球的公转和自转时，不仅涉及地理知识，还与“物质科学”领域中的运动和力等知识相关，通过跨学科整合，让学生从多角度理解科学现象。

2. 注重学生的认知发展规律

了解学生认知特点：教师深入了解不同年龄段学生的认知发展特点，如小学生以低年段的具体形象思维为主，逐渐向高年段的抽象逻辑思维过渡。在教学中，对于抽象的科学概念，教师会借助实物、模型、图片等直观教具帮助学生理解。

倡导实施分层教学：根据学生的认知水平和学习能力进行分层教学。对于学习能力较强的学生，提供拓展性的学习任务和资源，鼓励他们深入探究；对于学习困难的学生，给予更多的指导和帮助，确保每个学生都能在原有基础上得到发展。

3. 注重运用多样化教学方法与手段

倡导采用发现学习法：让学生通过观察、实验、思考等发现科学知识和规律。例如，在学习磁铁的性质时，教师提供各种材料，让学生自己动手实验，发现磁铁能吸引铁制品、有磁极等性质。

鼓励运用现代教育技术：借助多媒体、虚拟现实等现代教育技术，为学生提供丰富的学习资源和直观的学习体验。如通过虚拟现实技术让学生身临其境地感受宇宙的浩瀚、微观世界的奇妙，帮助学生更好地理解科学知识。

4. 注重学习评价与反馈

注重过程性评价：关注学生在学习过程中的表现，包括参与度、提问质量、实验操作能力、团队协作能力等，及时给予反馈和指导，帮助学生改进学习方法和提高学习效果。

注重多元化评价：采用教师评价、学生自评、同伴互评等多元化评价方式，全面评价学生的学习成果。例如，在小组合作探究后，学生先自我评价，然后小组内成员互相评价，最后教师进行总结评价，让学生从多个角度了解自己的学习情况。

总之，从认知派学习理论视角出发，这些发展方向不仅能助力学生构建起稳固且系统的科学知识体系，更能契合其认知发展进程，激发他们主动探索科学奥秘的热情。在未来的小学科学教育中，当知识结构体系构建得以完善，学生认知发展规律被充分尊重，多样化教学方法与手段全面施展，孩子们将在科学的广阔天地里自由翱翔。他们不再是被动接受知识的容器，而是主动的知识探索者，凭借所学去理解生活中的科学现象，去尝试解决实际问题，为未来成长为具有创新精神与科学素养的人才奠定坚实基础，推动小学科学教育迈向全新的高度，真正实现科学教育的育人价值。

第三章

“三趣”——小学科学课堂教学策略

第一节
科学教育中的“儿童游戏之趣”

一、“儿童游戏之趣”概述

（一）“儿童游戏之趣”的定义

“儿童游戏之趣”指的是在教育过程中，通过巧妙地引入游戏元素，激发儿童的自然好奇心和内在学习兴趣，使学习过程变得更加有趣和吸引人。游戏不仅仅是一种娱乐方式，它还是一种强大的学习工具，尤其在小学阶段，游戏为儿童提供了一个轻松而富有吸引力的环境，使他们能够更加自然地探索、发现和理解周围的世界。在这一过程中，游戏让孩子们以非正式但富有成效的方式接触到复杂的科学概念，通过动手操作和互动学习，他们能够巩固对科学概念的理解，并将抽象的理论转化为具体的经验。

在小学阶段，学生的注意力持续时间通常较短，传统的课堂教学方法往往难以有效地保持他们的兴趣。而游戏化教学通过将教育内容与游戏元素相结合，使学习过程变得更加生动、有趣，从而有效激发学生的学习动机。这种学习方式不仅吸引了学生的注意力，还使得他们更愿意参与到学习过程中来，成为知识构建的主动参与者。

总之，“儿童游戏之趣”在科学教育中不仅是一种激发兴趣的方式，更是一个有效的教学工具。通过将游戏元素融入科学教育，教师能够创造一个充满活力和参与感的学习环境，使学生不仅在知识上受益，更在能力和素质上得到全面的发展。游戏化教学为学生未来的学习奠定了坚实的基础，让他们在轻松愉快的氛围中探索科学的奥秘，并培养出持久的学习兴趣和科学素养。

（二）科学教学与儿童游戏的结合

1. 游戏化教学的背景与发展

随着教育理念的不断更新和发展，游戏化教学逐渐成为现代教育中的一个重要趋势。研究表明，游戏化教学能够有效提升学生的学习兴趣和学习效果，特别是在小学阶段，学生通过游戏能够更自然地接受知识。早期的教育模式往往以教师为中心，强调知识的传授和记忆，而游戏化教学则更加注重学生的主动参与和实践体验。随着科技的发展，教育工作者逐渐认识到游戏在学习中的潜力，特别是在科学教育领域，越来越多的学校开始将游戏化教学融入课程中。游戏化教学不仅能够丰富教学内容，还能够使学生在游戏中体验科学探究的乐趣，从而更深入地理解科学知识。

2. 游戏化教学在小学阶段的独特优势

在小学阶段，游戏化教学具有独特的优势。首先，游戏能够激发学生的内在动机，使他们在不知不觉中投入到学习中去。通过设计有趣且具有挑战性的科学游戏，教师可以吸引学生的注意力，使他们在游戏中体验科学探究的过程。其次，游戏化教学能够将抽象的科学概念形象化，帮助学生更直观地理解这些概念。例如，通过模拟地球自转和公转的游戏，学生可以更容易地理解季节变化和昼夜交替的原理。最后，游戏化教学能够促进学生的合作与交流，通过团队合作解决科学问题，培养他们的社交能力和团队精神。

特别是在科学教育中，游戏化教学展现出了独特的优势。科学概念往往比较抽象，传统的教学方法可能让学生感到枯燥乏味，但通过游戏化的方式，教师可以将这些复杂的概念转化为学生可以直观理解和操作的内容。通过实践活动，学生不仅能够提高动手能力，还能在解决问题的过程中锻炼思维能力。通过科学实验游戏，学生能够亲身参与并观察科学现象，例如利用简单的材料制作火山模型，模拟火山喷发的过程。在这种动手操作中，学生不仅仅是学习者，还是探究者和实验者，他们在游戏中体验科学原理，从而加深对这些原理的理解和记忆。

游戏化教学的另一个显著优势在于，它能够培养学生的创造力、批判性思维和合作能力。游戏本身常常包含挑战和目标，学生需要在游戏中做出决策、解决问题，这培养了他们的批判性思维和创新能力。此外，许多科学游戏需要团队合作来完成，这为学生提供了发展社交技能和团队合作精神的机会。在这些合作性游戏中，学生学会了如何沟通、协作，以及共同解决问题，这些技能对他们未来的学习和生活至关重要。

总之，游戏化教学为小学科学教育提供了一种新的可能性，使学生在轻松愉快的氛围中探索科学的奥秘，培养他们的科学素养和创新能力。

二、游戏化教学在小学科学教育中的作用

（一）激发学生的学习兴趣

1. 吸引学生的注意力

在小学科学教育中，游戏化教学通过引入丰富多样的游戏元素，有效地吸引了学生的注意力，激发了他们对科学学习的浓厚兴趣。这些游戏化元素通常包括奖励机制、角色扮演、挑战任务及互动性活动，这些设计巧妙地融合了娱乐与教育，能够满足儿童天生的好奇心和探索欲望，使他们在学习过程中保持高度的兴趣和专注度。

奖励机制是游戏化教学中常见且有效的元素之一。通过积分、徽章、晋级等形式，学生在完成任务或达到特定学习目标后会获得即时的奖励，这种奖励不仅给予了学生即时的成就感，还为他们提供了持续努力的动力。比如，学生可能会为了在课堂上获得“科学大师”徽章而更加认真地完成实验或参与讨论。这样的机制让学习过程变得像是一场冒险，充满了挑战与惊喜，学生在追求这些“胜利”的过程中自然会投入更多的时间和精力。

角色扮演也是游戏化教学中极具吸引力的元素之一。学生可以在课堂上化身为科学家、探险家或工程师，在模拟情境中亲身体验科学探究的过程。例如，在学习天文学时，学生可以扮演成宇航员，模拟探索太空的任务，或者在学习生态系统时，成为环境保护专家，设计并实施保护措施。通过这些角色扮演，学生不仅能够将科学知识与实际应用联系起来，还能体验到解决实际问题的成就感和责任感。这样的沉浸式学习体验，使得学生在课堂上更加专注和积极，他们不仅是在学习知识，更是在体验一种科学探究的生活方式。

挑战任务是吸引学生的重要方式之一。在游戏化教学中，教师可以设计一系列逐步复杂化的任务，这些任务需要学生运用他们的科学知识和思维能力来解决。例如，学生可能需要在虚拟环境中设计一座能够承受一定重量的桥梁，或者需要解决一个虚拟生态系统中的生物平衡问题。通过这些挑战，学生不仅能够巩固所学的科学概念，还能培养批判性思维和创造力。面对这些挑战任务，学生往往会更加积极投入，因为他们希望通过克服困难获得成功和奖励，这种追求成功的动力增强了他们的学习专注度和参与度。

互动性活动是游戏化教学中不可或缺的部分。这些活动通常包括小组讨论、团队合作的实验任务或模拟游戏，能够激发学生之间的互动与交流。例如，在一个模拟气候变化的游戏中，学生可以分组扮演不同国家的决策者，讨论如何减少碳排放，从而保护环境。这种互动性活动不仅增强了学生对科学概念的理解，还培养了他们的团队合作精神和沟通能力。通过与同伴的互动，学生能够在互相启发中获得新的见解和灵感，使得学习过程更加丰富多彩。

总的来说，游戏化教学通过多种元素的巧妙结合，使得小学科学教育变得更加有趣和吸引人。奖励机制、角色扮演、挑战任务和互动性活动等游戏化元素，不仅激发了学生的学习兴趣，还帮助他们在愉快的氛围中掌握科学知识。这种寓教于乐的方式，使得学生更愿意投入时间和精力去探索和学习，也使得他们在学习过程中保持持续的专注和积极性，从而实现更好的学习效果。

2. 提高学生参与度和主动性

游戏化教学不仅能够吸引学生的注意力，还能显著提高他们的参与度和学习主动性。传统教学模式往往让学生处于被动接受知识的状态，他们只是听讲和记忆，没有太多机会参与到知识的探索和实践中。然而，游戏化教学改变了这一局面，让学生从被动的知识接收者转变为主动的学习参与者。这一转变对于提升学习效果和学生的自主学习能力具有重要意义。

在游戏化教学中，学生不再仅仅是听讲和记笔记，他们需要在游戏任务中完成具体的挑战，解决实际问题。这种任务驱动的学习方式使得学生必须积极参与，以完成游戏所设定的目标。例如，在一堂关于物质状态变化的课上，学生可能需要通过一系列的实验和游戏任务来探索水从固态变为液态，再变为气态的过程。他们不仅要观察和记录实验现象，还要分析原因、做出假设并进行验证。在这个过程中，学生的学习变得更加主动，他们不仅关注实验结果，还对整个科学探究过程产生了浓厚的兴趣。这种动手实践和思考相结合的学习方式，极大地激发了学生的求知欲和参与热情。

此外，游戏化教学通常设计了多层次的挑战，这些挑战循序渐进，逐步增加难度，促使学生不断突破自我，寻求新的解决方案。这种逐级递进的挑战性任务，有效地避免了学习过程中的单调和乏味，使学生在面对更高难度任务时感到既有挑战性，又充满动力。例如，学生在游戏中可能首先要解决简单的物理问题，然后逐步挑战更复杂的系统，最终需要整合多个学科知识来完成一项综合性任务。这种设计不仅鼓励学生在完成每个阶段的任务后获得成就感，还激励他们继续前行，迎接新的挑战。

通过在游戏中不断探索和尝试，学生逐渐发展出一种探究精神和持久的学习动力。他们在遇到困难时不会轻易放弃，而是会积极寻找新的方法和思路，尝试不同的解决方案。这种探索的过程本身就是一种深度学习的体现，学生不仅在过程中学会了如何解决问题，还培养了创新思维和应变能力。游戏化教学提供的多样化任务和开放性挑战，让学生勇于创新、敢于冒险，使得他们在学习中变得更加自主、自信。

这种以学生为中心的教学方式，不仅提升了课堂参与度，还让学生体验到自主学习的乐趣和成就感。当学生感受到他们的努力直接与学习成果挂钩时，他们会更愿意主动参与到学习过程中。这种内在的学习动机是传统教学难以实现的，通过游戏化教学，学生的学习不再是为了应付考试或完成任务，而是为了自己能够真正理解和掌握知识。

综上所述，游戏化教学通过让学生在游戏任务中扮演主动角色，极大地提高了他们的参与度和主动性。这种学习模式不仅使学生在课堂上更加活跃，还培养了他们独立思考和解决问题的能力。学生在游戏中探索科学奥秘，挑战自己的思维极限，逐步形成了积极的学习态度和持续的学习动力，这将为他们未来的学习和成长打下坚实的基础。

（二）增强对科学概念的理解

1. 通过模拟游戏和互动游戏巩固科学知识

游戏化教学在科学教育中展现了显著的优势，尤其在增强学生对科学概念的理解和记忆方面更为突出。通过引入模拟和互动游戏，学生能够将抽象的科学概念转化为具体的操作体验，使他们不仅仅是听到或看到科学知识，而是通过实践亲身体验这些概念，从而更深入地理解和巩固所学知识。

模拟游戏提供了一个安全而灵活的环境，学生可以在其中自由探索和实验，而不必担心犯错。例如，利用虚拟实验室，学生可以在线上进行各种科学实验，模拟现实中可能难以实现或具有危险性的实验过程。他们可以调整不同的变量，如温度、压力或浓度，观察这些变化如何影响实验结果。通过这种互动性极强的学习方式，学生能够立即看到他们所做的调整对实验产生的影响，从而更直观地理解科学原理。相比传统的讲授方式，这种方式不仅更具吸引力，还能够显著提高学生的学习效果，因为他们在实践中不断验证和反思所学知识，进一步加深了对科学概念的理解。

互动游戏也在巩固科学知识方面发挥了重要作用。在这些游戏中，学生可以模拟真实世界的情境，通过角色扮演或任务完成来学习科学概念。例如，学生可以扮演气象学家，利用虚拟工具预测天气变化，或者模拟生物学家在生态系统中研究物种的相互作用。通过这些互动游戏，学生不仅学习了理论知识，还在情境中应用了这些知识，观察它们如何在现实生活中发挥作用。这种体验式学习让学生对科学概念的理解更加深入，因为他们在游戏中能够清楚地看到这些概念如何影响结果，如何在不同情境中发挥作用。

此外，模拟游戏和互动游戏还为学生提供了一个不断实验、调整和观察的机会。在这个过程中，学生可以反复尝试不同的方法和策略，直到他们理解了科学概念背后的原理。例如，在学习电路的课程中，学生可以通过虚拟平台搭建不同的电路结构，观察电流如何流动以及不同连接方式对灯泡亮度的影响。通过这种反复试验，学生不仅巩固了对电路的理解，还学会了如何分析和解决问题。

这种实践性学习比传统的死记硬背更能帮助学生掌握科学知识，因为他们不仅是被动接收信息，还在实际操作中运用了这些信息。每一次实验、每一个互动，都使学生能够进一步理解科学原理。通过不断地实验和调整，学生能够主动参与知识的建构游戏，从而形成更牢固的理解。

总之，通过模拟游戏和互动游戏，学生能够在生动、有趣的情境中学习和巩固科学知识。他们在游戏中不断探索、试验和验证，目睹科学原理的应用和效果，从而将这些原理深深地印在脑海中。游戏化教学不仅提高了学生对科学概念的理解，还培养了他们的实验技能、问题解决能力以及批判性思维，为他们今后的科学学习奠定了坚实的基础。

2. 运用游戏化教学解锁科学概念

游戏化教学通过将视觉、听觉、触觉等多种感官体验相结合，为学生提供了一种多维度的学习方式，从而帮助他们更好地理解和掌握科学概念。在小学科学教育中，许多科学概念如电路、重力、化学反应等，对学生来说往往较为抽象和复杂，单靠文字描述和口头讲解难以让他们形成清晰的理解。然而，游戏化教学通过引入具有互动性和可操作性的元素，使这些抽象概念变得具体、生动，使学生能够在实际操作中直观地感受和理解。

游戏化教学的一个重要优势在于它能够将复杂的科学概念可视化。例如，在学习电路的课程中，传统的教学方法可能只是通过图示或讲解让学生理解电流的流动和电路的构造，而游戏化教学则能够让学生亲自“搭建”虚拟电路，通过互动游戏观察电流如何在电路中流动，以及不同连接方式如何影响电流的路径和灯泡的亮度。学生可以在游戏中试验不同的电路配置，直接看到开关、电阻和电源对电路功能的影响。这种动态、直观的学习方式，不仅能帮助学生更好地理解电路原理，还激发了他们对科学探究的兴趣。

游戏化教学还通过反复操作和多次尝试，帮助学生巩固他们对科学概念的理解。在互动游戏中，学生不仅是观察者，更是参与者，他们需要动手操作，亲身体验科学现象的发生过程。通过不断地尝试和调整，学生能够更加深入地理解科学原理，并在实践中发现问题、解决问题。例如，在学习化学反应时，学生可以通过虚拟实验模拟不同化学物质的反应过程，观察颜色变化、温度变化等现象。通过这些操作，学生能够更好地理解化学反应的本质，并且通过反复的实验，逐步加深对反应条件和结果的理解。

此外，游戏化教学还充分利用了多感官刺激来增强学生的记忆和理解。视觉效果让学生能够看到抽象概念的具体表现形式，如电流流动的方向、重力作用下物体的运动轨迹等；听觉反馈可以帮助学生更好地感知不同操作或选择带来的变化，如电路接通后的声音提示、化学反应中的爆裂声等；触觉参与则让学生通过互动设备或模拟操作，感受到科学探究的实际过程。这些多感官的结合，不仅丰富了学生的学习体验，还大大增强了他们对科学概念的理解和记忆。

通过游戏化教学，教师能够将抽象的科学概念转化为学生可以亲身操作和体验的活动，使这些概念不再停留在理论层面，而是成为学生可以观察、操作和内化的知识。学生在游戏中不仅能直观地理解这些科学原理，还能通过反复的操作和实验，巩固他们的知识储备。这种互动和体验的学习方式，不仅提高了学生的学习效果，还增强了他们的自信心和对科学学习的兴趣，为他们今后的学习奠定了坚实的基础。

（三）促进问题解决与创新能力培养

1. 激励学生在游戏中运用知识解决问题

游戏化教学在科学教育中为学生提供了丰富的挑战，这些挑战不仅激发了学生的学习兴趣，还为他们提供了实际应用科学知识的机会。通过精心设计的游戏任务，教师可以将抽象的科学原理转化为具体的问题情境，让学生在解决这些问题的过程中运用所学的科学知识和逻辑思维。这种设计有助于学生在游戏中主动思考，培养他们的分析能力和实践技能。

在游戏化教学中，教师可以有意识地设置一些具有挑战性的科学问题或任务，这些任务通常涉及多个科学概念的综合应用。例如，在一个模拟建造桥梁的游戏中，学生不仅要考虑桥梁的美观，还必须权衡材料的强度、桥梁的结构稳定性，以及各种外部物理因素，如风力、载重等。这种任务要求学生将力学、物理、数学等多方面的知识结合起来，进行综合运用，从而设计出既安全又有效的桥梁结构。

这种模拟游戏的挑战性在于，学生需要在虚拟的环境中反复尝试，测试不同的设计方案，并通过反馈不断优化自己的设计。在这个过程中，学生不仅要运用他们在课堂上学到的理论知识，还需要批判性地进行思考，创造性地解决问题。他们会逐渐学会将抽象的科学原理应用到实际问题中，例如，如何选择合适的材料，如何计算结构的承重能力，以及如何在不确定性和复杂性中做出最优决策。

此外，游戏中的这些挑战往往是开放性的，没有固定的答案或单一的解决路径。这种设计鼓励学生在面对困难时，不断进行思考，调整策略，探索多种可能的解决方案。这不仅提高了他们的科学问题解决能力，还培养了他们的耐心和韧性。在反复尝试和失败中，学生学会了如何从错误中学习，如何调整思维方式以找到更好的解决方法。

通过这种过程，学生不仅掌握了科学知识，更重要的是，学会了如何在面对复杂问题时进行有效的分析和决策。游戏中的挑战为学生提供了一个安全的环境，他们可以在这里自由地试验和创新，而不必担心失败的后果。这种体验使得学生在解决科学问题时更加自信，从而为他们未来的科学学习和生活中的实际应用奠定了坚实的基础。

总之，游戏化教学中的挑战性任务不仅能够有效检验学生对科学知识的掌握程度，还能够在实际应用中锻炼他们的逻辑思维和问题解决能力。通过应对游戏中的各种挑战，学生不仅学会了如何将理论转化为实践，还发展了应对困难和不确定性的能力，这种能力将使他们在未来的学习和生活中受益匪浅。

2. 鼓励学生在游戏中探索与创新

游戏化教学不仅是传授知识的工具，更是鼓励学生进行探索和创新的重要平台。在科学教育中，创新常常来自不断探索和实验，而游戏化教学为学生提供了一个安全、开放的环境，让他们能够在无压力的情况下大胆尝试，甚至犯错，而不用担心失败带来的负面影响。这种学习环境非常适合激发学生的创造力和创新思维，帮助他们培养勇于探索和突破的精神。

通过游戏化教学，学生可以在虚拟的、模拟的情境中自由地进行科学实验和创新设计。例如，在一个模拟太空探险的游戏中，学生可以设计自己的飞船，选择不同的材料和结构，根据太空环境的特点规划探险路线，甚至可以提出全新的探索方法和策略。在这个过程中，他们不仅仅是被动地学习科学知识，还主动地将这些知识应用于实际问题的解决，测试他们的假设，并根据反馈不断优化和改进他们的设计。这样的实践不仅巩固了他们对科学概念的理解，还激发了他们的创新潜力。

游戏化教学特别鼓励学生大胆提出和验证自己的想法。因为游戏本质上是一种模拟环境，学生可以通过反复试验，发现新的解决问题的方法，甚至是创造出新的科学概念或技术。比如，在设计太空探险任务时，学生可能会考虑如何应对未知的太空危险，如何高效地利用资源，或者如何改进飞船的设计以适应极端环境。这些探索和创新的过程，不仅提升了他们的科学知识，还培养了他们的创造力、问题解决能力和批判性思维。

此外，游戏化教学中的探索和创新并不局限于个人，它还鼓励学生在团队合作中分享和发展创意。学生可以通过合作与同伴一起解决问题，互相启发和借鉴，从而产生更具创造性的解决方案。团队合作不仅有助于拓展学生的思维方式，还培养了他们的沟通技巧和协作能力，这些都是在未来的学习和职业生涯中非常重要的软技能。

在游戏中进行的探索和创新还有助于学生在实践中应用科学知识。这种应用不仅限于课堂内的学习内容，还延伸到更广泛的实际生活情境中。通过在游戏中设计和测试，他们逐渐学会将理论转化为实际操作，通过实验验证自己的想法，并从错误中学习和进步。这些经验为他们的科学学习和未来发展奠定了坚实的基础，使他们在面对复杂问题时更加自信和具备解决能力。

总而言之，游戏化教学为学生提供了一个自由探索、勇敢创新的环境，鼓励他们在游戏中大胆尝试和突破自我。通过这种方式，学生不仅在游戏中巩固了科学知识，还培养了创新思维和实际应用能力。这种探究和创新的过程，既激发了他们的学习兴趣，又为他们未来的科学学习和个人成长奠定了坚实的基础。

三、科学教学中的游戏化元素设计

（一）设计原则

1. 将科学教育目标与游戏机制有机结合

在设计科学教学中的游戏化元素时，首先要考虑的是如何将科学教育目标与游戏机制有效结合。这种结合需要确保每一个游戏化教学活动的设计都围绕明确的科学教育目标展开，从而确保学生在参与游戏的过程中，不仅能够享受游戏的乐趣，还能够深入理解和掌握相关的科学知识。教师在设计游戏时，应仔细考虑科学课程的学习目标，选择适当的游戏机制，如挑战任务、积分奖励、合作竞争等，以引导学生在游戏中积极参与科学探究。

例如，如果教学目标是让学生理解重力的作用，教师可以设计一个模拟物体下落的实验游戏。游戏机制可以包括多次尝试和观察的机会，让学生通过调整不同变量（如物体的形状、重量、高度等）来直观感受重力对不同物体的影响。通过这种方式，学生不仅完成了游戏任务，还在这个过程中切身体验和理解了重力的概念。这种将科学目标与游戏机制相结合的设计，能够使学生在娱乐中学习，使学习过程更加生动有趣，并且在无形中增强了他们对科学概念的理解和应用能力。

此外，教师还可以利用积分奖励机制，鼓励学生在游戏中进行探索和实验。例如，在一个关于能量转化的游戏中，学生可以通过完成各种与能量转换相关的任务获得积分，并使用这些积分来解锁更多的实验工具或新的实验场景。这种奖励机制不仅激发了学生的学习热情，还通过游戏中的逐步挑战，引导他们深入理解能量的不同形式和转化方式。

2. 确保游戏的教育性与趣味性平衡

在设计游戏化教学活动时，一个关键原则是保持教育性与趣味性之间的平衡。游戏的趣味性是吸引学生注意力的重要因素，它使得学习过程变得轻松愉快，从而提高了学生的参与度和积极性。然而，趣味性不能以牺牲教育性为代价。教师需要确保游戏中的每一个元素都能服务于学习目标，帮助学生更好地理解和掌握科学概念。

为了实现这一点，教师可以通过创意的任务设计、引人入胜的情境设置以及多样化的互动方式来增强游戏的趣味性，同时确保这些设计紧密围绕科学教育的核心内容。例如，在一个关于植物生长的游戏中，教师可以让学生扮演园丁的角色，模拟种植和照料植物的全过程。这种角色扮演能够增加游戏的趣味性，使学生更加投入。但同时，游戏的教育性体现在学生需要了解和应用植物的生长条件，如光照、水分和营养等科学原理，并根据这些条件做出合理的种植决策。通过这种方式，学生在愉快的游戏体验中，不仅学到了植物生长的知识，还掌握了实际应用这些知识的方法。

此外，教师可以设计游戏情境，让学生在解决实际问题中运用科学概念。例如，在一款模拟建造桥梁的游戏中，趣味性可以通过复杂的地形和多样的桥梁设计选项来实现，而教育性则体现在学生需要运用物理学中的力学原理来设计稳定且具备功能性的桥梁。学生在游戏中不仅能够体验设计的乐趣，还能通过反复实验和调整，真正理解科学原理的应用。

总的来说，在游戏化教学中，保持教育性与趣味性的平衡是确保游戏有效性的关键。教师需要精心设计游戏内容，使得学生在享受游戏乐趣的同时，真正达成学习目标，深刻理解并内化科学知识。这种兼具娱乐和教育功能的游戏化教学，不仅提高了学生的学习效果，还使得科学学习变得更加引人入胜和富有成效。

（二）游戏化教学活动示例

1. 以实验为基础的科学探究游戏

以实验为基础的科学探究游戏是游戏化教学中最直接且效果显著

的一种形式。这种游戏将科学探究的核心过程转化为游戏活动，让学生在虚拟或模拟环境中亲身体验科学实验的全过程。学生在游戏中扮演着科学家的角色，从提出假设、设计实验、收集数据到分析结果，亲自参与每一个关键环节。例如，一个设计为虚拟实验室的游戏可以让学生通过加热和冷却不同的物质，观察物质从固态变为液态，再从液态变为气态的整个过程。这个过程中，学生不仅直观地感受到物质状态的变化，还能思考影响这些变化的因素，如温度和压力。这种游戏不仅让学生更好地理解科学概念，还培养了他们的实验技能和科学思维能力，因为他们学会了如何通过实验来验证假设、分析数据，并从中得出科学结论。

此外，这类游戏还可以拓展到更复杂的科学探究领域。例如，在学习化学反应时，学生可以通过虚拟实验室进行不同化学物质的混合实验，观察反应过程中的颜色变化、气体释放或温度变化。这不仅使他们对化学反应有了更加直观的理解，还培养了他们的逻辑思维和问题解决能力，因为他们需要通过多次实验和观察，找出不同反应条件下的变化规律。这种以实验为基础的游戏化教学，不仅使科学学习更加有趣和引人入胜，还有效提升了学生的动手能力和科学探究素养。

2. *户外科学探索与角色扮演游戏*

户外科学探索与角色扮演游戏结合了实践学习和游戏体验，提供了另一种有效的游戏化教学形式。这种游戏化活动不仅让学生走出课堂，接触真实的自然环境，还通过角色扮演的方式，让他们深入体验科学家在实地研究中的工作过程。通过亲身参与生态调查、数据收集和分析，学生能够更直观地理解科学探究的实际应用，并感受到科学研究的真实与严谨。

例如，教师可以组织一次“生态探险”游戏，学生分成小组，扮演不同的科学角色，如植物学家、动物学家或环境保护专家。他们在学校的花园或附近的自然公园中进行实地调查，收集植物和动物的样本，观察它们的生长环境，记录数据，并最终汇总分析他们的研究成果。这种户外科学探索活动不仅能够激发学生对自然科学的兴趣，还培养了他们的团队合作能力、观察能力和实地研究技能。通过角色扮演，学生还能够体会到科学家工作的挑战和乐趣，理解科学研究不仅仅是实验室里的操作，更包括对自然的观察、对数据的记录与分析，以及团队之间的合作与沟通。

这种教学方法特别适合研究环境科学、生态学和地质学等学科内容。通过亲身参与和角色扮演，学生不仅学习了科学知识，还掌握了科学探究的方法与技能。这种综合性的游戏化学习体验，不仅提升了学生的学习动机和参与度，还帮助他们建立了对科学的深层次理解和热爱，为未来的科学学习奠定了坚实的基础。

（三）整合游戏与课堂教学

1. 在课程计划中融入游戏化元素

在课程计划中融入游戏化元素需要教师进行精心的规划和设计，以确保游戏活动能够有效地支持教学目标。首先，教师应明确课程的学习目标，并根据这些目标选择适当的游戏化活动。这些活动应与课程内容紧密结合，既能激发学生的兴趣，又能帮助他们更好地理解和掌握所学的科学概念。例如，在教授气象学的课程中，教师可以在学生学习了季风和降水模式之后，设计一个虚拟天气预报游戏。通过这个游戏，学生需要根据已有的知识，预测未来几天的天气情况，并解释他们的预测依据。这种游戏化的学习方式不仅让学生更加投入，还能帮助他们应用所学知识，提升他们的分析和推理能力。

其次，教师需要仔细考虑如何在课堂时间内有效地组织这些游戏化活动。游戏活动应合理安排在教学计划中，确保学生有足够的时间进行探索、讨论和反思，而不仅仅是参与游戏。为此，教师可以将游戏化活动分为多个阶段进行，比如，先进行游戏中的探索和实验，再安排小组讨论和分享，最后进行全班总结和反思。这种分阶段的安排不仅让学生有时间深入思考和吸收所学内容，还能够促进他们的协作和交流，从而增强学习效果。

最后，教师还应考虑如何平衡游戏时间与传统教学内容的讲授。在设计游戏化教学时，要确保游戏活动与课程内容紧密结合，而不是与教学目标脱节。例如，在计划一节关于光的折射与反射的课程时，教师可以先通过传统讲授介绍基本概念，然后让学生通过一个模拟光线在不同介质中传播的虚拟实验游戏来验证这些概念。通过这种方式，学生不仅能够通过游戏活动加强对科学原理的理解，还能够在游戏过程中进一步巩固和应用所学知识。

2. 游戏后的讨论与知识深化

游戏后的讨论和反思是确保学生真正理解和内化所学知识的关键步骤。在完成游戏化活动之后，教师应引导学生对整个游戏过程进行回顾和总结，帮助他们将游戏中学到的科学知识与现实生活中的现象联系起来。通过这样的集体讨论，学生可以分享他们在游戏中的发现、感受和困惑，从而进一步加深对科学概念的理解。

例如，在完成一个关于能量转化的游戏之后，教师可以组织学生讨论不同形式的能量如何在自然界中转化和利用。学生可能会探讨在游戏中看到的能量转化示例，如机械能转化为热能、电能转化为光能等。通过这些讨论，学生不仅能够回顾和巩固他们在游戏中学到的知识，还能够进一步思考这些能量转化在现实生活中的应用，如家电、交通工具中的能量利用方式。

此外，游戏后的讨论还可以帮助学生反思他们在游戏中遇到的挑战和解决问题的策略。这种反思过程对发展学生的批判性思维和问题解决能力尤为重要。教师可以引导学生分析他们在游戏中做出的决策，并讨论这些决策的有效性和改进方法。例如，在气象游戏之后，教师可以要求学生反思他们的天气预测依据是否充分，是否有其他更好的预测方法。这种反思不仅能帮助学生更好地理解科学方法，还能激励他们在未来的学习中更加积极地探索和创新。

通过将游戏后的讨论与知识深化相结合，游戏化教学将不仅仅是一个学习工具，更能成为促进学生科学理解和思维发展的重要手段。这种方式让学生在轻松的游戏氛围中学习，同时通过反思和讨论，将游戏中的体验转化为深层次的科学理解和能力提升。

四、游戏化教学对小学科学教育的长远影响

（一）培养学生的兴趣与长期学习动机

1. 引起学生对科学的兴趣

游戏化教学在小学科学教育中起到了显著的作用，它能够通过有趣的互动和参与式学习活动激发学生对科学的浓厚兴趣。在传统教学模式中，学生可能会因为科学知识的抽象和难以理解而失去兴趣。游戏化教学通过将科学概念融入生动、有趣的游戏中，使学生能够以一种更为自然和轻松的方式接触和学习科学知识。例如，通过科学实验游戏，学生可以在虚拟环境中进行操作实验，观察化学反应或物理现象，这种直接参与和互动的方式使他们更愿意投入时间和精力，从而培养了他们对科学的兴趣和热情。

游戏化教学不仅改变了学生对科学的态度，还让他们体验到了学习科学的乐趣。通过游戏化的学习方式，学生在享受游戏的过程中不知不觉地掌握了科学知识，这种体验使得学习过程不再枯燥乏味，而是变得充满挑战和趣味性。这种积极的学习体验有助于激发学生的兴趣，从而为他们未来的科学学习奠定基础。

2. 持续激发学生的好奇心与求知欲

除了激发兴趣，游戏化教学还在持续激发学生的好奇心与求知欲方面发挥着重要作用。游戏的本质就是探索和发现，这与科学学习的核心理念不谋而合。在游戏化教学中，学生通过不断解决问题、完成任务来探索科学世界，这种探索过程中的成功体验进一步增强了他们的好奇心和求知欲。例如，在一个科学探究游戏中，学生可能需要发现某一生物的特征，或解释某一自然现象背后的原因，这种逐步揭开科学奥秘的过程，激发了他们继续学习和探索的动机。

此外，游戏中的挑战性任务和进阶式的学习过程，也有效地保持了学生对科学的长期兴趣。随着游戏难度的增加，学生会面对更复杂的科学问题，他们需要运用更高层次的思维和知识储备来解决这些问题。这种逐步加深的学习体验不仅满足了学生不断增长的求知欲，还培养了他们的毅力和持续学习的动力。通过这种方式，游戏化教学不仅点燃了学

生对科学的兴趣，还帮助他们建立了持续学习的动机，使他们在未来的学习中保持对科学的热情和追求。

（二）促进学生的综合素养发展

1. 发展学生的合作能力与社交技能

游戏化教学在促进学生的合作能力和社交技能方面也具有显著的长远影响。在许多游戏化的科学教学活动中，合作是成功的关键因素。学生们常常需要在团队中分工协作，共同完成复杂的任务或解决科学问题。例如，在一个生态探险游戏中，学生可能被分配到不同的角色，如植物学家、动物学家或气象学家，他们需要各自收集数据，然后共同分析这些数据，以得出整体的生态环境结论。这种协作不仅培养了他们的团队合作能力，还增强了他们的沟通技巧和集体责任感。

通过这些合作性游戏，学生学会了在团队中倾听他人的意见、表达自己的观点，并通过协商达成一致。游戏中的合作任务也帮助他们理解了如何在分工中发挥各自的优势，并在集体努力中实现共同目标。这些合作和交流的经历，不仅提升了他们在科学学习中的参与度，还为他们未来的社交和职业生涯打下了良好的基础。

2. 培养学生的批判性思维与创造力

游戏化教学还通过提供问题解决和创新机会，显著培养了学生的批判性思维和创造力。在游戏中，学生经常面临各种科学挑战，他们需要通过分析问题、提出假设、进行实验或推理来寻找解决方案。例如，在模拟化学反应的游戏中，学生需要判断不同化学物质的反应结果，并尝试找到最佳的实验条件。这种过程促使学生不断思考、评估和调整自己的策略，从而培养了他们的批判性思维能力。

与此同时，游戏化教学也为学生提供了丰富的创造力培养机会。教师往往鼓励学生在解决游戏问题时提出独特的见解或创新的方案，打破常规思维。例如，在一个设计和建造虚拟桥梁的游戏中，学生需要运用物理知识，设计出既稳定又高效的桥梁结构。他们可以通过不断试验不同的设计方案，来找到最优解。这种鼓励创新和实验的环境，有助于学生培养开拓性思维，并为他们在科学学习中的持续创新奠定基础。

总的来说，游戏化教学在小学科学教育中的长远影响是深远的。通过激发学生的科学兴趣，培养他们的合作能力、社交技能及批判性思维与创造力，游戏化教学不仅能帮助学生在当前阶段掌握科学知识，更为他们的未来学习和发展提供了重要的素养基础。这种教学方式不仅提升了学生的科学素养，还帮助他们在复杂多变的世界中，成为更加自主、具有创造性和合作性的学习者和问题解决者。

第二节
科学教育中的“理性思考之趣”

一、“理性思考之趣”概述

（一）“理性思考”在科学教育中的含义

“理性思考”是指在解决问题和做出决策时，以逻辑和事实为基础，分析、推理和评估的过程。这种思维方式强调运用科学的方法和严谨的逻辑来分析信息、验证假设，并得出合理的结论。在科学教育中，理性思考不仅是掌握科学知识的工具，更是学生在学习中发展批判性思维和独立思考能力的核心。通过理性思考，学生能够更好地理解科学原理，辨别信息的真实性，评估不同证据的可靠性，从而在面对复杂的问题时做出明智的决策。

在科学教育中，理性思考的重要性体现在多个方面。首先，理性思考帮助学生深入理解科学原理，而不仅仅是表面地记忆科学事实。通过理性分析，学生能够理解科学现象背后的原因和机制，这种理解比简单地记忆更加深刻和持久。其次，理性思考要求学生在科学探究中严谨地分析数据，批判性地质疑和检验假设，而不是盲目地接受已有的观点。比如，当学生进行实验时，理性思考促使他们仔细观察、记录数据，并通过逻辑推理得出结论，而不是依赖预设的答案。最后，理性思考还培养学生开放性地接受新信息的能力。在科学发展中，知识是不断更新和扩展的，理性思考要求学生保持开放的心态，能够在接收到新的证据或理论时，重新评估和调整他们的观点。这种开放性思维是科学进步的重要推动力，它鼓励学生在学习中不断探索和创新，而不是固守成规。

通过培养理性思考能力，学生不仅能够在科学探究中更加清晰地理解问题，辨别科学中的真理与误解，还能发展出独立思考能力。这种能力不仅仅限于科学领域，它对学生的整体认知发展、学术成长乃至未来的职业生涯都有着深远的影响，让学生在面对信息过载和复杂社会问题时，具备分析和解决问题的能力，使他们能够在各种情境中做出合理而负责任的决策。

综上所述，理性思考在科学教育中的含义不仅在于教授学生科学知识，更在于培养他们批判性思维、严谨分析和开放性接受新信息的能力。这种思维方式是学生成为独立思考者和负责任的全球公民的重要基础。

（二）理性思考在小学科学教育中的重要性

1. 理性思考是培养学生科学素养的基础

理性思考是培养学生科学素养的重要基础，尤其在小学阶段，学生的认知能力正处于快速发展的关键时期。他们开始逐步理解因果关系、逻辑推理和批判性分析等复杂的思维过程，而这些正是科学素养的核心组成部分。通过理性思考，学生学会如何在面对科学问题时，超越表面的观察和直觉判断，深入思考问题背后的原理和逻辑结构。这种思维方式使他们能够在科学探究中更加严谨、系统地分析问题，从而养成科学家般的思维习惯。

理性思考有助于学生在学习过程中养成一种严谨的科学态度。这种态度不仅仅表现在接受知识的过程中，更体现在他们质疑和探索的能力上。例如，学生在学习新的科学概念时，通过理性思考，他们会主动质疑现有的知识，思考其背后的原因，而不仅仅是被动地接受信息。他们可能会提出反问，试图理解更深层次的逻辑，或者通过设计实验来验证他们的猜想。在这个过程中，学生学会了通过数据和实验结果来支持或反驳假设，并在此基础上得出合理的结论。这样的训练不仅帮助学生掌握了科学方法论，还培养了他们批判性看待信息和现象的能力。

通过不断地理性思考训练，学生逐渐建立起科学探究的基本素养。这种素养不仅帮助他们更深入地理解科学知识，还在他们面对实际问题时表现出强大的解决能力。例如，学生在日常生活中遇到复杂的问题时，能够运用他们在科学学习中培养的逻辑推理和分析能力，仔细思考并提出合理的解决方案。无论是判断天气状况、分析食物营养，还是解决日常生活中的技术问题，理性思考使得学生能够运用科学的方法来解决这些问题，从而体现出他们的科学素养。

更重要的是，理性思考有助于学生培养持续的探索精神和求知欲望。这种精神促使他们在面对新问题或新知识时，勇于挑战和探索，不断追求更高层次的理解。这种对知识的渴求和探索的动力，是科学素养的重要组成部分，也是学生在未来学习和生活中取得成功的关键因素。通过理性思考，学生不仅掌握了科学知识，更形成了一种积极主动、持续求知的学习态度，这为他们的长远发展奠定了坚实的基础。

总而言之，理性思考是小学科学教育中培养学生科学素养的基石。它不仅帮助学生在当前阶段理解和掌握科学知识，还为他们未来的发展提供了不可或缺的思维工具和素养。这种培养使得学生在科学学习和生活中，能够运用科学的方法和思维方式，有效地分析和解决问题，进而成长为具有科学素养的独立思考者和问题解决者。

2. 理性思考是儿童认知发展的促化剂

理性思考在儿童认知发展中起着至关重要的作用。小学阶段是儿童逻辑思维和认知能力发展的关键时期，这一时期的认知发展为他们未来的学习和思维方式奠定了基础。理性思考能够有效促进这一发展过程，帮助学生从具体思维逐步过渡到更加复杂的抽象思维。小学阶段的学生通常以具体的、直观的方式理解世界，而随着他们理性思考能力的提升，他们开始能够以更加抽象的方式思考问题。这种能力使得他们能够理解更加复杂和广泛的科学概念，如能量的转换、物质的化学性质或生态系统中的动态平衡等。这种从具体思维向抽象思维的转变，是他们在认知发展中迈出的重要一步，为他们在未来的学习中处理更加复杂和抽象的问题打下了坚实的基础。

在科学教育中，理性思考的培养不仅能帮助学生理解具体的科学概念，还对他们整体认知能力的发展起到了推动作用。当学生通过逻辑推理解决科学问题时，他们在掌握相关科学知识的同时，也在不断锻炼推理能力和逻辑思维能力。通过这样的过程，学生学会了分析复杂的信息、识别因果关系，并在此基础上得出合乎逻辑的结论。这种思维能力的发展，使得他们在面对越来越复杂的学术挑战时，能够更加自信和有效地进行分析和判断。

此外，理性思考的培养不仅限于科学领域，它对儿童的全面认知发展也具有重要意义。在日常生活中，儿童通过理性思考，学会了系统地分析问题、权衡不同的选择，并做出明智的决定。这种思维方式让他们在处理实际问题时，能够运用有效的分析和推理，从而做出更合理的判断。随着这种能力的不断增强，学生在面对学术挑战和现实生活中的复杂情境时，会表现出更强的适应力和解决问题的能力。

这种认知能力的发展不仅对学生的学术成就有直接的影响，还对他们的认知成熟度产生深远的影响。随着理性思考能力的不断深化，学生能够在多学科的学习中取得更大的成就，他们的分析和推理能力也使他们在学术探究中更加出色。与此同时，这种能力的成熟还使他们在未来的学习和职业生涯中，具备更强的独立思考和创新能力，能够在不断变化的环境中保持竞争力。

总之，理性思考与儿童认知发展的关系密不可分。通过培养理性思考的能力，学生不仅能够在科学学习中取得优异的成绩，还能发展出优秀的认知能力。这种能力不仅是他们当前学术成功的关键，也是他们在未来学术生涯和社会生活中取得更高成就的基础。理性思考为学生认知发展的每一个阶段提供了必要的支持，使他们能够从容应对未来的挑战，并在复杂多变的世界中做出明智的选择。

通过理性思考，学生能够更加清晰地组织信息、分析复杂的概念，并在思维过程中不断挑战自己，寻找新的理解角度。这种认知能力的提升，不仅仅是在科学学习中的优势，还对学生在其他学科的学习，甚至对日常生活中的问题解决和决策过程起到了积极的作用。因此，理性思考不仅是科学教育的目标之一，也是促进儿童全面发展的重要途径。

二、理性思考在科学教学中的应用

（一）质疑精神与假设验证

1. 引导学生提出问题与假设

在科学教学中，培养学生的质疑精神是理性思考的重要环节。质疑精神促使学生主动探索未知世界，提出新的问题和假设。这一过程让学生理解科学不仅仅是接受事实，更是不断地探究、挑战和创新。教师可以通过开放式问题引导学生思考，并鼓励他们大胆提出自己的假设。例如，在学习生态系统时，教师可以问："如果一种主要食物源突然消失，会对食物链产生什么影响？"学生可能会提出不同的假设，这不仅激发了他们的好奇心，还为接下来的实验和探究奠定了基础。

2. 让学生通过实验与观察验证假设

在学生提出问题和假设后，实验和观察是验证这些假设的关键步骤。通过设计和实施实验，学生可以亲自检验他们的假设是否成立，从而加深对科学原理的理解。教师应指导学生设计有效的实验，包括控制变量、收集数据和观察现象。例如，在上述关于生态系统的假设中，学生可以通过模拟实验观察当一种生物从食物链中消失时，其他生物的数量和行为如何变化。这样的实验不仅能帮助学生验证他们的假设，还培养了他们动手实验的能力和科学探究的严谨性。

（二）逻辑推理与科学探究

逻辑推理是科学探究的核心能力之一，学生在学习过程中需要运用逻辑推理来解决科学问题。逻辑推理不仅仅是按照步骤进行思考，而是涉及对信息的分析、对关系的理解及对结论的判断。在科学教学中，教师应通过系统的指导，帮助学生理解逻辑推理的基本原则，并教会他们在科学探究过程中有效地应用这些原则。

在物质科学领域，逻辑推理的应用尤为突出。教师可以通过经典的牛顿力学问题，帮助学生理解如何根据已知条件，通过逻辑推理推导出未知的物理量。例如，在学习力学时，教师可以提供一个物体在斜面上运动的情境，已知物体的质量、斜面的角度及摩擦系数，要求学生计算物体在斜面上的加速度。通过指导学生一步步分析已知条件，识别其中的物理关系，并应用牛顿第二定律等基本原理，学生能够推导出正确的结论。这样的训练不仅帮助学生掌握了物理概念，还培养了他们在面对复杂科学问题时，能够有条不紊地进行分析的能力。

逻辑推理不仅仅适用于物质科学，还广泛应用于其他科学领域。通过具体案例，学生可以更好地理解逻辑推理在科学探究中的重要作用。例如，在与化学有关的课程中，教师可以通过分析化学反应的速率来展示逻辑推理的应用。假设一个案例是研究温度和浓度对化学反应速率的影响，学生可以根据实验中收集的数据，结合化学反应动力学的理论，通过推理找出影响反应速率的关键因素。教师可以引导学生仔细分析数据，寻找其中的规律，例如，随着温度的升高，反应速率如何变化；或是在不同浓度条件下，反应速率呈现出什么样的变化趋势。通过对这些数据和现象的分析，学生能够推导出温度和浓度对化学反应速率的具体影响。

这种案例分析不仅让学生学会了运用逻辑推理得出科学结论，还帮助他们掌握了科学探究的思维方法。学生通过案例中的实际操作和思考，认识到逻辑推理并不是一成不变的步骤，而是一种灵活的思维方式，能够帮助他们在面对各种科学问题时进行有效的分析和判断。这种思维方式的培养，对于学生未来在科学学习中的发展至关重要，因为它不仅提高了学生解决问题的能力，还增强了他们在科学研究中的创新和探索精神。

总的来说，逻辑推理在科学教学中的应用不仅能帮助学生理解和掌握科学知识，还培养了他们系统分析问题、推导结论的能力。通过反复的案例分析和逻辑推理训练，学生逐渐形成了一种严谨的科学思维方式，这种方式将在他们未来的学习和职业生涯中持续发挥重要作用。

（三）数据分析与证据评估

1. 让学生掌握收集、整理和分析数据的方法

在科学探究中，数据分析是验证假设和得出科学结论的关键步骤。为了让学生有效地参与这一过程，教师需要系统地教导他们如何收集、

整理和分析数据。学生掌握这些技能不仅有助于在当前的科学学习中取得成功，还为未来的科学研究和日常问题解决奠定了坚实的基础。

首先，教师应帮助学生理解数据收集的重要性，并指导他们设计合理的实验，以收集准确、可靠的数据。例如，当进行植物生长实验时，教师可以引导学生思考哪些变量可能会影响植物的生长，如光照、温度、水分等，并帮助他们设计实验，控制变量，从而收集到有意义的数据。教师还应强调实验的重复性，以确保数据的准确和一致。通过反复测量和记录，学生能够获得一系列数据，这些数据将为他们后续的分析奠定基础。

其次，教师应教导学生整理数据，使其更易于分析和理解。使用表格、图表等工具是整理数据的有效方法。教师可以示范如何将实验中获得的数据输入表格中，并利用柱状图、折线图或散点图等可视化工具，将数据呈现出来。这种可视化的方式不仅使数据更直观，还帮助学生更容易识别数据中的模式和趋势。例如，在植物生长实验中，学生可以绘制植物高度随时间变化的折线图，通过图表，直观地观察植物在不同光照条件下的生长速度差异。

最后，教师需要教导学生分析数据，从整理好的数据中识别趋势和异常，并通过逻辑推理得出科学结论。例如，在植物生长实验中，学生通过观察图表，可以发现某种光照条件下植物生长更快，而在其他条件下生长缓慢。这时，教师可以引导学生分析这一现象背后的原因，帮助他们理解光照和植物生长之间的关系。同时，学生还应学会识别实验中的异常数据，并分析这些异常是否为实验误差或其他外部因素导致，从而决定是否将其排除在分析之外。

通过这种系统的指导，学生不仅学会了如何有效地收集、整理和分析数据，还提升了科学探究能力和批判性思维能力。这些技能将使学生在未来的学习中更加自信，能够独立开展科学实验，提出假设，收集和分析数据，并基于证据得出合理的结论。这种能力不仅在科学领域至关重要，也是他们在生活和职业中解决复杂问题的关键工具。

总之，掌握收集、整理和分析数据的方法，是科学教育中不可或缺的一部分。通过教师的指导，学生学会如何通过科学的方法收集和处理数据，理解数据背后的意义，并以此为基础进行科学推理和判断。这不仅提高了他们的科学素养，也为他们的学术成就和未来发展奠定了坚实的基础。

2. 指导学生评估证据，得出合理的科学结论

在科学探究中，评估证据的可靠性并得出合理的科学结论是至关重要的一步。在完成数据收集和分析后，学生需要进一步评估这些证据，才能做出科学上可信的推断。教师在这一过程中扮演着重要的角色，他引导学生对数据进行批判性分析，确保学生不仅关注结果，还能深入理解这些结果背后的意义和可靠性。

首先，教师应指导学生考虑数据的准确性。数据的准确性是评估证据可靠性的基础。学生需要学会检查实验过程中是否存在误差，是否使用了正确的方法和仪器，以及数据记录是否完整和精确。例如，在酸碱反应实验中，学生可能会测量不同试剂的反应速度。如果某次测量的结果与预期有较大差异，教师应引导学生思考是否由于操作失误、设备问题或外部环境的干扰，数据产生了误差。通过这种分析，学生能够识别和纠正潜在的实验误差，从而提高实验结果的准确性。

其次，教师应向学生解释，科学研究要求结果具有可重复性。只有当一个实验在不同时间、不同条件下重复进行并得出一致的结果时，这些结果才被视为可靠的。在实验教学中，教师可以安排学生多次重复同一实验，以验证其结果的稳定性和一致性。例如，在酸碱反应实验中，学生可以多次测量同一试剂在相同条件下的反应速度，观察是否每次都得到相似的结果。如果实验结果在多次重复后依然一致，那么这些结果的可靠性就得到了有效的验证。

最后，教师应指导学生追求结果的一致性。结果的一致性是评估证据时需要考虑的关键因素。学生应学会比较实验中不同条件下的数据，寻找规律和一致性。例如，在酸碱反应实验中，学生可能会使用不同的试剂，并记录它们的反应速度。通过分析这些数据，学生应能够识别出不同试剂在相同条件下反应速度的差异，并探讨这种差异背后的化学原

理。如果某些结果显得异常，或者与理论预测不符，学生需要通过进一步实验或文献查阅来探究原因，从而确保最终结论的合理性。

通过评估证据，学生不仅培养了科学分析能力，还学会了在科学研究中保持客观和公正的态度。他们理解了科学结论不应仅仅依赖于单一的实验结果，而是需要基于多次实验、重复验证和全面分析。这种评估和推理过程有助于学生发展出严谨的科学思维，使他们在面对复杂问题时能够做出合理、可信的判断。

总的来说，理性思考在科学教学中的应用涵盖了从提出问题、进行实验、逻辑推理到数据分析的整个科学探究过程。这些技能的培养，不仅帮助学生更好地理解科学知识，还为他们未来在科学领域的学习和研究奠定了坚实的基础。通过在小学阶段的科学教育中融入理性思考的训练，学生能够发展出严谨的科学态度、扎实的逻辑推理能力和强大的分析技能，从而在日后的学术和职业生涯中取得更大的成功。

三、促进理性思考的科学教学活动设计

（一）启发性问题与探究式学习

1. 以启发性问题为起点，引导探究式学习

在探究式科学学习里，启发性问题堪称一把“金钥匙”，能成功解锁学生的探究热情，为整个学习过程奠定坚实基础。

在生命科学领域，当学生提出“为什么沙漠中的仙人掌叶子会退化成刺”这一启发性问题时，学生的好奇心瞬间被点燃。仙人掌独特的外形与他们日常所见植物差异巨大，这一强烈反差激发了学生深入探究的欲望。为了找到答案，学生主动查阅植物学书籍、搜索网络资料，了解仙人掌的生长环境，分析其在干旱沙漠中为适应环境、减少水分蒸发而发生的形态演变，开启了对植物适应性的探究之旅。

在物质科学领域，“怎样利用简单材料制作一个一分钟能摆动 60 次的摆”这一问题极具启发性。学生们对计时有着日常的感知，对摆钟也略有了解，却对如何精准计时充满好奇。为攻克这一难题，他们开始尝试使用摆锤、摆绳等材料，运用“摆”的知识设计并制作摆的装置。在反复调试与改进的过程中，学生展开探索，将抽象的物理概念具象化。

可以看出，在探究式科学学习的广袤天地里，启发性问题宛如熠熠生辉的北极星，不仅能有效点燃学生的探究热情，更能为他们的探索之路精准导航。精心设计的启发性问题，能敏锐捕捉学生的兴趣点，凭借其强大的吸引力，驱使学生自主投身于科学探究，清晰规划探究路线，助力学生在科学知识的海洋中乘风破浪，收获宝贵的知识与成长。

2. 以探究式学习为途径，攻克启发性问题

在探究式学习的进程中，学生能够充分施展多样的方法与手段，深度钻研启发性问题。以之前提到的生命科学领域中的问题“为什么沙漠中的仙人掌叶子会退化成刺”为例，学生除了查阅教材和科普资料，还会运用观察法，仔细研究仙人掌的相关资料，精准把握其特征。同时，采用对比分析的手段，将不同植物的叶以及生活环境相对比，明晰差异所在。在这个过程中，学生不仅学到了生物适应环境的相关知识，还培养了信息收集与分析的能力。

回到物质科学领域中的“怎样利用简单材料制作一个一分钟能摆动 60 次的摆”的问题上，学生在尝试使用摆锤、摆绳等材料构建装置时，运用了实验法。他们不断改变摆锤重量、摆长以及组合方式，记录每次调整后装置的计时效果。在反复尝试里，学生对物体运动规律等知识的理解愈发深刻，动手实践与创新能力也得到显著提升。这一过程，实现了从理论知识到实际操作的跨越，成功将抽象物理概念具象化。

探究式学习提供的实践与体验平台，让学生在自主探究中不断思考方案的可行性、尝试新的材料与方法、创新设计思路。在持续探索中，学生逐步攻克启发性问题，完成知识的积累与能力的进阶，为未来的学习与研究筑牢根基。

（二）角色扮演与模拟实验

角色扮演是一种有效的教学策略，可以帮助学生体验科学家在研究过程中如何运用理性思考来解决问题。在科学教学中，教师可以设计角色扮演活动，让学生扮演不同领域的科学家，如物理学家、生物学家、

地质学家等，体验他们的研究方式和思维过程。例如，在学习天文学时，教师可以让学生扮演天文学家，模拟研究行星的轨道和运动规律。在这个过程中，学生需要运用逻辑推理和数据分析，模拟科学家如何从观测数据中提取有用的信息，并提出解释现象的科学理论。通过这样的角色扮演，学生不仅增强了对科学家的理解，还发展了自己的理性思考能力。

模拟实验是另一种有效的教学方法，能够让学生在接近真实的情境中应用理性思考。教师可以设计模拟实验，让学生在虚拟环境中发现问题，并通过实验来寻找解决方案。例如，在一个模拟生态系统中，学生可以观察不同物种之间的关系，如发现某一物种的数量突然减少，可以尝试找出原因。学生需要分析可能的因素，如食物链变化、环境污染等，并设计实验验证他们的假设。通过这样的模拟实验，学生不仅练习了实验设计和数据分析，还学会了如何在复杂的情境中运用理性思考来解决问题。

（三）实验设计与创新

1. 鼓励学生设计并实施科学实验

鼓励学生自主设计和实施科学实验是培养理性思考的重要途径。教师可以为学生提供一个开放性问题或研究主题，让他们根据自己的兴趣设计实验。例如，在学习物质的状态变化时，教师可以鼓励学生设计实验，研究不同温度下水的蒸发速度。学生需要考虑实验的可行性、控制变量、数据收集方法等，最后进行实验并分析结果。这个过程不仅增强了学生对科学原理的理解，还培养了他们的创新思维和实验能力。通过自主设计和实施实验，学生在实际操作中体验到科学探究的过程，提升了他们的批判性思维和问题解决能力。

2. 促进学生在实验中发现问题并提出改进方案

实验设计的过程常常伴随着问题的发现和解决。教师应鼓励学生在实验中保持敏锐的观察力，并善于发现实验过程中的不足或问题。例如，学生在进行酸碱中和反应实验时，可能会注意到实验结果与预期不符。这时，教师可以引导他们思考问题可能出在哪里，并鼓励他们提出改进方案，如调整试剂的浓度、改变实验条件或增加实验次数。通过这种反复的实验与改进，学生不仅学会了如何设计有效的实验，还培养了在科学探究中不断优化方案的能力。这种循环往复的改进过程，锻炼了学生的创新能力和科学思维，有助于他们在未来的学习和研究中更加自信和自主地应对各种挑战。

总的来说，通过设计促进理性思考的科学教学活动，学生可以在科学探究中发展出深刻的逻辑推理能力、严谨的实验设计思维及敏锐的问题解决能力。这些活动不仅让学生更好地理解科学知识，还为他们未来的学习和科研奠定了坚实的基础。

四、理性思考对小学科学教育的长远影响

（一）提升学生的科学素养

1. 培养学生的科学探究能力

理性思考是提升学生科学素养的核心要素之一。在小学科学教育中，通过引导学生进行理性思考，教师可以帮助学生发展科学探究的能力。理性思考不仅要求学生理解科学知识，还鼓励他们深入分析问题，提出合理的假设，并通过实验和观察验证这些假设。这一过程让学生学会如何系统地思考和解决问题，从而掌握科学探究的方法和技巧。例如，通过反复地实验设计和数据分析，学生逐渐理解了科学探究的本质，并学会以科学的方式看待和解决现实中的问题。这种探究能力不仅在学术上有助于学生的成长，还为他们未来在科学领域的进一步学习和研究奠定了坚实的基础。

2. 长期培养学生对科学问题的思考与解决能力

理性思考的培养不仅能够帮助学生在当前的学习中取得成功，还对他们的长远发展产生重要影响。通过在小学阶段引入理性思考，学生逐渐形成了科学思维的习惯，这种思维方式将伴随他们一生，影响他们看待世界、解决问题的方式。学生在解决科学问题的过程中，学会了如何从多个角度思考问题，如何权衡不同的证据，如何在不确定的情况下做出合理的判断。这种思维模式使得他们在面对复杂的问题时，能够保持冷静、理性地进行分析，并最终找到最优的解决方案。长期的理性思考

训练，不仅提升了学生的科学素养，也培养了他们在生活中应对各种挑战的能力。

（二）培养未来科学家

1. 为学生未来科学学习奠定基础

理性思考为学生未来的科学学习奠定了坚实的基础。通过小学阶段理性思考能力的培养，学生在日后的学习中能够更好地理解和掌握复杂的科学概念和理论。理性思考教会了学生系统地分析信息、通过实验和观察验证假设，这些都是科学学习的基本技能。当学生在高中或大学阶段学习更高级的科学课程时，他们能够自信地应用小学阶段学到的理性思考方法，来理解更复杂的科学现象和理论。这样的基础不仅帮助学生在科学学术道路上取得进步，也为他们未来的科研工作打下了牢固的基础。

2. 鼓励学生在未来的学习和生活中保持理性与求知欲

理性思考不仅是培养未来科学家的基础，更是一种能够帮助学生在未来生活中持续发展的能力。在小学科学教育中培养的理性思考能力，可以让学生在未来面对各种问题和挑战时，保持理性、客观的态度，并且始终保持对知识的渴求和探索的热情。无论是在未来的学术研究中，还是在日常生活中，理性思考都将引导学生做出更加明智和负责任的决策。通过这种思维方式的培养，学生不仅在科学领域中受益，还能在个人发展和社会参与中表现出色。

长期来看，理性思考能够帮助学生形成一种持续的学习和探索的态度。他们学会了如何在面对新知识和新问题时，保持开放的心态，积极主动地寻找解决方案。这种求知欲不仅推动他们在科学学习中不断进步，也帮助他们在生活的各个领域不断成长和发展。

总的来说，理性思考在小学科学教育中的长远影响是多方面的。它不仅提升了学生的科学素养，培养了他们的科学探究能力，还为他们未来的科学学习和生活奠定了坚实的基础，有助于他们成为理性、独立、有责任感的社会成员。

第三节

科学教育中的“探究实践之趣”

一、“探究实践之趣”的概念

（一）定义“探究实践之趣”

“探究实践”是科学教学中的一种核心方法，它指的是通过实际操作、实验和观察，学生自主探索并理解科学原理的过程。在这种教学方法中，学生不再是被动接受知识的对象，而是通过亲身参与科学探究活动，主动发现问题、提出假设、进行实验并得出结论的实践者。探究实践不仅让学生掌握了科学知识，更重要的是培养了他们的科学思维能力和探究精神。通过探究实践，学生能够更深入地理解科学概念，体验科学的过程，培养质疑精神和创新思维，这对于他们的全面发展具有重要意义。

将探究实践与趣味性结合是激发学生学习兴趣的重要手段。在小学科学教育中，学生的注意力和兴趣往往受到教学方式的影响。单纯的知识讲授可能会让学生感到枯燥，而探究实践本身虽然具有吸引力，但如果缺乏趣味性，可能也难以长期保持学生的学习动力。因此，将探究实践与趣味性结合，既能够保持学生对科学探究的兴趣，又能让他们在愉快的氛围中掌握科学知识。例如，教师可以设计一些与日常生活紧密相关的实验，通过有趣的活动来引导学生进行科学探究。这样的教学设计不仅能够让学生在探究中体验乐趣，还能通过实践活动加深对科学概念的理解，增强学习效果。

（二）探究实践在小学科学教育中的重要性

1. 培养学生的科学素养

探究实践是培养学生科学素养的重要途径。在小学阶段，学生的科学素养不仅仅体现在知识的掌握上，更体现在他们对科学的态度、探究能力和批判性思维上。通过探究实践，学生能够亲身体验科学探究的全过程，从提出问题、设计实验到分析数据、得出结论，每一个步骤都能增强他们的科学探究能力。此外，探究实践还鼓励学生积极思考和质疑现有的知识体系，培养他们独立思考和解决问题的能力。这种素养的培养不仅为学生未来的科学学习奠定了基础，还对他们理解和应用科学知识，形成科学的世界观和方法论具有深远的影响。

2. 激发学生的好奇心和求知欲

在小学科学教育里，探究实践宛如一把神奇的钥匙，能巧妙开启学生好奇心与求知欲的大门。

科学实验是激发学生兴趣的有效手段。如在“声音的传播”实验中，老师准备了密封玻璃罩、闹钟等材料。当把闹钟放入玻璃罩，随着空气一点点被抽出，闹钟声音逐渐变小，直至几乎听不见。这一奇妙现象瞬间抓住学生眼球，引发他们好奇：“为什么声音会消失呢？声音到底是怎么传播的？”学生迫不及待想要一探究竟，主动参与后续关于声音传播的讨论与实验，求知欲愈发强烈。观察活动也能激发学生好奇心和求知欲。在校园植物观察课上，学生们带着放大镜，仔细观察不同植物的叶片、花朵构造。看到含羞草轻轻一碰就迅速合拢叶片，他们惊讶不已，纷纷提出疑问：“含羞草为什么这么‘害羞’？其他植物也会这样吗？”为寻找答案，他们主动查阅资料、请教老师，开启对植物应激性等知识的探索。

科学调查对学生也同样具有吸引力。在“身边的垃圾分类情况”调查中，学生们走出课堂，观察社区垃圾桶使用、居民分类投放行为。当发现很多垃圾并未正确分类时，他们不禁好奇：“为什么大家不做好垃圾分类？怎样才能让垃圾分类更有效呢？”于是，他们积极思考解决办法，设计宣传海报、制作环保小视频，渴望改善现状，在这个过程中，求知欲推动他们深入了解环保知识。

在小学科学教育中，探究实践通过一个个新奇有趣的活动，不断激发学生的好奇心，让他们在探索中对科学知识充满渴望，为今后的科学学习奠定坚实基础。

二、探究实践在科学教学中的应用

（一）好奇心与探究动机

1. 通过问题引导激发学生的科学好奇心

激发学生的探究兴趣是科学教学的首要任务，而提出引人深思的问题是激发学生科学好奇心的有效途径。教师可以通过设计有挑战性和启发性的问题，引导学生思考并产生好奇。例如，在学习“植物如何吸收水分”这一主题时，教师可以提出“为什么植物在阳光下生长得更快”这样的问题，让学生在思考的过程中产生探究欲望。这类问题不仅与学生的日常经验密切相关，而且能够引导他们深入思考，促使他们主动寻找答案。这种通过问题引导的方式，有助于学生发展科学思维，并激发他们对科学现象的强烈好奇心。

2. 使用实际案例和实验激发学生的探究动机

实际案例和实验是激发学生探究动机的重要手段。教师可以利用学生身边的科学现象，或者设计与现实生活相关的实验，激发他们的探究动机。例如，教师可以展示不同材料在加热后的反应，让学生猜测并验证各自的结论。通过这样的实验，学生不仅可以亲眼看到科学原理的应用，还可以在实验过程中提出自己的假设，进行验证并得出结论。这种基于实际案例和实验的教学方法，使得学生的探究动机得以自然萌发，从而主动投入科学探究中。

（二）动手实验与实践活动

1. 通过简单实验引导学生进行科学探究

动手实验是学生进行科学探究的主要途径之一。通过设计简单的实验，教师可以引导学生亲自动手实践，体验科学探究的乐趣。例如，在学习“物质状态的变化”时，教师可以安排一个简单的实验，让学生观察水从液态变为气态的过程。在实验过程中，学生不仅能够直观地理解物质状态变化的概念，还能够通过观察和记录，进一步探究不同条件下的变化规律。这样的实验活动，既让学生掌握了科学知识，也培养了他们的实验技能和探究精神。

2. 让学生观察、记录和分析数据

科学探究不仅需要实验，还需要学生进行系统的观察、记录和分析数据。这些实践活动是培养学生严谨科学态度的关键环节。教师可以鼓励学生在实验或自然观察中，详细记录他们看到的每一个细节，并学会如何整理和分析这些数据。例如，在植物生长实验中，学生可以每天记录植物的高度、叶子的颜色变化等数据，并通过图表将这些数据可视化。随后，学生可以分析数据，找出植物生长的规律或影响因素。通过这种方式，学生不仅增强了他们的观察力和记录能力，还学会了如何从数据中得出科学结论，这对于他们未来的科学学习和研究具有重要意义。

（三）真实情境中的科学探究

1. 鼓励学生在生活场景中应用科学探究方法

科学探究不局限于课堂和实验室，它还可以在日常生活中应用。教师可以鼓励学生在真实的生活场景中使用科学探究的方法，解决实际问题。例如，在家中，学生可以观察冰块融化的速度，或者研究不同材料的保温效果。这种将科学探究方法应用于日常生活的做法，不仅让学生在实践中加深对科学原理的理解，还培养了他们将科学与生活紧密联系的能力。通过这种方式，学生会意识到科学不仅仅是课堂上的学习内容，更是解释和理解他们所生活的世界的工具。

2. 组织学生进行户外科学实践，观察自然现象

户外科学实践是让学生在真实环境中进行科学探究的有效途径。通过组织学生到户外进行科学考察和实验，教师可以引导他们观察自然现象，记录环境变化，并尝试用科学方法进行解释。例如，教师可以带领学生到公园观察不同植物在不同季节的生长情况，或者在河边研究水流对河岸形态的影响。这些户外活动不仅让学生亲近自然，还通过直接观察和实践，帮助他们更深刻地理解自然界的科学规律。通过这样的实践，学生的观察力、分析能力和科学探究精神都会得到极大的提升。

总的来说，通过探究实践，学生不仅能在实验和观察中获得直接的学习体验，还能在真实生活场景中应用所学知识，培养科学素养和探究

精神。这种教学方法不仅丰富了科学教育的形式，还有效地激发了学生的学习兴趣，为他们未来的科学学习和探索奠定了坚实的基础。

三、探究实践的教学活动设计

（一）创设有趣的探究任务

1. 设计符合学生年龄和兴趣的探究问题

在设计探究实践的教学活动时，教师首先需要考虑学生的年龄特点和兴趣爱好，以确保探究任务能够吸引他们的注意力并激发他们的参与意愿。探究问题应该具有挑战性，但又不过于复杂，让学生能够在理解和实践中逐步解决。例如，对于小学低年级的学生，可以设计“什么条件下水最容易蒸发”这样的问题，引导他们通过简单的实验观察水的蒸发过程。对于高年级学生，则可以设计一些更复杂的探究任务，如“不同类型的土壤对植物生长的影响”，鼓励他们进行更深入的实验和分析。通过设计贴近学生生活经验、符合其认知水平的问题，教师能够有效激发学生的科学探究兴趣。

2. 结合游戏和挑战，增加探究过程的趣味性

为了使探究实践更具吸引力，教师可以将游戏元素和挑战融入探究任务中，增加探究过程的趣味性。例如，可以设计一个科学探险主题活动，学生在完成每一项探究任务后，可以获得“探险勋章”或“探险积分”。这些奖励不仅可以激发学生的竞争意识，还能够增强他们在探究过程中的积极性。通过设置分阶段的探究任务或挑战，让学生在不断取得小成就的过程中感受到成功的喜悦，从而保持长久的探究动力。这种结合游戏和挑战的设计，不仅能让学生乐在其中，还能让他们在轻松愉快的氛围中掌握科学知识。

（二）设立多样化的实验与探究活动

1. 提供不同类型的实验活动，满足学生的多样兴趣

学生的兴趣和学习风格各不相同，教师在设计探究实践活动时应提供多样化的实验类型，以满足学生的不同兴趣。例如，可以设计化学类实验让学生观察物质的反应过程，物理类实验帮助学生理解力与运动的关系，或者生物类实验让学生探究植物的生长条件。学生能够根据自己

的兴趣选择参与丰富多样的实验活动，从而提高参与度和学习效果。同时，教师还可以鼓励学生提出自己感兴趣的实验问题，并设计相应的实验方案。这种多样化的实验设计，不仅能够满足学生的多样需求，还能激发他们对科学探究的持久兴趣。

2. 结合科技工具，开展数字化探究实践

随着科技的进步，数字化工具在科学教育中的应用越来越广泛。教师可以结合科技工具，设计数字化的探究实践活动。例如，通过使用数据采集工具、虚拟实验室或科学模拟软件，学生可以在数字环境中进行各种实验和探究活动。虚拟实验室让学生能够模拟现实中难以实现的实验过程，如火山喷发的形成或太空探测器的操作，使得探究过程更加直观和丰富。此外，学生还可以利用平板电脑、智能手机等设备，随时随地进行数据收集和分析，甚至利用互联网进行远程协作和探究。通过数字化探究实践，学生不仅能够体验到现代科技的魅力，还能在互动中加深对科学概念的理解。

（三）将合作探究与自主探究结合

1. 鼓励学生在小组中合作探究，共同解决科学问题

合作探究是培养学生团队协作能力和集体解决问题能力的重要方式。教师可以将学生分成小组，让他们在团队中共同完成探究任务。例如，在探究“太阳能如何发电”这一主题时，学生可以分成几个小组，每个小组负责不同的部分，如太阳能电池板的工作原理、太阳能的能量转换过程等。通过合作探究，学生可以分工协作，分享各自的发现和见解，最终整合成完整的探究成果。在这一过程中，他们不仅学会了科学探究的方法，还发展了团队合作、沟通交流和集体决策的能力。合作探究不仅增强了学生的参与感，还培养了他们的社会责任感和集体意识。

2. 支持学生进行个人探究项目，发展独立思考能力

除了合作探究，教师还应鼓励和支持学生进行个人探究项目，以发展他们的独立思考能力。个人探究项目让学生有机会根据自己的兴趣独立选择研究课题，并自主设计和实施实验方案。这种自主探究的方式，能够充分发挥学生的创造力和自主性，帮助他们在实践中培养独立思考

和解决问题的能力。例如，学生可以选择研究“不同光源对植物生长的影响”，通过连续几周的观察和记录，分析不同光照条件下植物生长的差异，并得出结论。在这个过程中，学生不仅学会了如何独立进行科学探究，还提升了自我管理能力和自信心。

总的来说，通过设计探究实践的教学活动，教师可以有效激发学生的学习兴趣，培养他们的科学探究能力和独立思考能力。无论是通过有趣的探究任务、丰富多样的实验活动，还是通过合作与自主探究的结合，学生都能够在探究实践中不断成长，为未来的科学学习和个人发展打下坚实的基础。

四、探究实践中学生能力的培养

（一）培养学生的观察与记录能力

1. 指导学生在探究过程中准确观察和记录

在探究实践中，准确的观察与记录是科学研究的基础。培养学生的观察与记录能力，可以让他们在科学探究过程中更加精确和有条理。教师应教导学生如何在实验或观察活动中注意关键细节，并用科学的态度对待每一个观察到的现象。例如，当学生进行植物生长实验时，教师可以引导他们关注植物的高度、叶片的颜色变化、土壤湿度等多个变量。学生需要学会从整体到细节地进行观察，确保他们所记录的信息能够完整反映实验条件和变化过程。这种训练不仅能帮助学生提高观察能力，还让他们意识到每个细节在科学研究中的重要性。

2. 指导学生使用科学笔记和数据表格进行系统记录

为了让学生养成系统记录的习惯，教师可以引入科学笔记和数据表格等工具。科学笔记是一种有效的记录方式，学生可以在笔记中详细描述实验步骤、记录观察结果和个人思考，在回顾和分析实验时有据可依。数据表格则是整理和分析数据的重要工具。教师应教会学生如何使用表格将数据清晰地整理出来，例如，将实验中的每次测量结果按时间或条件排列，并用表格来呈现变化趋势。通过系统记录，学生能够更容易发现数据中的规律，为后续的分析和结论提供可靠依据。此外，系统的记录习惯还能帮助学生提高组织能力和信息管理能力，这对于他们未来的学习和科研工作至关重要。

（二）发展学生的分析与推理能力

1. 通过数据分析帮助学生得出科学结论

在探究实践中，分析与推理是将数据转化为科学结论的关键环节。教师需要教导学生如何有效地分析收集到的数据，从中提取有意义的信息，并通过这些信息得出科学结论。例如，在完成一个温度对溶解度影响的实验后，教师可以引导学生通过绘制图表来分析不同温度下溶解度的变化趋势，并帮助他们理解这些变化背后的科学原理。通过这种数据分析训练，学生能够将数据与科学理论相结合，从而得出准确的结论。这不仅培养了学生的数据处理能力，还增强了他们的科学思维和理解能力。

2. 引导学生进行逻辑推理，解释实验结果

逻辑推理是分析实验结果并解释现象的重要能力。教师应通过实际案例和实验，教导学生利用逻辑推理来解释观察到的现象。例如，在物理实验中，学生可能需要解释为什么某种材料在热水中传热更快。教师可以引导学生结合实验数据，通过逻辑推理得出材料导热性的产生原因和影响因素。通过这样的训练，学生不仅学会了解释实验结果，还发展了批判性思维能力和逻辑分析能力。这种能力对于学生在未来的科学学习和实际生活中进行复杂问题的分析和解决具有重要意义。

（三）提升学生的问题解决与创新能力

1. 通过探究过程中的挑战，培养学生的问题解决能力

科学探究往往伴随着挑战，这些挑战为学生提供了培养问题解决能力的绝佳机会。教师可以在设计探究活动时，故意设置一些难点或不确定因素，让学生在探究过程中面对挑战。例如，在一个化学反应实验中，教师可以让学生尝试改变反应条件，如温度或浓度，观察反应速度的变化。当实验不符合预期结果时，学生需要运用所学知识和科学思维来解决问题。这种在实践中遇到并克服挑战的过程，能够有效培养学生的独立思考和问题解决能力，让他们学会如何在复杂情境中灵活应用科学知识。

2. 鼓励学生提出创新性的解决方案和改进建议

在科学探究中，创新思维是推动学生不断进步的重要动力。教师应鼓励学生在实验和研究过程中，不仅仅满足于得出结论，而是积极思考如何改进实验设计或提出新的解决方案。例如，在研究一个科学现象后，学生可能会发现现有的方法存在不足，这时教师可以鼓励他们提出改进建议或新的实验思路。通过这种创新性的训练，学生能够发展创造性思维，并敢于提出和验证新的科学假设。这种鼓励创新的教学方式，不仅提升了学生在科学探究中的主动性，还培养了他们在未来面对新问题时的开拓精神和创新能力。

总的来说，通过探究实践活动，教师能够在学生的观察、记录、分析、推理以及问题解决和创新能力上给予全方位的培养。这些能力不仅是科学学习的核心要素，也是学生在学术和未来职业生涯中取得成功的关键，学生将能够更好地理解科学知识，并在各种挑战中自信应对，创造性地解决问题。

五、探究实践对小学科学教育的长远影响

（一）激发学生的长期兴趣

1. 探究实践在培养学生持续兴趣中的作用

探究实践在小学科学教育中扮演着关键角色，它不仅能够激发学生对科学的初步兴趣，还在长期培养中保持并增强这种兴趣。通过实际操作和亲身体验，学生能够更直观地理解科学概念，体会到发现新知识的乐趣。探究实践让学生感受到科学的趣味和魅力，使他们在探索中萌发出强烈的求知欲。例如，当学生通过实验亲自观察到植物在不同光照条件下的生长差异时，他们对植物学的兴趣会被极大地激发。随着一次次成功的探究经验累积，学生对科学的兴趣将逐渐转变为一种持久的热情，推动他们在未来持续进行科学学习和研究。

2. 长期探究习惯的形成及其对学生未来发展的影响

探究实践不仅能够激发学生的科学兴趣，还能帮助他们形成长期的探究习惯。这种习惯包括主动提出问题、设计实验、收集和分析数据、总结结论等一系列科学探究的过程。通过反复参与探究实践，学生逐渐

掌握科学探究的基本方法，并将其内化为日常学习和生活中的思维模式。长期探究习惯的形成对学生未来的发展有着深远的影响。它不仅让学生在科学领域更加自信和自主，还培养了他们在面对未知领域时敢于探索和创新的精神。这种习惯和能力在未来的学术研究、职业发展乃至日常生活中，都将为学生提供持续的动力和竞争优势。

（二）提高学生的科学素养

探究实践是提升学生科学理解与应用能力的重要手段。通过亲身参与科学探究，学生能够深入理解科学原理，并学会将这些原理应用于实际问题中。与传统的课堂教学相比，探究实践提供了更为动态和互动的学习环境，让学生在实践中将理论与现实紧密结合。例如，通过在课堂上进行实验，学生不仅理解了科学概念，还学会了如何使用科学方法解决现实中的问题。这种理解和应用能力的提升，使得学生在面对复杂问题时，能够运用科学思维进行有效的分析和判断，从而得出合理的解决方案。

探究实践不仅能够提升学生的科学能力，还对学生的综合素养有着全面的促进作用。首先，探究实践培养了学生的批判性思维和逻辑推理能力，这些能力对于他们在各个学科中的学习和发展都至关重要。其次，探究实践鼓励团队合作和沟通交流，学生在合作中学会了如何分工协作，如何倾听和尊重他人的意见，从而提高了他们的社会交往能力和团队精神。最后，探究实践还促进了学生的创新思维发展，通过不断提出新问题、设计新实验，学生逐渐形成了敢于创新、勇于挑战的精神。这些综合素养不仅在学术领域对学生大有裨益，也为他们将来在社会中成为负责任、有担当的公民奠定了坚实的基础。

总的来说，探究实践对小学科学教育的长远影响是多方面的。通过激发学生的科学兴趣、培养长期的探究习惯及提升科学素养，探究实践为学生的全面发展提供了有力的支持。这种教学方法不仅能帮助学生更好地理解和应用科学知识，还培养了他们在未来生活和职业中所需的关键能力，为他们的成功打下了坚实的基础。

第四章

“四效”——小学科学课堂教学方法

第一节

有效的教学设计

一、概述

（一）有效的教学设计的定义

有效的教学设计是指根据学生的认知特点和学习需求，科学合理地规划教学内容、方法和资源，以实现最佳教学效果的过程。在小学科学课堂中，教学设计尤为重要，因为它直接影响了学生对科学概念的理解和兴趣的培养。科学教育不仅仅是知识的传授，更是对学生探究能力、批判性思维和科学态度的培养。通过精心设计的教学活动，教师能够将抽象的科学概念形象化，使学生能够更容易地理解并应用这些知识。此外，有效的教学设计还能够帮助教师优化课堂时间管理，确保每个学生都能够参与到学习过程中，并在其中获得成功的体验。

有效的教学设计应遵循几个基本原则和目标。首先，教学设计需要以学生为中心，尊重学生的个体差异，因材施教。每个学生的认知水平和学习风格各不相同，因此，教学设计应灵活多样，能够适应不同学生的需求。其次，教学设计应具有明确的目标，这些目标应与科学课程标准相一致，并且是具体、可测量的。目标的设定不仅为教师的教学活动提供了方向，也为学生的学习提供了清晰的脉络。再次，教学设计应注重互动性和探究性，鼓励学生在动手实践和合作探究中学习科学知识和技能。最后，教学设计还应包括评价和反馈机制，以确保学生能够及时获得学习反馈，并通过反思和调整不断进步。总的来说，有效的教学设计不仅是教学的指南针，也是学生科学素养培养的关键。

（二）小学科学教育的独特性

小学阶段的学生正处于认知发展的关键时期，他们的思维方式和学习需求具有独特性。小学生的思维以具体形象思维为主，抽象逻辑思维能力尚在发展中。因此，在科学教育中，教师需要通过直观的材料、具体的实例和形象化的教学方法，帮助学生理解抽象的科学概念。此外，小学生的注意力集中时间较短，容易受到外界因素的影响，因此教学内容需要设计得生动有趣，以保持他们的学习兴趣。学生在这一阶段还具备强烈的好奇心和探索欲望，这为科学教学提供了天然的动力来源。教师应抓住这一特点，设计符合学生兴趣的探究活动，激发他们的学习热情，并培养他们独立思考和解决问题的能力。

科学教育在小学阶段对学生的整体发展有着深远的影响。通过科学教育，学生能够培养系统的思维方式，学习如何通过观察、实验和分析来理解世界。科学教育还能帮助学生形成严谨的态度和求真的精神，这对他们在未来的学习和生活中保持批判性思维和理性判断至关重要。与此同时，科学教育还注重团队合作和沟通能力的培养，通过合作实验和小组讨论，学生学会了如何与他人合作，共同解决问题。此外，科学教育还鼓励学生进行创造和创新，不仅为学生打开了通向知识的大门，更为他们的全面发展奠定了坚实的基础。

二、设定明确的教学目标

（一）教学目标的设定与科学课程标准

1. 确保教学目标与科学课程标准一致

在小学科学课堂中，设定明确的教学目标是教学设计的核心环节之一。这些目标应当与国家或地区的科学课程标准紧密结合，以确保教学内容和方法符合教育部门的要求和学生的学习需求。科学课程标准通常为不同年级设定了具体的学习目标和知识体系，涵盖了学生应掌握的科学概念、技能和态度。因此，教师在设计教学目标时，需要仔细研究和理解这些课程标准，并将其作为教学设计的基础。确保教学目标与课程标准一致，有助于学生系统地掌握科学知识，逐步提升科学素养，并为学生未来的学习打下坚实的基础。

2. 针对不同年级学生进行目标制定

小学阶段的学生由于年龄、认知发展和学习能力的差异，其学习目标应根据年级进行细化和区分。对于低年级的学生，教学目标可能更侧重于基础科学概念的理解和简单实验的体验，如认识不同的动植物、了解物质的基本性质等。而对于高年级的学生，教学目标则可以更加深入和复杂，包括科学原理的探讨、数据分析能力的培养，以及进行小组合作探究等高级技能的训练。因此，教师在设定教学目标时，必须考虑学生的认知发展阶段和学习准备情况，以确保目标的合理性和可达性。通过为不同年级的学生设定适宜的学习目标，教师能够更有效地促进学生的科学理解和能力发展，帮助他们在各自的学习阶段中取得进步。

（二）教学目标的可测量性与可操作性

1. 设定具体、可测量的教学目标

为了确保教学目标的有效性，教师需要将目标具体化，并设计出可测量的学习成果。具体的教学目标有助于教师和学生明确学习的方向，并为评价学习效果提供依据。例如，在教授“植物生长条件”这一主题时，教师可以设定“学生能够识别植物生长所需的基本条件，并能够通过实验验证这些条件的作用”这样的具体目标。这样的目标不仅清晰明确，还可以通过观察学生的实验设计、操作和结果来进行测量和评估。可测量的学习成果使得教学过程更具导向性和目的性，能帮助教师有效监控学生的学习进展，并在必要时进行调整和改进。

2. 设定短期与长期教学目标

在教学设计中，教师应当同时设定短期和长期的学习目标，以构建一个全面且连贯的学习体系。短期教学目标通常是针对每节课或每个单元设定的，旨在确保学生能够掌握具体的知识点或技能，如“学生能够描述水循环的基本过程”。这些目标通常在较短的时间内完成，帮助学生逐步积累知识和技能。长期教学目标则是贯穿整个学期或学年的更为综合和复杂的目标，如“学生能够设计并实施一个科学实验，验证并解释水循环的作用”。长期学习目标要求学生在多个短期学习目标的基础上，整合所学知识并应用于复杂的任务。通过设定短期与长期学习目标，教师可以引导学生循序渐进地掌握科学知识，并逐步培养他们的科学探究能力和综合应用能力。

总的来说，设定明确的教学目标是小学科学课堂有效教学设计的关键。通过结合科学课程标准，针对不同年级制定适宜的目标，并确保这些目标具有可测量性与可操作性，教师能够为学生提供清晰的学习路径，帮助他们在科学学习中不断进步和成长。这不仅有助于提升教学效果，还为学生的长期发展奠定了坚实的基础。

三、选择适合的教学方法

（一）探究式学习

1. 鼓励学生通过实验和实践进行自主探究

探究式学习是一种以学生为中心的教学方法，鼓励学生通过亲身实验和实践活动来发现和理解科学原理。这种方法在小学科学教学中具有特别的重要性，因为它能够激发学生的好奇心。在探究式学习中，教师的角色从传统的知识传授者转变为引导者和支持者，帮助学生在实践中通过观察、实验和推理自主构建知识。教师可以让学生设计并进行实验，如探究光合作用的条件，或者研究不同土壤对植物生长的影响。在这些活动中，学生不仅掌握了科学概念，还发展了动手能力和科学思维能力。这种自主探究的过程，使学生更加深刻地理解科学原理，并培养了他们的问题解决能力和创新精神。

2. 设计开放性问题，引导学生进行科学思考

开放性问题是探究式学习的重要组成部分，能够引导学生进行深入的科学思考和探索。开放性问题没有固定的答案，它要求学生通过思考、讨论和实验来得出自己的结论。教师可以设计与现实生活相关的科学问题，例如："为什么不同材质的杯子保温效果不同？""如何设计一个可以有效减少家庭用水量的装置？"鼓励学生应用已有知识，通过新的探究过程获得更深的理解。在解决这些问题的过程中，学生学会了如何提出假设、设计实验、分析数据，并在得出结论后反思整个探究过程。通过这种方式，学生不仅提升了科学思考的能力，还学会了如何在不确定性中进行理性分析和决策。

（二）合作学习与小组活动

1. 利用小组合作来增强学生的团队意识

合作学习是一种有效的教学方法，学生能够通过小组合作增强团队意识和集体荣誉感。在科学课堂中，教师可以组织学生进行小组实验或

项目，每个小组成员分工合作，共同完成任务。例如，在研究“水的不同状态”这一主题时，教师可以将学生分为若干小组，每个小组负责研究水的固态、液态和气态特性，并通过展示和讨论分享他们的发现。这种小组合作的方式，不仅让学生在互动中学到了科学知识，还增强了他们的团队合作意识。通过在小组中扮演不同角色，学生学会了与他人协作，在团队中发挥自己的长处，并共同为团队目标努力。

2. 通过合作活动培养学生的沟通与协作能力

合作学习不仅有助于增强团队意识，还能有效培养学生的沟通与协作能力。在小组活动中，学生需要进行有效的沟通，表达自己的观点，倾听他人的意见，并在此基础上进行讨论和决策。例如，在进行科学探究项目时，学生需要合作设计实验、分配任务、分析结果，并最终整合他们的发现形成报告。这个过程要求学生与组员进行频繁的沟通和协商，从而在合作中培养了良好的沟通技巧和团队协作能力。这种能力对于学生未来的学术学习和职业发展都至关重要，因为现代社会越来越强调团队合作和跨学科的沟通能力。

（三）多感官教学方法

1. 综合运用视觉、听觉与动觉

多感官教学方法通过结合视觉、听觉和动觉等多种感官的刺激，帮助学生更全面地理解和记忆科学知识。不同的学生可能有不同的学习偏好，有些学生更倾向于视觉学习，有些则更容易通过听觉或动觉获取信息。因此，教师在设计科学教学活动时，可以运用多感官教学方法。例如，在讲解“地球的内部结构”时，教师可以利用三维模型（视觉），播放相关的视频（听觉），并让学生通过动手制作模型（动觉）来加强学习效果。通过这种多感官的综合运用，学生能够在更丰富的感官体验中理解科学概念，从而加深学习效果并提升学习兴趣。

2. 使用多媒体和动手实验增强学习体验

多媒体和动手实验是多感官教学的重要工具，能够显著增强学生的学习体验。在科学课堂上，教师可以利用多媒体技术，如动画、视频、互动软件等，生动直观地展示科学原理和实验过程。例如，在讲解“太阳系的运作”时，教师可以通过动画演示行星的轨道运动，让学生直观地理解地球绕太阳的运动轨迹。此外，动手实验让学生在实践中体验科学，进一步强化了他们的学习体验。例如，教师可以设计简单的化学反应实验，学生通过观察反应过程、记录数据和分析结果，获得直接的学习体验。通过多媒体和动手实验，教师能够为学生提供更加丰富的学习材料和体验，使他们在学习中更加投入，并通过实践巩固所学知识。

总的来说，选择适合的教学方法是小学科学课堂有效教学的关键。通过探究式学习、合作学习与多感官教学方法的综合应用，教师能够激发学生的学习兴趣，提升他们的科学思维能力，并培养他们的合作与沟通技巧。这些方法不仅有助于学生更好地理解科学知识，还为他们的全面发展和未来学习打下了坚实的基础。

四、课堂管理与时间安排

（一）有效的课堂时间管理

1. 合理分配讲授、实验与讨论的时间

在小学科学课堂中，时间管理是确保教学效果的关键因素之一。科学课程通常涉及多种教学活动，如知识讲授、实验操作和小组讨论等。为了最大化学生的学习成果，教师需要合理分配这些活动的时间，确保每个环节都能够充分发挥其教育作用。例如，教师可以将课堂时间分为三个主要部分：首先，通过简洁有效的讲授，引导学生理解科学概念；其次，安排动手实验，让学生在实践中应用所学知识；最后，组织讨论和总结，帮助学生反思实验过程并内化科学原理。通过合理的时间分配，教师能够在有限的课堂时间内，实现知识传授与实践操作的平衡，促进学生全面理解和掌握知识。

2. 使用时间表和计时工具确保课堂节奏

为了保证课堂节奏的流畅性和时间分配的有效性，教师可以使用时间表和计时工具进行课堂管理。时间表能够帮助教师预先规划每个教学环节的时长，确保各项活动有序进行。例如，教师可以在黑板或电子屏幕上展示一个简单的时间表，标明每个环节的起止时间，帮助学生了解接下来的活动安排。计时工具，如倒计时器或在线计时器，则可以用于

提醒教师和学生注意时间的流逝，防止某一环节占用过多时间，影响整个课程的进度。这些工具不仅有助于保持课堂的节奏和秩序，还能够培养学生的时间管理意识和自律性，使他们学会在规定时间内高效完成任务。

（二）积极的学习环境

1. 创设支持性与互动性的课堂氛围

积极的学习环境对于学生的参与度和学习效果至关重要。教师在课堂上应努力创设一种支持性与互动性的氛围，鼓励学生积极参与讨论，表达自己的观点，并大胆提出问题。为了实现这一目标，教师可以采用多种互动教学方法，如小组讨论、课堂提问、实验合作等，促进学生之间的交流与合作。例如，在科学实验过程中，教师可以引导学生分组合作，并在实验结束后鼓励各小组分享他们的发现和结论。这种互动性的教学方式，不仅能够增强学生对科学学习的兴趣，还能够提高他们的沟通能力和团队合作精神。此外，教师应注意给予学生积极的反馈和鼓励，帮助他们建立信心，营造一种开放、包容的课堂氛围，使每个学生都感到受到尊重和重视，从而激发他们的学习热情。

2. 制定并维护课堂规则

为了确保课堂的有序进行和学生的专注度，教师需要制定并维护一套明确的课堂规则。这些规则可以涵盖多方面内容，如课堂纪律、实验操作规范、合作学习要求等。例如，教师可以规定在实验进行时，学生需要保持安静，认真听取教师的指导，避免互相打扰；在讨论环节中，学生应轮流发言，尊重他人的意见。通过这些规则的制定，教师可以为学生创造一个结构清晰、有条不紊的学习环境，使他们能够集中精力，专注于学习任务。此外，教师还应在课堂上严格执行这些规则，及时纠正学生的偏差行为，确保课堂秩序得到维护。通过这种方式，学生不仅能够在稳定的环境中高效学习，还能够培养自律和责任感，这些品质对于他们未来的学术和个人发展都将产生深远的影响。

总的来说，课堂管理与时间安排是小学科学教学中的重要组成部分。通过合理分配时间、使用有效的管理工具、创设积极的学习环境、制定明确的课堂规则，教师能够提升课堂教学的质量，确保学生在有序的环境中高效学习。这些措施不仅有助于学生掌握科学知识，还能够培养他们的时间管理能力、自律性及团队合作精神，为他们的全面发展奠定坚实的基础。

第二节 有效的技术运用

一、概述

（一）技术在小学科学课堂中的角色

在现代教育中，技术的角色日益重要，尤其在小学科学课堂中，技术的应用不仅丰富了教学手段，还提升了教学的效果。技术的引入打破了传统教学的局限，为学生提供了更加多样化和互动性的学习体验。通过使用智能设备、教育软件、虚拟实验室等技术工具，教师能够将抽象的科学概念形象化，使学生更直观地理解复杂的科学原理。同时，技术还促进了学生的自主学习和探究能力，通过在线资源、模拟实验和互动应用，学生能够在课堂之外继续学习和探索，形成良好的学习习惯和科学思维。这些技术不仅为学生提供了丰富的学习资源，还培养了他们的信息素养和技术技能，为他们未来的学习和生活打下坚实的基础。

技术在科学教学中的应用，极大地增强了教学的效果。首先，技术使得教学内容更加生动和具有吸引力。通过动画、视频和模拟实验，复杂的科学概念变得易于理解，学生可以通过多感官的参与加深对知识的掌握。例如，利用三维动画演示太阳系的运转，可以让学生直观地理解行星的运动规律和空间位置关系，这比传统的平面图示更为有效。其次，技术提供了个性化学习的机会，通过自适应学习平台，学生可以根据自己的学习进度和理解程度调整学习内容和节奏，从而获得更加针对性的学习体验。此外，技术还促进了课堂互动与合作学习，通过在线协作平台，学生可以随时分享学习成果，进行讨论和交流，培养合作意识和团队精神。因此，技术的应用不仅提升了学生的学习效果，还培养了他们的自主学习能力和合作能力，为他们的全面发展提供了有力支持。

（二）小学科学教育与技术结合的现状及影响

1. 技术在小学科学课堂中的应用现状

随着教育技术的不断发展，越来越多的技术工具被引入小学科学课堂，改变了传统的教学模式。目前，小学科学教育中广泛应用的技术包括多媒体教学工具、虚拟实验室、互动白板、教育应用程序及在线学习平台等。这些技术的应用，使得科学课堂更加生动和富有吸引力。例如，教师可以通过互动白板展示实时实验视频，学生可以在虚拟实验室中进行模拟实验，甚至通过教育应用程序完成科学探究任务。此外，一些学校还引入了基于人工智能的自适应学习系统，根据学生的学习表现自动调整教学内容，提供个性化的学习支持。这些技术工具不仅丰富了课堂教学的内容和形式，还为教师提供了更多的教学资源和手段，提高了教学效率和质量。

2. 技术整合对学生学习效果的影响

技术与小学科学教育的整合，对学生的学习效果产生了积极而深远的影响。首先，技术使得学习更加个性化和自主化，学生可以根据自己的兴趣和学习进度选择学习内容和方式，获得更好的学习体验。其次，技术的应用提升了学生的参与度和学习动力，通过互动游戏、在线测验和虚拟实验等形式，学生在学习过程中更加积极主动，这有助于他们更好地理解和掌握科学知识。最后，技术培养了学生的创新思维和问题解决能力，通过探索和实验，学生可以在虚拟环境中反复尝试，发现问题并寻找解决方案。总之，技术在小学科学课堂中的应用，不仅增强了学生的学习效果，还为他们未来的学习和发展打下了坚实的基础。

二、选择适合的技术工具

（一）数字化教学工具

1. 评估适合小学科学课程的数字化教学工具

在小学科学课堂中，选择适合的数字化教学工具对于提升教学效果至关重要。首先，教师需要评估数字化教学工具是否能够满足教学目标和学生的学习需求。适合的工具应当具有易用性、互动性和教育性，能够帮助学生更好地理解科学概念，并激发他们的学习兴趣。例如，教育应用程序可以通过游戏化的学习方式，使学生在玩中学，增强他们对科学知识的掌握。其次，教师应考虑数字化教学工具的功能是否与课程内容相匹配。例如，使用交互式地图工具来教授地理相关内容，或利用动画软件来演示生物的生命循环。评估工具时，再次，教师应关注数字化教学工具对学生的友好度，包括操作的简便性和是否适合不同年级学生的认知水平。最后，教师应确保数字化教学工具具有较强的技术支持和更新维护能力，以确保其在长期教学中的有效性和持续性。

2. 根据不同科学主题选择相应的数字化教学工具

不同的科学主题对数字化教学工具有不同的需求，因此，教师在选择数字化教学工具时应根据具体的教学内容进行针对性的选择。对于物质科学领域的教学，互动仿真工具可以帮助学生理解复杂的物理现象，例如利用重力模拟器演示自由落体运动或通过电路构建软件让学生探索电流和电阻的关系。而在生物学教学中，三维解剖模型或虚拟显微镜软件可以使学生更加直观地了解生物体的内部结构和功能。例如，在讲解人体消化系统时，使用3D模型可以让学生观察食物在人体内的消化过程。对于环境科学课程，在线数据分析工具和互动地图可以帮助学生理解气候变化、生态危机等复杂的环境问题。通过选择与科学主题紧密相关的数字化教学工具，教师能够更有效地传达科学概念，帮助学生在不同的科学领域中建立深刻的理解。

（二）虚拟实验室与模拟工具

1. 使用虚拟实验室进行远程或难以实现的实验

虚拟实验室是现代科学教育中的一项重要技术，它能够让学生在虚拟环境中进行科学实验，尤其适用于那些在现实中难以实现或高风险的实验。例如，化学实验中的某些反应由于安全性问题无法在课堂上进行，但通过虚拟实验室，学生可以安全地观察和操作这些反应过程，从而深刻理解化学原理。此外，虚拟实验室还为远程学习提供了强大的支持，无论学生身处何地，都可以通过网络访问这些实验资源，进行科学探究和实践操作。虚拟实验室不仅能够模拟真实的实验环境，还能够提供实时反馈，帮助学生在操作过程中及时调整实验步骤，理解科学现象的成因和效果。这种远程实验极大地提升了科学教学的可能性，为学生提供了更多的学习机会。

2. 使用模拟工具将科学现象具象化

模拟工具能够将抽象的科学现象具象化，使学生能够更直观地观察和理解这些现象的原理和过程。通过模拟工具，学生可以进行反复实验和观察，探索不同条件下科学现象的变化。例如，利用天气模拟软件，学生可以观察和分析不同气象条件对天气模式的影响，理解气候变化的复杂性。在物理学教学中，模拟工具可以帮助学生理解力的作用和运动规律，例如，通过力学模拟器展示不同力的合成和分解过程。这些工具不仅提供了可视化的学习体验，还允许学生进行自主探究，尝试不同的实验参数，观察结果的变化。模拟工具提供的互动性和灵活性是传统教学手段难以实现的，能够极大地提升学生的理解力和学习兴趣。此外，模拟工具还可以记录和分析学生的操作过程，为教师提供学生学习行为的数据，帮助他们更好地评估学生的学习效果和理解深度。

总的来说，选择适合的技术工具对于提高小学科学课堂的教学质量至关重要。通过合理评估和选择数字化教学工具，结合虚拟实验室和模拟工具的优势，教师能够为学生提供更加丰富、多样和互动的学习体验，帮助他们在科学探究中建立牢固的知识基础，提升解决问题的能力并发展创新思维。

三、技术在探究式学习中的应用

（一）在线资源与科学探究

1. 利用在线资料库和视频资源辅助探究学习

在线资源在探究式学习中扮演着至关重要的角色，尤其是在小学科学课堂中，这些资源能够极大地拓展学生的知识视野，帮助他们更深入地理解科学概念。在线资料库，如科学期刊、电子图书馆和教育网站，为学生提供了丰富的背景信息和参考资料，支持他们在科学探究过程中进行自主学习和研究。例如，当学生在探究“气候变化”这一主题时，他们可以通过访问在线资料库，查阅相关的科学研究、案例分析及全球气候变化的数据，获得对问题的全面认识。此外，视频资源也是辅助探究学习的有效工具。通过观看科学实验、自然现象和专家讲解的视频，学生能够更直观地理解复杂的科学概念。例如，在学习火山喷发的原理时，视频能够展示真实的火山喷发过程，使学生对这一自然现象有更深刻的认识。在线资源的利用，不仅增强了学生的自主探究能力，还培养了他们的信息素养和批判性思维。

2. 使用互动平台和讨论区促进学生探究

互动平台和讨论区为学生提供了一个分享和交流的空间，促进了他们在科学探究中的合作与交流。在探究式学习过程中，学生通常需要与同伴和教师进行沟通，以分享他们的发现、讨论他们的想法，并解决他们遇到的问题。通过互动平台，学生可以随时发布他们的探究结果、提出问题，并与他人进行实时互动。例如，在一个植物生长实验中，学生可以在讨论区发布他们的观察记录，并与其他同学讨论不同环境条件下植物生长的差异。这种交流不仅帮助学生扩展了思维，还促进了他们对科学问题的多角度理解。此外，教师也可以通过这些平台实时跟进学生的探究进度，提供指导和反馈，帮助学生在探究过程中克服困难，进一步提升他们的学习效果。

（二）数据收集与分析工具

1. 教学生使用数据记录和分析软件

在探究式学习中，数据的收集和分析是得出科学结论的关键步骤。教会学生使用数据记录和分析软件，可以帮助他们更加系统和科学地处理实验数据，从而得出可靠的结论。这些软件不仅能够帮助学生记录实验数据，还能进行复杂的数据分析，如计算平均值、标准差，生成数据图表等。例如，在一个研究温度对溶解度影响的实验中，学生可以使用电子表格软件记录不同温度下的溶解度数据，并通过数据图表直观地展示结果，从而更好地理解温度对溶解度的影响。此外，数据分析软件还可以帮助学生识别数据中的趋势和异常，促使他们对实验结果进行更深入的思考和分析。通过这种方式，学生不仅掌握了科学探究的基本技能，还提高了逻辑思维能力和数据处理能力。

2. 在课堂中运用实时数据收集工具

实时数据收集工具是现代科技在课堂中的重要应用，它能够让学生在实验过程中实时获取数据，并立即进行分析和反馈。这种技术的应用使得实验数据的收集变得更加高效和准确。例如，在学习气象学时，学生可以使用数字温度计、湿度计和气压计等实时数据收集工具，监测和记录不同时间段的气象数据，并通过无线传输将数据实时发送到他们的设备上进行分析。这种实时性的数据收集和处理，不仅提高了实验的效率，还增强了学生对科学现象的理解和预测能力。此外，实时数据收集工具还支持跨课堂甚至跨学校的实验合作，学生可以通过网络与其他学校的同学共享数据，进行跨地区的科学探究项目，进一步扩展他们的学习视野和合作技能。

总之，技术在探究式学习中的应用极大地提升了学生的学习体验和科学探究能力。通过利用在线资源、互动平台、数据记录与分析软件，以及实时数据收集工具，教师能够为学生提供一个更加丰富、互动和自主的学习环境。这不仅能帮助学生更深入地理解科学知识，还培养了他们在信息社会中必备的技术技能和科学素养，为他们的长期学习和发展奠定了坚实的基础。

四、增强学生互动与合作的技术应用

（一）合作学习平台

1. 使用协作工具支持小组项目与合作探究

合作学习是科学教育中的重要组成部分，借助技术工具，教师可以更有效地组织和管理学生的小组项目与合作探究活动。协作工具如Google Docs、Microsoft Teams和Padlet等平台，为学生提供了一个共享和协同工作的空间，使他们能够在线实时编辑文档、共享资源、分配任务，并进行沟通和讨论。例如，在一个环境科学项目中，学生可以通过合作学习平台共同撰写报告、制作演示文稿，或共享数据和研究结果。这种协作工具不仅使学生能够更有效地完成小组任务，还培养了他们的团队合作精神和沟通能力。通过技术的支持，学生可以随时随地进行协作，打破了时间和空间的限制，增强了学习的灵活性和连贯性。

2. 使用在线协作软件进行科学探究

在线协作软件在科学探究中有着广泛的应用，为学生提供了丰富的互动和探究机会。例如，在物理实验中，学生可以使用共享的电子表格来记录和分析实验数据，并通过视频会议讨论实验结果和遇到的问题。软件如 Trello 可以帮助学生分配任务、设定截止日期，确保项目进展顺利。这些工具还允许教师实时跟踪学生的进展，提供即时反馈和指导，帮助学生克服在探究过程中遇到的困难。此外，在线协作软件还支持跨校际或跨国界的合作探究，学生可以与其他学校的同龄人一起进行科学项目，分享各自的发现，进一步扩展他们的科学知识和国际视野。这种跨地域的合作不仅丰富了学生的学习体验，还培养了他们的全球意识和跨文化沟通能力。

（二）互动式课堂工具

1. 利用投票、测验和反馈工具增强课堂互动

互动式课堂工具，如 Kahootl、Mentimeter 和 Quizizz，能够显著增强课堂互动，使学生的参与度和学习效果得到提升。通过这些工具，教师可以在课堂上实时发起投票、进行测验或收集学生的反馈，帮助他们更好地理解和掌握教学内容。例如，在讲解光的反射和折射原理时，教师可以利用投票工具让学生预测实验结果，随后通过演示实验来验证学生的猜测。这样的互动不仅能够激发学生的学习兴趣，还可以帮助教师了解学生的理解水平，从而及时调整教学策略。此外，测验工具能够提供即时的反馈，学生可以在答题后立即看到正确答案和解析，快速巩固所学知识。通过这些互动工具，课堂变得更加具有动态性和参与性，学生在学习过程中更加投入，并获得了即时的学习成果反馈。

2. 利用实时互动技术促进学生参与课堂互动

实时互动技术通过提供即时的互动和反馈，能够有效促进学生的参与度和学习动机。例如，使用在线问答平台（如 Slido 或 Plickers），学生可以随时在课堂上提出问题，教师也可以实时回应学生的疑问，增加了课堂的互动性和学生的参与感。这种互动方式特别适合那些性格内向

或不愿在大庭广众下发言的学生，他们可以通过匿名提问的方式表达自己的疑惑，从而增强他们的参与感和学习积极性。此外，实时互动技术还支持教师进行即时教学调整。例如，教师可以根据学生的回答情况判断他们对某个概念的掌握程度，从而决定是否需要花更多时间进行解释或进行复习。这种灵活的互动方式，使得教学更加以学生为中心，能够更好地满足学生的个性化学习需求，并提升整体的学习效果。

总的来说，技术的应用极大地增强了小学科学课堂中的学生互动与合作。通过使用合作学习平台，教师能够有效组织和管理小组项目，培养学生的团队合作和沟通能力。而通过互动式课堂工具，学生的参与度和学习效果得到了显著提升，他们在互动中加深了对科学知识的理解。技术不仅为学生提供了更丰富的学习体验，还为教师创造了更加灵活和有效的教学环境，推动了小学科学教育的创新与发展。

五、个性化学习与技术支持

（一）自适应学习技术

自适应学习技术是一种利用人工智能和数据分析的先进教育工具，它能够根据每个学生的学习行为和表现，自动调整教学内容和学习路径。这种技术通过实时监控学生的学习进度、评估他们的理解水平，并根据他们的个体需求提供量身定制的学习体验。例如，自适应学习技术可以根据学生在测验中的表现，调整问题的难度、提供额外的练习或推荐补充材料，以帮助他们更好地掌握知识点。这种个性化的学习方式不仅提高了学生的学习效率，还确保每个学生都能够以自己的节奏前进，避免了传统课堂中“一个进度适应所有学生”模式的局限。

自适应学习还能提供即时反馈和数据报告。学生在完成学习任务后，平台会立即提供反馈，指出他们的错误并解释正确的答案。这种即时反馈帮助学生及时纠正理解上的偏差，巩固学习内容。此外，教师也可以通过平台获得详细的数据报告，了解每个学生的学习进展、知识掌握情况以及存在的困难，从而有针对性地调整教学策略。总的来说，自适应学习平台通过数据驱动的个性化教学，大大增强了教育的效果和针对性。

自适应学习技术能够灵活地满足学生的个性化学习需求，这是其在现代教育中的最大优势。每个学生的学习方式、理解能力和学习速度都不同，而自适应学习技术可以根据这些差异提供个性化的学习路径。例如，对于掌握较好、进度较快的学生，该工具可以提供更具挑战性的题目和深入的学习材料，帮助他们进一步拓展知识；而对于学习进度较慢或需要更多帮助的学生，该工具则会提供更基础的练习和逐步递进的教学内容，以确保他们能稳步前进。

此外，自适应学习技术还可以通过多样化的教学方式满足不同学习风格的学生。有些学生可能更适应视觉学习，有些则更倾向于通过听觉或动手操作来学习。自适应学习技术可以根据学生的偏好，推荐视频、图示、互动练习等不同形式的学习材料，从而使学习过程更加贴合个人需求。通过这种个性化的学习支持，学生不仅能够更有效地掌握科学知识，还能提高学习的自主性和积极性，从而在长期学习中取得更好的成绩。

（二）学习管理系统（LMS）

1. 利用 LMS 跟踪学生学习进度

LMS 在现代教育中扮演着重要角色，特别是在管理和跟踪学生学习进度方面，LMS 提供了强大的支持。教师可以通过 LMS 轻松管理学生的学习活动，跟踪每个学生的学习进度，并实时掌握他们的学习状况。LMS 通常具有课程管理、作业提交、成绩记录等功能，教师可以通过这些功能随时查看学生的作业完成情况、测试成绩和参与度。例如，教师可以通过 LMS 查看学生在某一科学单元的测试结果，分析他们的正确率和错误类型，从而判断学生对该单元知识的掌握情况。

此外，LMS 还可以生成详细的学习报告，为教师提供有关学生学习行为的有价值数据。这些报告可以帮助教师识别学生学习中的困难点，并及时提供帮助。例如，如果某些学生在某个科学主题上表现出持续的学习困难，教师可以通过 LMS 发现这一问题，并采取补救措施，如提供额外的练习或一对一辅导。通过这种系统化的进度跟踪，教师能够更有针对性地指导学生，使教学更加高效和精准。

2. 通过 LMS 提供个性化学习材料与作业

LMS 不仅能够跟踪学习进度，还可以通过提供个性化的学习材料与作业，进一步支持学生的个性化学习需求。教师可以根据学生的学习表现，使用 LMS 为不同的学生分配不同的学习材料和作业。例如，对于已经掌握某一主题的学生，教师可以分配更具挑战性的任务和扩展阅读材料，以促进他们的进一步学习；而对于需要加强某一领域知识的学生，教师则可以提供补充练习和详细的讲解视频。

LMS 还支持分层作业和差异化教学，这意味着教师可以设计不同难度的作业，针对学生的实际水平进行布置。这样，所有学生都可以在自己的能力范围内进行学习，不会因为作业难度过高或过低而感到挫败或无聊。此外，LMS 可以自动化发布和收集作业，教师可以设定作业的截止日期和提醒功能，确保学生按时完成任务。通过 LMS，教师不仅能更好地满足学生的个性化学习需求，还能提高教学的效率和管理水平。

总的来说，个性化学习与技术支持相结合，极大地提升了小学科学教育的效果。通过自适应学习技术和学习管理系统（LMS），教师可以根据每个学生的独特需求和学习风格，提供量身定制的教育支持。这种技术赋能的个性化学习，不仅能帮助学生在科学学习中取得更好的成绩，还培养了他们的自主学习能力和积极的学习态度，为他们的长期学习和全面发展打下了坚实的基础。

六、技术与传统教学的整合

（一）技术与传统教学方法的融合

1. 将技术工具整合到传统课堂教学中

在现代教育中，技术与传统教学方法的融合已经成为提高课堂教学效果的重要策略。将技术工具整合到传统课堂中，不仅能够丰富教学手段，还能够增强学生的学习体验和参与度。例如，在讲授物理学的基础概念如重力或摩擦力时，教师可以通过多媒体演示软件来展示动画和模拟场景，这些工具能够生动地呈现科学现象，帮助学生更好地理解抽象的概念。同时，教师还可以使用互动式白板或投影设备，使课堂讲解更具互动性，学生可以通过触控操作直接参与教学内容，如在电子白板上标注重要内容或回答问题。这种技术与传统教学的结合，使得课堂教学更加直观和生动，有助于激发学生的学习兴趣，并帮助他们更好地掌握知识。

此外，教师还可以利用在线测验工具实时评估学生的理解程度，并根据测验结果及时调整教学内容。这种方式不仅提高了课堂教学的灵活性，还促进了教师与学生之间的互动。通过这种整合，技术工具成为传统课堂教学的有力补充，为学生提供了更全面的学习支持。

2. 结合动手实验与数字化资源

将动手实验与数字化资源相结合，是整合技术与传统教学的另一有效策略。动手实验是科学教育中的核心部分，通过实际操作，学生能够深入理解科学原理并发展动手能力和科学思维。然而，传统的动手实验有时受到时间、资源或安全等限制。此时，数字化资源可以弥补这些不足，提供额外的学习支持。例如，在进行化学实验时，教师可以使用虚拟实验室模拟一些复杂或危险的反应，让学生通过虚拟实验了解化学反应的过程和结果。这种虚拟与现实的结合，不仅使学生能够安全地探索科学现象，还能够拓展他们的实验体验。

此外，数字化资源如在线视频、交互式模拟工具和科学数据库等，能够为动手实验提供更丰富的背景知识和数据支持。例如，学生在完成实验后，可以通过数字化资源查阅相关的科学文献、观看专家讲解视频，或者使用在线工具分析实验数据，进一步深化对实验结果的理解。通过将动手实验与数字化资源相结合，教师能够为学生提供更加完整的学习体验，使他们在实践中真正理解科学原理，并培养解决问题的能力。

（二）克服技术应用中的挑战

1. 解决技术在课堂应用中的常见问题

尽管技术在教育中具有巨大的潜力，但其在课堂应用中也面临着一些挑战。常见的问题包括设备故障、学生分心、技术操作复杂等。为了解决这些问题，教师需要做好充分的准备和规划。例如，教师可以在课堂前进行设备的测试和调试，确保技术工具在课堂中能够正常运行。此外，为了避免学生在使用技术时分心，教师应设计明确的教学活动目标，并制定清晰的技术使用规范，确保学生在使用技术工具时能够集中注意力，专注于学习任务。

对于技术操作的复杂性问题，教师可以通过简单的培训或指导，帮助学生熟悉和掌握技术工具的使用方法。例如，在首次使用虚拟实验室或在线协作平台时，教师可以预先进行演示，并提供操作手册或视频教程，帮助学生快速上手。通过预见和解决这些技术应用中的常见问题，教师可以确保技术工具能够真正为课堂教学服务，而不是成为教学的障碍。

2. 平衡技术使用与传统教学方法的比例

在整合技术与传统教学方法时，保持二者之间的平衡是至关重要的。尽管技术工具可以为教学带来许多优势，但过度依赖技术可能会导致学生对基本技能和知识的掌握不足，或减少他们的实际操作经验。因此，教师在设计教学活动时，应根据教学内容和学生的需求，合理分配技术和传统教学方法的比例。例如，在教授数学计算或语法规则时，教师可以更多地依赖传统的板书和练习册，而在涉及复杂科学概念或实验操作时，则可以适度引入技术工具。

此外，教师还应注意保持课堂的互动性和人文关怀，不应让技术工具完全取代面对面的教学互动。例如，在使用在线测验或虚拟实验时，教师应在课后安排讨论和反思环节，让学生有机会表达他们的观点和感受，并通过与教师和同伴的互动进一步深化学习。这种技术与传统教学的平衡，使得课堂教学既能够充分利用现代科技的优势，又能够保持教学的基础性和人文性，从而达到最佳的教育效果。

总的来说，技术与传统教学方法的整合不仅能够提升小学科学教育的效果，还能够为学生提供更加丰富和多样的学习体验。通过合理规划和设计，教师可以有效克服技术应用中的挑战，保持技术与传统教学的平衡，从而创造出一个互动性强、教学效果优的科学课堂环境。这种整合策略将帮助学生在科学学习中取得更大的进步，并为他们的全面发展奠定坚实的基础。

第三节
有效的器材改进

一、概述

（一）科学实验器材在小学科学教学中的作用

科学实验器材在小学科学教学中起着至关重要的作用，它们不仅是知识传递的工具，更是学生动手实践、理解科学概念的重要媒介。通过使用科学实验器材，学生可以将抽象的科学原理转化为具体的操作和观察，从而加深对所学内容的理解。例如，通过显微镜观察微生物，学生能够直观地理解微观世界的存在和特点；通过电路组件的搭建，他们能够亲自体验并掌握电流和电阻的概念。科学实验器材让学生能够亲身参与到实验和探究中，增强了他们的学习积极性和主动性。同时，动手操作也有助于提高学生的思维能力和问题解决能力，帮助他们在实践中应用和验证课堂上学到的知识。

尽管科学实验器材对学生的学习效果有显著的促进作用，但在实际教学中，现有的科学实验器材并非总是能够完全满足教学需求或发挥其应有的作用。因此，针对这些不足进行有效的科学实验器材改进至关重要。通过改进现有的科学实验器材，教师可以更好地适应不同年龄段学生的学习特点，提供更为直观和易操作的实验工具，从而提升课堂教学效果。科学实验器材改进不仅包括更新老旧或不适用的设备，还包括设计和引入新的实验工具，以便更好地支持当前科学课程标准和教学目标。例如，为了帮助学生更好地理解太阳系的运行，教师可以引入新模型或改进现有的天文模型，使其更具互动性和教育性。

有效的科学实验器材改进还有助于降低教学成本，提高资源利用效率。在许多情况下，通过创新设计和自制实验器材，教师可以以较低的成本实现高质量的教学效果。这种创新不仅拓展了教学资源的多样性，也为学生提供了更丰富的学习体验。因此，科学器材的有效改进对于提高小学科学教育的质量具有重要意义，它能够更好地满足学生的学习需求，增强学生的科学素养，为他们未来的学习和发展奠定坚实的基础。

（二）小学科学课堂科学实验器材使用的现状

1. 现有的科学实验器材的优势与不足

当前的小学科学课堂中，科学实验器材的使用已经比较普遍，并且在一定程度上提升了学生的学习体验。这些科学实验器材通常设计简便、使用安全，能够满足基本的教学需求，如显微镜、电路板、模型等常规实验设备在课堂上被广泛应用，帮助学生直观地学习和理解科学概念。然而，随着教学要求的不断提高，现有的科学实验器材在实际使用中也暴露出一些不足。例如，有些科学实验器材在设计上过于复杂或操作难度较大，难以让低年级学生独立完成实验；有些科学实验器材则由于技术老旧或使用频率高而逐渐失去其有效性；有些科学器材无法完全展示科学现象的复杂性，限制了学生对科学原理的深入理解。

这些不足说明，虽然现有的科学实验器材在一定程度上满足了教学需求，但在提升教学效果和满足学生多样化学习需求方面，仍有改进的空间。特别是在面对复杂的科学概念或实验时，现有的科学实验器材的局限性可能会影响学生的学习体验和科学探究能力的培养。

2. 科学实验器材改进的必要性及其对科学实验教学的潜在影响

科学实验器材的改进不仅是为了弥补现有不足，更是为了适应现代科学教育发展的需求，推动教学方法的创新。随着科学课程内容的不断更新和拓展，教师需要更加多样化和精确的器材来支持新知识的传授和学生的深度探究。通过改进和更新科学实验器材，教师可以提供更具互动性和探索性的学习机会，帮助学生在更接近真实科学研究的情境中学习。例如，改进后的实验器材可能具备更高的精确度和灵活性，能够让学生进行更为复杂和深入的实验，从而加深他们对科学原理的理解。

改进科学实验器材还可以促进学生的创新能力和动手实践能力的发展。例如，通过引入模块化、可组装的科学实验器材，学生可以根据实验需求自行搭建和设计实验装置，这不仅提高了他们的参与度，还培养了他们的创造性思维和工程能力。此外，改进后的科学实验器材如果设计得更加耐用且易于维护，还可以减少学校在设备更新上的投入，提升资源的使用效率。

总之，科学实验器材的改进是提升小学科学教育质量的重要途径。通过持续改进和优化，教师可以更好地支持学生的学习和发展，激发他们对科学的兴趣，培养他们的探究精神和实践能力，为学生未来的科学学习打下坚实的基础。

二、评估现有科学实验器材的有效性

（一）科学实验器材的使用频率与效果

1. 统计分析现有科学实验器材在课堂中的使用情况

在评估科学实验器材的有效性时，首先需要对现有科学实验器材在课堂中的使用频率进行详细统计分析。这一过程包括记录各类科学实验器材在不同年级、不同学科内容中的使用频率，以及在实际教学中的应用场景。例如，教师可以通过教学日志或问卷调查的方式，了解显微镜、电路板、量筒等常规科学器材在一学期内的使用次数，并分析这些科学实验器材在不同课堂活动中的应用广度。这种统计分析能够揭示出哪些科学实验器材是教学中的“常客”，哪些则被较少使用，甚至闲置。这不仅为后续的科学实验器材改进提供了数据支持，还能帮助学校管理者合理分配资源，优化科学实验器材的购置和管理。

2. 评估科学实验器材在教学目标实现中的实际效果

除了使用频率外，更为关键的是评估科学实验器材在实现教学目标中的实际效果。这一评估应从教学结果和学生学习反馈两个方面入手。首先，教师可以通过学生的学习表现和实验报告，判断器材是否有效支持了学生对科学概念的理解。例如，观察学生在使用显微镜进行细胞观察实验后的学习效果，评估其对细胞结构的理解是否达到了预期的教学目标。其次，通过收集学生的反馈，了解他们在使用科学实验器材时的体验和感受，判断这些科学实验器材是否帮助他们更好地理解科学原理，激发了他们的学习兴趣。通过这样的综合评估，教师可以确定哪些科学实验器材能够有效达成教学目标，哪些科学实验器材可能需要改进或替换，从而提高教学的整体效果。

（二）识别科学实验器材使用中的问题与挑战

1. 常见的科学实验器材操作难点与学生使用中的困惑

在使用科学实验器材的过程中，学生常常会遇到操作上的困难，这些困难可能会影响他们对科学概念的理解和实验的顺利进行。因此，识别这些操作难点对于改进科学实验器材设计和教学方法至关重要。例如，有些科学实验器材由于设计复杂或操作步骤较多，低年级学生可能难以独立使用，这会导致实验进度缓慢，甚至影响学生的学习积极性。教师应通过课堂观察和学生反馈，找出哪些科学实验器材在操作上存在难点，并详细记录学生在使用这些科学实验器材时的常见问题，如操作顺序错误、误用科学实验器材或不理解科学实验器材功能等。这些信息可以为后续的科学实验器材改进提供参考，确保改进后的科学实验器材更符合学生的操作能力和认知水平，降低实验操作的难度，提升教学效果。

2. 科学实验器材的维护与存储中的问题及其对教学的影响

科学实验器材的维护与存储是确保其长期有效使用的重要环节，也是科学教学中常遇到的挑战之一。许多科学实验器材在使用频率较高或存储条件不佳的情况下，容易出现损坏、磨损或功能退化的情况，这会直接影响教学效果。例如，如果显微镜的镜头被刮花或光源故障，学生将难以清晰观察到实验样本，影响实验的顺利进行。教师应定期检查科学实验器材的状况，及时发现和解决维护与存储中的问题。此外，科学实验器材的存储条件也会对其寿命和使用效果产生影响，如存储环境过于潮湿可能导致科学实验器材生锈或电路老化。因此，学校应为科学实验器材提供合适的存储条件，如干燥、通风的存储室，并建立规范的科学实验器材维护制度，确保科学实验器材在每次使用前都处于良好状态。

通过深入分析现有科学实验器材的使用频率和效果，记录使用中的问题，教师和学校管理者可以更好地理解哪些科学实验器材对教学产生了积极的影响，哪些科学实验器材需要改进或替换。这不仅有助于优化教学资源的配置，还能为后续的科学实验器材改进和更新提供科学依据，最终提升小学科学教学的质量和学生的学习体验。

三、制定科学实验器材改进的策略

（一）根据教学需求进行科学实验器材选择与改进

1. 依据教学目标和内容重新选择合适的科学器材

制定有效的科学实验器材改进策略，首先，教师需要根据教学目标和内容重新评估现有科学实验器材的适用性，并选择最适合的器材来支持教学目标的实现。在这一步骤中，教师应仔细分析各个年级和学科的教学要求，明确哪些科学概念和技能需要通过实验和实践来掌握。例如，在教授电学基础知识时，教师可能需要选择更加直观、易操作的电路实验套件，这样可以帮助学生更好地理解电流、电压和电阻的关系。教师通过重新选择和评估，确保所选科学实验器材能够直接支持课程内容，并且符合学生的认知能力和学习需求。

其次，教师应考虑科学实验器材的多功能性和可扩展性。一些科学实验器材不仅可以用于当前的教学活动，还可以应用于未来的课程或跨学科的项目中。例如，一套优质的光学实验器材不仅可以用于物质科学领域中的光学实验，还可以在生命科学领域中用于研究显微镜下的样本。选择多功能器材不仅能够提高资源的利用率，还能够为教师提供更多的教学灵活性。

2. 针对教学中遇到的具体问题进行科学实验器材改进

在选择合适科学实验器材的基础上，教师还需要针对教学中遇到的具体问题进行科学实验器材的改进。这些问题可能包括学生在实验操作中遇到的困难、器材使用频率低或科学实验器材无法充分展示科学原理等。例如，教师发现现有的电路板实验套件难以帮助学生理解复杂的电路连接，可以考虑引入模块化设计的电路板，允许学生更灵活地组合不同的电路元件，从而更清晰地观察和理解电路的工作原理。

此外，科学实验器材改进策略还应包括对现有器材的升级和优化。例如，某些实验器材的操作步骤烦琐且容易出错，教师可以与设备供应商或技术团队合作，对这些科学实验器材进行简化设计或功能优化，确保学生在使用时能够更加顺利和高效。通过有针对性的改进，科学实验器材能更加符合教学实际需求，从而提高学生的操作体验和学习效果。

（二）引入现代科技改进传统科学实验器材

1. 使用 3D 打印技术或数字工具改进实验器材

随着现代科技的发展，3D 打印技术和数字工具在教育领域的应用日益广泛，这些技术为科学实验器材的改进提供了新的可能性。3D 打印技术可以用于制作或改进实验器材，使得科学实验器材更加个性化和定制化。例如，教师可以通过 3D 打印机设计和制造适合特定实验需求的模型或部件，如精确的解剖模型、独特的实验装置或教学辅助工具。这不仅能够满足实验的特殊要求，还可以降低采购特殊实验器材的成本。此外，3D 打印还能够让学生参与器材的设计和制作过程，增强他们的动手能力和创造力。

数字工具也是改进传统实验器材的重要手段。例如，教师可以利用计算机辅助设计（CAD）软件对现有科学实验器材进行重新设计，优化其结构和功能，提升使用的便捷性和效果。通过数字工具，教师还可以模拟实验过程，预先识别和解决可能遇到的操作问题，从而提高科学实验器材的可靠性和安全性。

2. 将智能技术融入传统科学实验器材中

将智能技术融入传统科学实验器材是提升教学效果的另一重要策略。智能技术包括传感器、物联网（IoT）、人工智能（AI）等，这些技术能够为传统器材带来更多的功能和应用场景。例如，通过在实验器材中集成传感器，教师可以实时监测实验过程中的温度、湿度、压力等数据，帮助学生更准确地理解实验结果和科学原理。此外，智能设备还可以通过无线连接，实现远程控制和数据共享，使得实验教学更加灵活和高效。

通过智能技术，教师还可以创建更加互动和沉浸式的学习环境。例如，在生物学实验中，智能显微镜可以通过连接到平板电脑或投影仪，将观察到的图像实时展示给全班学生，方便大家共同讨论和分析。这种互动性增强了学生的参与感，也使得课堂教学更加生动有趣。

总的来说，制定科学实验器材改进策略是提升小学科学教学质量的关键环节。通过根据教学需求选择和改进器材，以及引入现代科技对传统器材进行升级，教师可以为学生提供更加丰富和有效的学习工具，帮助他们更好地理解和掌握科学知识。这些改进不仅能够提高学生的操作体验，还可以培养他们的创新思维和实践能力，为他们的科学学习之路奠定坚实的基础。

四、自制与改良科学实验器材

（一）自制科学实验器材

1. 鼓励教师基于教学需求自制科学实验器材

在小学科学教学中，教师自制科学实验器材是一种有效的教学策略，可以灵活地满足特定教学需求，同时降低教学成本。教师可以根据课堂的具体内容和学生的学习特点，自行设计和制作符合教学目标的科学实验器材。例如，在讲解力学原理时，教师可以利用简单的材料，如纸板、橡皮筋和木棍，制作一个简易的杠杆模型，让学生通过实际操作理解力矩和支点的概念。自制科学实验器材不仅能充分发挥教师的创造力，还可以通过简化操作步骤、增强器材的直观性，使学生更容易理解科学原理。此外，自制科学实验器材还可以根据教学进度进行灵活调整，确保每次实验都能紧密配合课堂教学内容，提升教学效果。

2. 让学生参与科学实验器材制作，培养动手与创新能力

让学生参与科学实验器材的制作，不仅可以增强他们的动手能力，还能激发他们的创造力和创新思维。在科学实验器材制作的过程中，学生需要将所学的科学知识应用到实际操作中，从而加深对这些知识的理解。例如，在学习电学时，学生可以尝试自己动手制作一个简单的电路板，选择适当的电阻、电线和电源，并通过连接电路来点亮一个小灯泡。这个过程不仅使学生掌握了电路的基本知识，还锻炼了他们的问题解决能力和团队合作精神。

通过参与科学实验器材制作，学生还能够体验从构想到成品的全过程，这种实践体验有助于培养他们的工程思维和科学探究精神。教师可以设计一些具有开放性和挑战性的科学实验器材制作任务，鼓励学生进

行实验、改进和创新，最终形成自己独特的科学实验器材。这种参与式的学习方式不仅让学生更主动地投入科学学习中，也为他们未来的学习和创新打下了坚实的基础。

（二）改良现有科学实验器材

1. 针对具体实验要求对现有科学实验器材进行改进

在小学科学教学中，改良现有的科学实验器材是提高实验效果的有效途径。教师可以根据具体实验的需求，对现有科学实验器材进行适当的调整和改进，以更好地服务于教学目标。例如，在热学实验中，如果现有的温度计读数不够精确，教师可以选择增加外部保护壳或使用数字温度计来提高测量的准确性。此外，如果实验中需要反复测量不同液体的温度变化，教师可以改良科学实验器材，使其更加便捷地操作和清洗，从而提高实验的效率。

改良现有科学实验器材还包括增强其耐用性和安全性。例如，如果实验过程中某些器材容易损坏或存在安全隐患，教师可以通过改进材料或结构，减少意外发生的可能性，提高科学实验器材的使用寿命和安全性。通过这些改良措施，教师能够确保学生在实验中获得更准确和可靠的结果，同时提升实验的可操作性和安全性。

2. 分享有效的科学实验器材改进案例与实际效果

分享成功的科学实验器材改进案例不仅能够激励其他教师进行类似的尝试，还能够为整个教育团队提供宝贵的经验和参考。在教学实践中，教师可以通过教学研讨会、教育博客或专业杂志，分享自己在科学实验器材改进中的经验和成果。例如，一位教师可能通过改良显微镜的照明系统，使其在低光环境下的观察效果更佳，从而提高了学生的显微观察实验效果。另一位教师可能设计了一个更为直观的太阳系模型，通过添加可移动的行星和发光的太阳，帮助学生更好地理解行星的运动和位置关系。

通过分享这些实际案例和改良效果，教师不仅可以展示他们在教学中的创新和实践，还可以为其他教师提供有价值的参考，帮助他们在课堂中实现类似的改进。此外，这种经验的交流还能够促进教师之间的合作，形成一种积极的教学改进文化，不断推动小学科学教育的进步。

总的来说，自制与改良科学实验器材是提升小学科学教学效果的重要策略。通过鼓励教师自制科学实验器材、让学生参与科学实验器材制作，以及对现有科学实验器材进行有针对性的改良，教师能够为学生提供更加直观、有效的学习工具。这不仅有助于学生更好地理解和掌握科学知识，还培养了他们的动手能力、创新精神和科学探究能力，为他们未来的学习和发展奠定了坚实的基础。

五、科学实验器材改进对教学效果的提升

（一）促进学生理解科学概念

改进后的科学实验器材能够更直观、更有效地帮助学生理解科学概念。通过对科学实验器材的优化，教师可以让学生更清晰地观察和体验科学现象，从而加深他们的理解。例如，改进后的电路实验板可能增加了更直观的连接点和标识，这使得学生在搭建电路时能够更快理解电流的流动路径，避免了因为复杂的操作步骤而分散注意力。经过改进的科学实验器材通常能够提供更加准确的实验数据和更直观的操作体验，这对于那些刚接触科学实验的小学生来说尤其重要。通过这些改进，学生能够更加专注于科学原理的学习，而不是被科学实验器材的操作难度所困扰，从而更好地掌握核心的科学概念。

许多教学实践表明，改进后的科学实验器材对学生的学习成果有显著的积极影响。例如，在一项关于植物光合作用的实验中，教师通过改进实验装置，使得光的强度和二氧化碳的浓度可以被精确控制。实验结果显示，使用改进后的科学实验器材的学生对光合作用的理解比使用传统科学实验器材的学生更为深刻，他们能够更清楚地解释不同环境条件对光合作用效率的影响。类似的案例研究表明，改良后的科学实验器材不仅提高了实验的可操作性和结果的可靠性，还使学生能够更加深入地探讨科学问题，从而提升了他们的科学素养。这些研究结果为进一步的科学实验器材改进提供了坚实的理论依据，同时也展示了改进科学实验器材在促进学生理解科学概念方面的巨大潜力。

（二）提升学生参与度

改进后的科学实验器材往往更具互动性和操作性，这大大提高了学生对实验的兴趣。当学生发现科学实验器材更加容易操作且实验结果更加直观时，他们在实验中的参与感和动手欲望就会显著增强。例如，通过将传统的实验装置改造成模块化设计，学生可以自由组合和搭建自己的实验装置，这不仅增加了实验的趣味性，还激发了学生的创造力和探究欲望。此外，改进后的科学实验器材通常设计得更加美观和易于理解，这使得学生在操作时感到更有成就感，进一步提高了他们对科学学习的兴趣和热情。改进后的科学实验器材能够让学生更加主动地参与实验操作，从而增强他们的学习积极性和实验能力。

科学实验器材改进不仅促进了个体学习，还显著增强了课堂互动和协作学习的效果。在科学课堂中，改进后的科学实验器材通常支持小组合作和团队讨论，有助于学生之间的沟通与协作。例如，在使用改进后的科学实验器材时，学生可以分组合作完成复杂的实验任务，每个学生负责不同的操作步骤，最后共同分析和讨论实验结果。这种合作学习的模式不仅培养了学生的团队精神，还提高了他们的沟通能力和集体问题解决能力。

此外，改进后的器材往往能够支持更多元化的教学活动，如互动式演示、实时数据分享和共同实验记录等，这些都为课堂互动提供了更多的可能性。教师可以利用这些科学实验器材设计丰富的教学活动，鼓励学生在实验过程中相互讨论和帮助，从而使整个课堂充满互动性和参与感。通过增强课堂互动和合作学习，学生在协作中加深了对科学概念的理解，并在共同探讨中培养了批判性思维和创新能力。

总的来说，科学实验器材的改进在提升小学科学教育质量方面具有重要意义。通过改进实验器材，教师不仅能够更有效地帮助学生理解科学概念，还能够提高学生的实验兴趣和参与度，增强课堂互动和协作学习的效果。这些改进措施不仅改善了学生的学习体验，还为他们在科学学习中取得更好的成果奠定了坚实的基础。

第四节
有效的课外延伸

一、概述

（一）课外延伸在小学科学教育中的作用

课外延伸是指将课堂教学内容扩展到课外，通过各种活动和实践，让学生在课堂之外继续探索和应用所学知识。它在小学科学教育中起着重要的作用，通过课外延伸，学生有机会将课堂上学到的科学概念应用于现实世界，进一步深化对这些知识的理解。课外延伸活动能够补充课堂教学的不足，为学生提供更多的实践机会和探索空间。例如，通过参加科学社团、参观科技馆或参与科学竞赛，学生可以在真实情境中运用科学知识，巩固课堂所学，同时激发对科学探究的兴趣。这样，课外延伸不仅能够增强课堂教学的效果，还能帮助学生更全面地掌握科学知识，并培养他们的探究精神和创新能力。

课外延伸对于培养学生的科学兴趣和能力至关重要。小学阶段是学生好奇心和探索欲望最强烈的时期，课外延伸能够充分利用这一特点，通过多样化的活动激发学生对科学的兴趣。例如，在参加科学实验俱乐部或科技夏令营时，学生可以接触到更广泛的科学领域，如天文学、机器人技术或环境科学，这些都是课堂上难以全面涵盖的内容。通过参与这些课外活动，学生不仅能拓宽视野，还能发现自己的兴趣所在，进一步激发对科学的热爱。

此外，课外延伸有助于发展学生的科学探究能力和实践技能。通过参与动手实验、项目研究和科学竞赛，学生可以培养自己的科学思维能力，如观察、分析、推理和问题解决的能力。这些能力的培养不仅对他们当前的学习有益，还为他们未来的科学学习和职业发展打下了坚实的基础。因此，课外延伸在促进学生全面发展、培养科学素养和提高实践能力方面具有不可替代的重要性。

（二）课外延伸的应用现状

目前，小学科学教育中的课外延伸活动种类繁多，涵盖了从动手实验到科学探究的广泛范围。这些活动通常包括科学社团、科技比赛、课外科学实验、科学展览、户外考察、科技夏令营及与科学家面对面交流等。这些活动为学生提供了不同的学习体验和实践机会。例如，科学社团通常会组织学生进行各种科学实验，探索课堂上未能深入讲解的科学现象；而科技比赛则为学生提供了一个展示自己科学探究成果的平台，激发了他们的竞争意识和创新精神。通过参与这些多样化的课外活动，学生可以在更广阔的学习场景中应用和扩展课堂上所学的知识，进一步提高他们的科学素养。

然而，这些课外延伸活动在实际实施中也存在一定的限制和挑战。一些学校由于资源有限，无法为所有学生提供足够的课外延伸机会；部分学生因为缺乏家庭支持或时间安排的限制，无法充分参与这些活动。因此，如何提高课外延伸活动的普及性和可操作性，成为当前小学科学教育中的一个重要议题。

尽管课外延伸活动在小学科学教育中具有显著的优势，但其实施过程中仍面临着多重挑战。首先是资源分配的不均衡问题。在一些资源较为匮乏的学校，课外延伸活动的开展可能会受到设备、场地、师资等方面的限制，从而影响活动的效果和覆盖面。其次是学生参与课外活动的时间和精力有限，尤其是在学业压力较大的情况下，如何合理安排时间进行课外延伸是一个亟待解决的问题。

然而，随着教育技术的发展和社会对科学教育重视程度的提高，课外延伸活动也迎来了新的机遇。例如，在线学习平台和虚拟实验室的普及，使得学生可以通过互联网获得更多的学习资源和参与课外活动的机会，不再受限于学校的物理环境。此外，社区和家庭在课外延伸活动中的参与度也逐渐增加，越来越多的家长和社区组织开始意识到科学教育的重要性，积极支持和组织各种科学活动，为学生提供了更多的实践和探索机会。

在这些机遇的推动下，课外延伸活动有望在未来得到进一步的发展和推广，为小学科学教育注入更多的活力和创新元素，从而更好地培养学生的科学素养和创新能力。

二、设计与实施课外延伸活动

（一）根据课堂教学内容设计课外延伸活动

1. 将课堂主题与活动紧密结合

设计课外延伸活动时，最关键的一点是确保这些活动与课堂教学内容紧密结合。通过延伸课堂主题，学生能够在课外进一步探索和应用所学知识，从而加深对科学概念的理解。例如，如果课堂上学习了"地球与太空"这一主题，课外延伸活动可以包括观察夜空、制作太阳系模型或参与天文观测等。这些活动不仅让学生有机会将理论知识转化为实践，还能激发他们对科学的浓厚兴趣。通过将课堂教学与课外活动无缝衔接，教师能够帮助学生巩固课堂知识，增强他们的学习效果。

2. 设计能巩固课堂知识的实践性活动

课外延伸活动的设计应当注重实践性，使学生能够通过动手操作和实际探究来巩固和深化课堂知识。例如，在学习了植物生长的基本条件后，教师可以组织学生开展"种植实验"，让他们亲手种植植物，观察并记录不同条件下植物的生长情况。这样的实践性活动不仅使学生有机会亲身体验科学过程，还能培养他们的观察能力和科学思维。此外，设计实验报告或项目展示等后续活动，鼓励学生总结和分享他们的发现和成果，也能进一步强化他们对知识的理解和掌握。通过这种方式，课外延伸活动不仅延续了课堂教学内容，还为学生提供了一个巩固知识和发展实践能力的平台。

（二）设计多样化的课外延伸形式

1. 组织实验与探究性项目

实验与探究性项目是课外延伸活动中最具价值的一种形式。这类活动通过设计开放性的问题和实验，引导学生自主探究，培养他们的科学思维和动手能力。例如，教师可以组织学生进行水质检测项目，让他们采集样本、分析水质指标，并最终提出改善水质的建议。这种探究性项目不仅能帮助学生将课堂所学的科学原理应用于现实问题，还培养了他们的创新思维和问题解决能力。实验与探究性项目的多样性和灵活性，使得学生可以根据自己的兴趣选择不同的课题，进一步激发他们的科学探究热情。

2. 建立科学俱乐部和兴趣小组

科学俱乐部和兴趣小组为学生提供了一个长期、持续的学习和探究平台。这些组织通常以特定的科学主题或兴趣为导向，如机器人制作、天文学、化学实验等，学生可以在课外时间参与这些活动，进行深入的学习和研究。科学俱乐部不仅丰富了学生的课外生活，还通过定期的活动和项目，帮助学生培养团队合作精神和领导能力。例如，一个天文学兴趣小组可以定期组织夜间观星活动，研究星座和行星运动，并通过小组讨论和报告分享他们的观察成果。这些活动不仅拓展了学生的知识面，还为他们提供了一个展示和交流的平台，进一步促进了他们的科学学习和社交能力的发展。

3. 参观科学博物馆与自然中心

参观科学博物馆与自然中心是课外延伸活动的重要组成部分。这些场所为学生提供了丰富的实地学习机会，使他们能够亲身体验科学的魅力。通过参观，学生可以直接接触到平时难以见到的科学实验器材和展品，如恐龙化石、宇宙探测器或生物标本，这些都能够激发他们的好奇心和探索欲望。例如，参观一个以海洋生物为主题的博物馆，可以让学生在观赏和互动中学习海洋生态系统的知识，并通过参与现场实验或讲解活动，进一步加深对海洋科学的理解。科学博物馆和自然中心还经常举办临时展览和科学表演，学生可以通过这些活动，了解最新的科学发现和技术发展，拓宽他们的科学视野。这样的参观活动不仅丰富了学生的课外学习体验，还为他们提供了一个探索自然世界的机会，进一步增强了他们对科学的兴趣和热情。

总的来说，通过精心设计和实施多样化的课外延伸活动，教师能够有效地将课堂教学与实践探索结合起来，帮助学生在课外环境中继续发展他们的科学知识和能力。这些活动不仅增强了学生的学习体验，还为他们未来的学习和成长奠定了坚实的基础。

三、利用科技进行课外延伸

（一）在线学习平台与资源

1. 利用科学教育网站和在线课程拓展学习

随着科技的发展，在线学习平台和科学教育网站为学生提供了丰富的资源，极大地拓展了课外延伸的范围。教师可以推荐学生访问一些权威的科学教育网站，如 NASA 的教育资源、Khan Academy、Coursera 等，这些平台提供了大量的科学课程、视频讲解和互动内容。通过这些资源，学生可以根据自己的兴趣和学习进度，选择适合的课程进行深入学习。例如，在课堂上学习了基本的天文学知识后，学生可以通过 NASA 网站上的天文课程，进一步了解太阳系、星座及太空探索的最新进展。在线学习平台不仅为学生提供了丰富的知识，还能帮助他们在课外自主安排学习时间，培养自我管理和终身学习的能力。

2. 引导学生使用虚拟实验室和科学模拟软件

虚拟实验室和科学模拟软件是科技赋能下的又一强大工具，为学生提供了真实世界中难以实现的实验和探究机会。通过这些工具，学生可以在家中进行各种科学实验和模拟操作，从而在不受时间、地点和资源限制的情况下进行探究学习。例如，使用 PhET 模拟软件，学生可以在虚拟环境中探索电路连接、化学反应、力学实验等，观察和记录实验现象，并通过调整实验参数来理解科学规律。这些虚拟实验不仅能够帮助学生巩固课堂所学，还能激发他们的好奇心和探究精神。虚拟实验室的互动性和可操作性，使学生在实验中获得了沉浸式的学习体验，进一步提高了他们的动手能力和科学素养。

（二）互动科技与社交媒体

1. 通过社交媒体平台分享科学发现与项目成果

社交媒体已经成为现代教育的重要工具，利用这些平台，学生可以分享他们的科学发现和项目成果，扩大课外学习的影响力。例如，教师可以鼓励学生通过社交媒体平台，如 Instagram、Twitter 或 YouTube，发布他们的科学实验过程、项目进展或观察记录。这不仅让学生有机会展示自己的学习成果，还能与其他同龄人和科学爱好者进行互动和交流，进一步拓展他们的科学视野。例如，一个学生可以在 Instagram 上发布自己制作的火山模型的照片，附上简短的科学解释，然后与关注者讨论火山喷发的机制和地质现象。这种分享不仅增强了学生的表达能力和自信心，还通过社交媒体的互动性，促进了他们对科学的持续兴趣和探究欲望。

2. 使用在线讨论区与科学论坛促进学生交流与合作

在线讨论区和科学论坛为学生提供了一个交流与合作的平台，学生可以在这些平台上讨论科学问题、分享见解，并合作解决课题。教师可以为学生推荐一些合适的科学论坛，如 Reddit 的科学子论坛、Stack Exchange 的科学与数学讨论区，或者创建班级专属的在线讨论区。在这些平台上，学生可以提出他们在课外探究中遇到的问题，与他人讨论解决方案，并从他人的经验中获得启发。例如，学生在进行一个复杂的生物实验时，遇到了一些实验设计上的难题，可以在科学论坛上寻求帮助，其他有类似经验的用户可能会提供建议或指出可能的错误。这种基于网络的合作学习，不仅培养了学生的团队精神和合作能力，还使他们能够从更广泛的知识和经验中受益。

通过在线讨论区的交流，学生还可以参与全球范围内的科学讨论，接触到不同文化背景和思维方式的科学爱好者，从而拓展他们的全球视野，增强他们的跨文化交流能力。利用这些互动科技工具，教师可以帮助学生更好地实现课外延伸的目标，培养他们的科学思维、合作能力和创新意识。

总的来说，利用科技进行课外延伸为小学科学教育提供了丰富的资源和工具，极大地扩展了学生的学习空间和探索机会。通过在线学习平台、虚拟实验室、社交媒体和在线讨论区，学生能够在课外继续深入学习和探究科学知识，并通过与他人分享和合作，进一步增强他们的科学素养和实践能力。这些科技手段不仅提升了课外延伸的效果，还为学生未来的学习和发展奠定了坚实的基础。

四、社区资源与家庭参与

（一）利用社区资源丰富科学学习

1. 组织学生参观当地科学研究机构或科技公司

利用社区资源丰富科学学习是课外延伸的重要途径之一。通过组织学生参观当地的科学研究机构或科技公司，学生可以直接接触科学技术的实际应用场景，增强他们对科学的理解和兴趣。例如，参观一个正在进行研发工作的科技公司，学生可以看到最新的科技产品和研究项目，从而更直观地了解科学技术在日常生活中的重要作用。通过与科学家、工程师等专业人士的互动，学生可以了解科学研究和技术开发的实际过程，激发对科学的好奇心和探究欲望。此外，这样的实地参观还可以帮助学生将课堂上学到的理论知识与现实世界联系起来，加深对科学概念的理解，并为他们未来的职业规划提供启发和参考。

2. 邀请社区科学家或专家进行讲座和演示

邀请社区中的科学家或专家到学校进行讲座和演示，是另一种有效的社区资源利用方式。这些讲座和演示不仅能够丰富学生的科学知识，还能够为他们提供与科学前沿接轨的机会。例如，一位天文学家可以通过讲座向学生介绍最新的宇宙探索成果，并使用望远镜进行夜间观测演示，让学生目睹星空的神秘与壮丽。这样的活动不仅拓宽了学生的视野，还使他们有机会了解科学家们的研究工作和职业生涯，从而激发他们对科学事业的向往。通过这些直接的交流和互动，学生能够更好地理解科学研究的实际应用和社会影响，增强对科学学习的兴趣和动力。

（二）利用家庭延伸课外学习

1. 鼓励家长参与孩子的科学探究活动

家庭在学生的课外科学探究活动中扮演着不可或缺的角色。家长的参与可以为孩子提供更多的支持和资源，帮助他们在科学探究中获得更好的体验和成果。例如，家长可以陪伴孩子进行家庭实验，如制作火山模型、观察植物生长或进行简单的物理实验等，这些活动不仅能够增强孩子对科学的理解，还能增进亲子关系。通过与孩子一起探索科学，家长能够更好地了解孩子的兴趣和学习进展，并提供适时的指导和鼓励。

此外，家长的参与还能够让孩子感受到科学学习的重要性，进一步激发他们的学习热情和求知欲。

2. 为家长提供科学探究的指导和资源

为了更好地发挥家庭在课外延伸中的作用，学校和教师可以为家长提供科学探究的指导和资源。通过定期举办家长科学讲座、工作坊或提供科学探究活动指南，学校可以帮助家长更好地理解科学教育的重要性，并让家长学会在家庭环境中支持孩子的科学学习。例如，学校可以为家长提供一份科学活动清单，列出适合家庭进行的科学实验、观测活动或科技展览参观建议。通过这些资源，家长可以更有信心和能力与孩子一起开展科学探究活动，帮助孩子在课外继续提升对科学的兴趣。

此外，教师还可以建立家校沟通平台，如班级微信群、家长群组或线上讨论区，为家长提供科学教育的最新信息和支持。在这些平台上，家长可以分享他们的经验和想法，互相学习和借鉴，从而形成一个支持性的社区网络。通过这种方式，学校和家庭可以更紧密地合作，共同为学生创造一个充满科学探索和学习机会的成长环境。

总的来说，社区资源与家庭参与在课外延伸活动中起着重要的作用。通过组织学生参观科学机构、邀请社区专家进行讲座，以及鼓励家长参与科学探究活动，学校能够为学生提供丰富的学习资源和支持，帮助他们在课外继续深化科学学习，培养科学兴趣和探究能力。这种多方合作不仅有助于学生的全面发展，还为他们未来的学习和成长奠定了坚实的基础。

五、促进学生自主学习与探究

（一）培养学生的自主探究能力

1. 鼓励学生在课外提出问题并进行研究

培养学生的自主探究能力是促进他们科学素养发展的关键。在课外，教师可以鼓励学生主动提出自己感兴趣的科学问题，并通过查阅资料、设计实验和进行实地考察等方式进行自主研究。这种方式不仅让学生有机会探索他们最感兴趣的领域，还能培养他们独立思考和解决问题的能力。例如，学生可以在观察日常生活中的现象后提出问题，如“为什么不同颜色的物体在阳光下的温度不同”，然后通过设计实验，测量和分析阳光下不同颜色物体的温度变化，最终得出科学结论。这样的自主探究过程，不仅能帮助学生深化对科学概念的理解，还培养了他们的批判性思维和科研能力。

2. 提供指导和资源，支持学生的自主探究项目

为了支持学生的自主探究项目，教师应当提供必要的指导和资源，确保学生能够顺利开展他们的研究。首先，教师可以帮助学生确定研究课题的可行性，并提供相关的文献和工具，使他们在探究过程中有明确的方向和方法。其次，教师应定期与学生交流，了解他们的进展，并提供针对性的反馈和建议，帮助学生克服遇到的困难。最后，学校也可以为学生提供实验室设备、图书馆资源以及线上学习平台，确保他们在自主探究过程中能够获得充分的支持。借助这些指导和资源，学生可以更好地完成自主探究项目，并从中获得成就感和自信心，进一步激发对科学学习的兴趣和热情。

（二）激发学生的创新思维

1. 通过开放性课题和挑战激发学生的创造力

激发学生的创新思维是科学教育的重要目标之一。教师可以通过设计开放性课题和挑战性任务，鼓励学生超越传统思维框架，发挥创造力。例如，教师可以提出一个开放性问题，如“如何设计一个环保节能的房屋模型”，学生需要通过查阅资料、头脑风暴和实验，提出自己独特的解决方案。这样的开放性课题不仅让学生在探究过程中自由发挥，还能够培养他们的创新思维和实践能力。此外，教师还可以组织科学挑战赛或创新竞赛，让学生在竞争中激发创意，提出前瞻性和可行性的科学解决方案。通过这些活动，学生不仅锻炼了创新能力，还学会了如何将想法转化为实际成果。

2. 引导学生将自主探究的成果应用于实际问题解决

为了让学生的创新思维和自主探究能力得到更好的发展，教师可以引导他们将自主探究的成果应用于实际问题解决，如节能环保、健康管理或社区服务等领域。这不仅能帮助学生将所学知识与实际生活联系起

来，还培养了他们的社会责任感和问题解决能力。例如，学生在研究了废物回收和再利用的科学原理后，可以设计并实施一个社区废物回收项目，通过宣传和实际操作，提升社区居民的环保意识和参与度。这样的实践活动，不仅让学生的课外探究成果得到了实际应用，还增强了他们对科学的理解和对社会的贡献感。

通过这些方式，学生在自主学习和探究过程中，不仅能够培养独立思考和创新能力，还能够在实践中应用所学知识，解决实际问题，提升科学素养，有助于他们在现实生活中发挥更大的作用。

第五章

小学科学教师的课堂必备技能

第一节
课堂导入技能

导入是课堂教学的开端，是教师在引入新的教学内容和活动时，通过多种方式吸引学生注意力、激发学习兴趣与动机、明确学习目标，并引导学生迅速进入学习状态的一种教学行为。作为课堂教学的首要环节，导入的效果对于整节课的成败至关重要。

在新课程理念下，课堂教学注重有效性和高效性。一个好的导入能在课堂开始时立即吸引学生的注意力，激发他们的求知欲和学习兴趣，从而为整节课的顺利开展奠定良好的基础。

一、导入的作用

19 世纪著名的德国教育家阿道尔夫·第斯多惠曾说："教学的艺术不在于传授技能，而在于激励、唤醒和鼓舞。"理想的导入是教师经验、学识、智慧与创造力的结晶。一个优秀的导入就像一把钥匙，能够打开学生的心扉，为课堂教学奠定坚实的基础。作为一节课的开端，导入具有以下重要作用。

（一）集中学习注意力

俄国著名教育家乌申斯基曾形象地将注意力比作通向心灵的"唯一门户"。注意力是心理活动的一个重要特征，任何心理过程的发生和进行都需要注意力的参与。对于学生而言，每一堂课都是一个新的起点，而要使他们的注意力迅速集中到课堂教学上，导入环节起着至关重要的作用。一个富有创意的导入能够迅速抓住学生的注意力，达到先声夺人、引人入胜的效果，使学生在课堂开始的 3~5 分钟内进入学习状态。这不仅为课堂教学打下了良好的基础，还使学生在心理上为接下来的学习任务做好了充分的准备。通过这样的导入，教师能够有效引导学生的注意力，确保他们能够集中精力，积极参与到新知识的学习和探索中。

（二）激发学习兴趣

阿道尔夫 · 第斯多惠曾说："教学成功的艺术就在于使学生对你所讲的东西感兴趣。"兴趣是学生获取知识、拓宽视野、充实心理活动的强大动力。这种动力与愉快的学习体验密切相关，是学生主动探索和深入学习的关键因素。教师要在课堂的最初 3~5 分钟内，通过引入新颖、富有吸引力的内容或问题，以独特的视角和创新的方式激发学生的兴趣，促使他们产生强烈的学习动机。

这种兴趣的激发不仅让学生对即将学习的内容充满好奇和期待，还能够帮助他们在心理上做好学习的准备，从而以更加积极主动的态度投入到学习过程中去。当学生对学习内容感兴趣时，他们会更愿意参与课堂活动，更加自觉地思考问题，积极提出自己的见解。这种主动学习的状态，不仅有助于知识的深度掌握，还能培养学生的独立思考能力和创新意识。通过巧妙的导入和兴趣的激发，教师能够为整堂课的顺利开展奠定坚实的基础，真正实现教学的有效性和高效性。

（三）启发学生思维

思维在人的智力结构中占据核心地位，它是驱动知觉、记忆、想象等心理活动积极展开的关键力量。当学生对学习内容产生兴趣后，教师的任务不仅是维持这种兴趣，更要通过巧妙设计的问题、情境、矛盾或现象来激发和引导学生的思维活动。通过这些策略，教师能够迅速激活学生的思维，使其进入高度活跃的状态。

当思维被成功调动起来后，学生的想象力随之被唤醒，他们开始在脑海中构建概念、形成图像，并在已有知识的基础上展开新的联想。这种思维的活跃不仅有助于学生更好地理解和领悟知识，还能够提升他们对复杂问题的分析和解决能力。同时，这一过程也为创造性思维的萌发提供了土壤，学生在思维的引导下，可能会提出独特的见解或创新的解决方案。

因此，在课堂导入阶段，教师应特别注重学生思维的激发与引导。这不仅是导入的关键环节，更是整个教学过程中至关重要的一步。通过有效的导入，教师能够在短时间内调动学生的思维，让他们以最佳的状态投入学习中，从而提高课堂教学的质量和效果。通过这一过程，学生不仅掌握了知识，还发展了思维能力和创造力，这对于他们的长期学习和成长具有深远的意义。

（四）明确学习目标

通过课堂导入，教师能够帮助学生明确学习目标，顺利进入学习课题。导入环节不仅是课堂教学的开端，它还在整个教学过程中起到了定调和指引方向的关键作用。导入环节犹如一条线索，贯穿整个教学内容，帮助学生把握学习的主旨，理清学习的思路。因此，教师在设计导入时，要有意识地突出教学重点、强化学习目标，以确保学生在一开始就能明确他们的学习方向。

一个有效的导入能够使学生迅速聚焦于即将展开的学习内容，并理解本课的核心目标和要求。这不仅有助于学生在学习过程中保持目标导向的意识，还能够引导他们在学习过程中主动探索和接近目标。通过精心设计的问题、引人入胜的情境或具有挑战性的任务，教师能够激发学生的思维，使他们在内心中树立明确的学习目标。

此外，导入还可以帮助学生建立与学习内容的情感连接，使他们在心理上为即将开展的学习做好准备。当学生明确了学习目标，并对其产生兴趣时，他们会更加积极地参与课堂活动，主动进行思考和探索。这样一来，整个课堂教学的节奏就会更加顺畅，学生的学习效果也会大大提高。因此，导入不仅仅是一个简单的教学开场，更是为整个教学过程奠定基础、指引方向的重要环节。通过有效的导入，教师能够引导学生迈出学习的第一步，并为实现学习目标铺平道路。

（五）优化课堂气氛

课堂导入不仅是引入新课题的工具，更是优化课堂气氛的重要手段。通过巧妙的导入，教师可以渲染课堂气氛，创设生动的学习情境，使学生在愉快和放松的环境中开始学习。学生的情绪和心理状态直接影响他们的学习效果，因此，营造一个平等、和谐、愉悦的课堂氛围至关重要。

在导入环节中，教师可以通过故事、问题、情境模拟或幽默的语言来调动学生的情绪，使他们在进入正式学习之前就感受到课堂的活力与吸引力。这种氛围的营造能够打破传统课堂中的沉闷和单调，使学生与教师在情感上更加贴近，激发他们的学习兴趣和参与热情。

当学生感受到教师的亲和力和课堂的轻松氛围时，他们会更加愿意表达自己的想法，更能积极参与课堂讨论。这样，课堂不仅仅是知识的传授场所，更成了师生之间思想交流和情感互动的舞台。教师通过导入环节创设的情境，使学生感受到与教师及学习内容之间的紧密联系，进而在情感上产生共鸣。

这种情感共鸣的形成，有助于建立起师生之间的信任和理解，使学生在学习过程中更加主动、投入，从而达到理想的教学效果。课堂氛围的优化不仅提升了学生的学习体验，也增强了他们对学习内容的理解和记忆。在积极的氛围中，学生的学习动力和创造力都会得到充分激发，积极的氛围也为整个教学过程的顺利进行奠定了良好的基础。因此，课堂导入不仅是教学内容的引导，更是课堂气氛的“调色板”，通过精心设计和实施，能够有效提升课堂教学的整体效果。

二、导入的类型

导入作为一门教学艺术，是体现教育教学阶段性和连续性的重要标志。教学过程中各环节的有机联系，往往通过导入这一环节启动和连接。导入的方法需要根据教学任务、内容，以及学生的年龄特征和心理需求进行精心设计。在课堂教学中，常见的导入类型主要包括以下几种。

（一）直接导入

直接导入是一种直接阐明学习目的和要求，简明扼要地交代主要内容和重点的导入方式。这种方式能够迅速强化学生的学习意向，提升他们的注意力，具有简洁明快的特点。直接导入通常不依赖于其他辅助材料，教师通过简明扼要的讲解，概述新课的核心内容和教学程序，使学生明确学习的目的和要求。

通过直接导入，教师能够在较短的时间内有效地吸引学生的注意力，使他们迅速进入学习状态。这种导入方式特别适用于那些逻辑性强、内容相对严谨的课程，它帮助学生快速把握学习的方向，理清思路，为接下来的教学活动做好充分的心理准备。

此外，直接导入还能够促使学生将注意力集中在学习任务上，使他们在课堂开始时就对接下来的内容有一个清晰的认识。这种方式不仅有效节省了课堂时间，还能够帮助学生建立清晰的学习框架，从而更好地参与后续的教学活动。通过直接导入，学生能够在开课之初就理解课程的重点和难点，进而有针对性地调整自己的学习策略，提高学习效率。

（二）复习导入

复习导入是一种通过新旧知识之间的逻辑联系，准确找到两者的连接点，从而引入新内容的方式。要有效地确定这个连接点，教师需要深入了解教材内容，充分分析教学材料，并对学生的认知水平和学习情况有全面的掌握。这种导入方式可以采用练习、实验或演示等形式，通过呈现新的问题或矛盾来引出新课。

当新旧知识联系紧密时，复习导入是一种常用且有效的方式。它不仅能巩固学生已有的知识，还能在此基础上顺利引入新的内容，使新知识自然地融入学生的认知结构中。通过这种方式，学生能够更容易地理解和掌握新知识，因为它们与已知内容有着清晰的关联，具备较强的学习的连贯性和深度。

（三）悬念导入

悬念导入是一种通过设置认知冲突来引发学生疑问，使他们的思维进入惊奇、矛盾等状态，从而形成悬念的导入方式。这种导入方法利用了学生的惊奇、疑惑和矛盾感，这些都是促使学生产生认知冲突的重要因素。矛盾不仅是认知过程中的障碍，更是引导学生进行深入探索的新起点。

在进行悬念导入时，教师可以设计一些具有启发性、探索性和趣味性的疑难问题，通过这些问题的设置，教师能够制造出悬念，激发学生的求知欲望。然而，这种问题的设计需要精准把握难度，必须从学生的“最近发展区”出发，做到难度适中。问题如果太简单，无法激发学生的兴趣和思考；如果太难，学生可能会感到困惑不解，从而丧失学习的积极性。因此，最佳的悬念导入应当让学生感到问题有些难度，但又可以通过思考和努力找到答案。只有这样，学生的兴趣和参与度才会大大提升，课堂教学才能达到事半功倍的效果。

通过悬念导入，学生被引导进入一种积极的思维状态，他们会自发地思考问题并尝试解决。这不仅调动了他们的学习积极性，还能培养他们的探究精神和批判性思维能力。在这样的教学过程中，学生不再是被动的知识接收者，而是主动的学习参与者，通过探索和解决问题，他们能够更深入地理解学习内容，从而取得更好的学习效果。

（四）直观导入

直观导入是一种在正式讲课之前，通过展示实物或使用教具（如图片、模型、投影片、幻灯片、电视、多媒体等），引导学生进行观察和分析，然后在观察的基础上设置问题情境，引出新知识的导入方式。这种方法能够有效地将抽象的知识具体化、形象化，从而为学生搭建起从具体经验向抽象理解过渡的桥梁。

直观导入的优势在于，它充分利用了学生的视觉和感官体验，使复杂或抽象的概念变得更容易理解。例如，在讲解天体运动时，教师可以通过展示太阳系的模型或播放行星运行的动画，让学生直观地看到行星的轨迹和相对位置。通过这种视觉呈现，学生能够更清晰地理解天体之间的关系，而不再仅仅依赖于文字或语言的描述。

这种导入方式特别符合小学生的认知特点，因为他们的思维更依赖于具体形象和感官体验。通过直观的展示，学生的注意力更容易被吸引，他们对新知识的兴趣也会被迅速激发。直观导入不仅能够调动学生的学习积极性，还能够激发他们的学习动机，使他们对即将学习的内容产生强烈的好奇心和求知欲望。

此外，直观导入还有助于培养学生的观察能力和分析能力。通过观察和分析展示的内容，学生能够更好地理解问题情境，并通过思考逐步接近新知识的核心。这种引导学生主动思考和探究的过程，有助于他们在学习中建立起更为扎实的知识基础，同时也提高了他们的自主学习能力。

总之，直观导入是一种极具教学效果的导入方式，通过将抽象知识具体化，它为学生理解复杂概念提供了有力支持，既激发了学生的学习兴趣，又增强了他们的知识掌握能力，为整个课堂教学的顺利展开奠定了坚实的基础。

（五）经验导入

经验导入是一种以学生的日常生活经验和他们熟悉的事物为起点，通过提问或讲解，唤起学生对已有经验的回忆，进而引导他们发现与这些经验密切相关的新课内容的导入方式。这种方法通过将新知识与学生已有的生活体验紧密联系，使学生的学习过程变得更加亲切、自然且富有趣味性。

当教师从学生熟悉的事物或生活经历入手引入新课时，学生会因为这种关联而感到学习内容更加贴近自己的生活，从而更容易产生共鸣。例如，在讲解物质科学领域中的浮力原理时，教师可以从学生在生活中观察到的现象如“为什么某些物体能够漂浮在水面上，而另一些物体则会下沉”入手。通过这样的导入，学生不仅能够迅速理解浮力的概念，还能够将这一知识与他们的日常生活经验联系起来，进一步加深对知识的理解。

经验导入的最大优势在于，它能够有效缩短抽象知识与现实生活之间的距离，使学生不再觉得所学内容脱离实际，而是感受到知识在现实生活中的实际应用价值。通过这种方式，学生更容易理解和掌握新知识，因为他们能够将其建立在已有的认知基础之上。经验导入还可以帮助学生在学习过程中形成积极的态度，因为他们会发现学习并非一项孤立的活动，而是与他们的生活息息相关的过程。

三、导入的要求

（一）导入要有目的性

导入的设计必须围绕教学目标和内容，充分考虑学生的年龄特点、知识基础、学习心理和兴趣爱好等因素。导入不仅要与教学目标和任务相一致，还需要根据教学内容的结构、重点和难点来展开。同时，学生的知识基础和学习起点也是设计导入时的重要参考。导入的设计必须具有明确的目的性，不能仅仅追求形式上的新颖，而忽视其实际教学效果。

（二）导入要具备启发性

课堂教学的成功在很大程度上取决于学生积极的思维活动。一个具有启发性的导入能够引导学生发现问题，并激发他们解决问题的强烈愿望。这样的导入不仅能够创造愉快的学习氛围，还能促使学生自主进入探究知识的状态，达到“抛砖引玉”的效果。因此，导入应该能够吸引学生的注意力，激发他们的学习动机，启迪他们的智慧。它应该引发学生的思考，活跃他们的思维，并调动他们的学习积极性，使他们产生强烈的求知欲望。

（三）导入要体现科学性

作为课堂教学的关键环节，导入的科学性直接影响到整个教学过程的效果。导入设计应基于科学的教学理论，确保导入内容和方法的科学性。在进行导入时，不仅要考虑教学内容和教学环境，还需要明确导入的目的和意义。换句话说，导入必须体现科学性，确保它在教学过程中起到正确的引导作用。

（四）导入要保持简洁性

语言大师莎士比亚曾说：“简洁是智慧的灵魂，冗长是肤浅的藻饰。”有效的导入应当力求简洁、精练，以最迅速、最巧妙的方式激发学生的学习兴趣，集中他们的注意力。通过简洁的导入，师生之间、学生与教材之间的距离可以被迅速拉近，为接下来的教学打下良好的基础。

（五）导入要注重关联性

导入应善于以旧拓新，通过复习旧知识引入新内容，温故而知新。事物之间相互关联，任何一个新问题的解决都依赖于已有的知识经验。知识本身也是相互联系的，新知识往往是在旧知识的基础上发展而来的。因此，导入的内容必须与新课内容紧密相连，帮助学生认识到新旧知识之间的联系，从而使他们的认知更加系统化。

（六）导入要具有艺术性

富有艺术性的导入可以深深吸引学生的注意力，使他们产生强烈的学习欲望和认知兴趣。通过具有艺术魅力的导入，学生能够在心理上处于渴望学习的最佳状态，以积极的心态投入学习活动中。这样的导入不仅能提高课堂教学的效果，还能激发学生的创造力和探索精神，使他们在学习中取得更大的收获。

四、导入技能的要点

（一）选好切入点

1. 以学生的认知规律为切入点

教学导入应当深刻理解并紧密结合学生的认知规律，确保所设计的导入环节与学生的思维发展水平和认知活动相吻合。每个学生的学习和理解过程都有其特定的规律，教师在设计导入时需要考虑到这些认知特点，以便更有效地调动学生的思维。导入的时机尤为关键，教师必须准确选择最佳时机，将新知识的引入与学生当前的认知状态巧妙对接。例如，教师可以在学生已经掌握了相关基础知识后，引入新概念或更加复杂的内容，这样既能激发学生的兴趣，又能帮助他们在已有知识的基础上顺利过渡到新知识的学习中。通过这种方式，导入能够有效地引领学生进入新的学习内容，使他们在课堂上更快地进入思维的最佳状态。

2. 以课堂环节的自然衔接为切入点

课堂教学是一个有机的整体，各个环节之间需要紧密相扣，形成一个连贯的教学过程。导入环节作为教学的开端，必须能够自然地连接起前后内容，确保课堂的顺畅衔接。一个好的导入不仅能够引入新课，还应为整堂课的教学目标服务，使整个课堂教学流程流畅无缝。例如，在一个环节结束时，教师可以通过总结或提问，引导学生思考下一个环节的内容，这样学生在进入新课之前已经做好了心理准备，不仅能够轻松跟上课堂节奏，还能够积极参与接下来的教学活动。这样的自然过渡不仅提高了课堂教学的效率，还能帮助学生更好地理解和掌握知识。

3. 以学生的心理需求为切入点

教学不仅是知识的传递过程，更是一个与学生的情感、意志和心理活动密切相关的实践活动。在教学过程中，学生的心理状态直接影响他们的学习效果，因此教师在导入环节中需要特别关注学生的心理需求。

当学生在学习过程中出现心理波动或困惑时，一个精彩的导入能够起到“导航”的作用，帮助学生重新集中注意力，克服心理障碍，回到积极的学习状态。例如，教师可以在学生情绪低落或遇到困难时，通过幽默的语言、激励性的引导或有趣的故事，缓解学生的压力，重新激发他们的学习热情。这样的导入不仅能够消除学生的紧张情绪，还能增强他们的学习自信心，使他们能够更主动地参与课堂活动，实现更好的学习效果。

4. 导入设计的要点

导入应当自然顺畅，避免刻意和形式大于内容的设计，同时保持严密的逻辑性和思想性，以确保教学内容的教育性不被趣味性所掩盖。导入方式要生动活泼、形式多样，但不能哗众取宠，以免影响新课的教学效果。它还应具备启发性，通过设疑、制造悬念或创设情境，促使学生深入思考。此外，导入的语言应简洁明了，避免烦琐冗长，时间控制在3~5分钟内，以保证课堂节奏的顺畅。

（二）激发学生的学习心理

首先，要通过吸引学生的注意力和引发他们的兴趣来激发他们的学习心理。注意力和兴趣对教学效果有显著影响，因此导入环节必须集中引导学生的注意力和兴趣，明确课堂教学的目标，并营造出稳定、良好的课堂氛围和积极的心理环境。其次，教师富有激情的导入能够感染学生，成为师生之间和谐沟通和情感交流的桥梁，提升学生参与课堂的主动性。最后，通过调整学生的情绪，教师能够推动他们的思维活动，使其在积极的情绪状态下不断学习新知识。

（三）综合运用多种导入方式

课堂导入是教学成功的基础，教师在设计导入环节时，结合多种导入方式能够极大地提升教学效果。每一种导入方式都有其独特的优势和作用，通过灵活运用并巧妙组合，教师可以在短时间内抓住学生的注意力，激发他们的学习兴趣。例如，可以将直观导入与悬念导入结合使用，通过展示生动的图片或视频，引导学生提出问题并设置悬念，让学生迫不及待地想要探索接下来的学习内容。与此同时，教师还可以引入学生熟悉的生活经验，以经验导入的方式拉近学生与课堂内容的距离，使他们产生亲切感，从而更积极地投入学习。

多种导入方式的组合不仅能够使学生在课堂上保持高度的参与度，还能增强他们对知识的理解和记忆。在不同的教学情境中，灵活运用这些组合，教师可以创造出丰富多样的学习体验，满足不同学生的认知需求和兴趣点。通过这种综合运用，课堂教学不再单一乏味，而是变得更加生动、有趣，学生也因此更容易进入学习状态，能够积极思考，主动探索知识。

此外，多种导入方式的结合还能够带来意想不到的教学效果。当学生在不同的导入方式中获得多角度的启发时，他们的思维会变得更加活跃，能够更快地理解复杂的概念，并且在课堂上产生更多独特的见解。这种创新的教学设计不仅丰富了课堂内容，还为学生的全面发展提供了更多机会和空间。因此，教师应当重视多种导入方式的组合运用，将其作为提升教学质量和学生学习效果的重要策略。

第二节
课堂提问技能

提问贯穿于整个课堂教学过程，提问的质量和水平直接影响课堂教学的有效性。教师的课堂提问，是在新课程理念的指导下，通过设计有效的问题，发展学生的思维能力和创新能力的行为。这种提问不仅仅是为了获取答案，更是为了引发师生之间的多向互动，鼓励学生深入思考、研讨和探究，从而促进学生的有效学习，同时也推动教师的专业成长。这种提问技巧是一种重要的教学技能，能够大大提升课堂教学的整体效果。

一、提问的作用

提问一直被视为教师组织课堂教学的一种有效手段。自古以来，无论是东方还是西方，只要有教学活动的发生，提问技能便会被广泛应用。在新的课程理念下，提问的功能得到了进一步丰富和发展。在倡导师生平等对话的教学环境中，提问和回答成为师生之间互动和思考的关键方式。提问不仅能够促进师生之间的情感交流，激发学生的学习兴趣，还能有效唤醒学生的主体意识、问题意识、质疑意识，并提升他们的思维能力。小学科学课堂中的提问具有以下几方面的主要作用。

（一）了解学生的已有认知

建构主义学习理论认为，学习是个体主动建构知识的过程，而新知识的学习则是基于已有知识经验的进一步建构。学生是在原有认知基础上逐步形成、发展和完善自己的概念体系的。因此，了解学生的前概念和认知水平，是他们学习科学知识的重要推动力，也是他们开展探究性活动的基石。在课堂教学开始前或刚开始时，教师通常通过谈话或提问来了解学生的认知基础，从而有针对性地制定教学策略，确保教学的切入点准确有效。

（二）激发学生的学习兴趣

在课堂上，教师如果讲解过多，容易使课堂气氛变得沉闷；而如果学生的动手活动过多，课堂又可能会变得松散不集中。如果在学生注意力尚未集中或分散时，教师抛出一个能够引起学生兴趣的问题，往往会迅速吸引他们的注意力，激发他们的探究欲望。课堂提问能够让学生在好奇心驱使下，唤起对认知和学习的渴望，从而激发他们的学习动力。

（三）启发学生的思维

德国著名教育家第斯多惠曾说：“一个差教师奉送真理，一个好教师则教人发现真理。”在教学过程中，教师通过提问来调动学生的思维积极性，其效果往往远胜于单纯的讲解。教师通常根据学生已有的知识和生活经验，针对他们思维中存在的困惑提出问题，使教学内容与学生的已有知识产生联系，通过新旧知识的相互作用，帮助学生形成新的概念。教师提出的有价值的问题能够激发学生的认知冲突，使他们的求知欲从潜伏状态转变为显性状态，促使他们积极思考、研究问题。这些问题往往成为学生思维的“催化剂”，点燃他们思维的火花。

（四）提供教学反馈信息

通过提问，教师和学生可以分别获得对各自有益的反馈信息。教师通过恰当的提问，能够迅速获取学生对知识理解、掌握和应用的程度，识别出学生知识链条中的薄弱环节和错误，从而据此对课堂教学进程进行调整。当学生的思维出现偏差或课堂气氛沉闷时，教师通过导向性的问题，可以及时引导学生的思维，掌控教学方向和进度。同时，学生通过回答问题，可以从教师那里获得关于自己学习状态的反馈信息，从而在学习过程中不断反思、调整自己的学习态度和方法，使学习更加高效。

二、提问的类型

在小学科学教学中，学生需要掌握的内容形式多样，包括事实、现象、过程、方法、原理和概念等。有些内容需要学生记忆，有些需要理解，还有一些需要分析、综合和评价。学生的思维方式和水平也各不相同。因此，教师在设计问题时，必须根据教学内容和学生的实际情况，选择不同的提问策略。

（一）回忆提问

回忆提问是在讲授新课之前或过程中，通过提问考查学生对已学知识的记忆情况，如基本概念和规律等。这类提问通过让学生回顾所学知识，帮助他们利用已有的知识来掌握新内容，起到温故知新的作用。

（二）理解提问

理解提问是教师为检验学生对所学内容的理解程度而设计的问题。此类提问旨在帮助学生把握科学概念之间的内在逻辑关系，要求他们用自己的语言表达所学知识，比较和对照不同知识或事件，或者将知识从一种形式转化为另一种形式。

（三）应用提问

应用提问通常是通过设置简单的问题情境，让学生运用新学到的知识，结合以往所学，来解决新的问题。这类提问要求学生将已内化的知识外化，并应用于实际问题中，通过分类、选择和整理，深入理解和系统掌握知识，建立知识在不同情境下的合理联系。

（四）分析提问

分析提问要求学生分析知识的结构和组成部分，弄清事物之间的关系或事件的因果关系。这类提问涉及高级认知水平，往往在教材中找不到现成答案，因此学生不能仅靠阅读或记忆材料来回答。学生需要进行批判性思维，通过分析资料来推导原因，组织思路，找出依据，并进行解释或判断。教师在分析提问中常用的关键词包括“为什么”“哪些因素”“得出结论”“证明”“分析”等。

（五）综合提问

综合提问是教师为培养学生综合性思维能力而设计的问题。这类提问要求学生对某一课题或内容有整体理解，并运用已有知识进行分析、综合和推理，得出结论或观点，创造性地解决问题。其作用是激发学生的想象力和创造力，培养逻辑思维能力和综合能力。回答综合提问时，学生需要迅速检索相关知识，进行分析并得出结论，这有助于他们的思维能力培养。常见的综合提问形式包括“根据……你能想出解决方法吗”“为了……我们应该怎么做”“如果……会发生什么情况”“假如……会有什么结果”。

（六）评价提问

评价提问是教师为培养学生判断能力而设计的问题。这类提问鼓励学生根据一定的标准对材料的价值做出判断。学生需要对一些观念、价值观或问题的解决办法进行评估，解释自己的判断依据，并提出个人见解。通常情况下，在分析提问或综合提问之后，应让学生进一步分析其理由是否充分、结论是否正确，并对答案进行评价。

三、提问的原则

课堂提问是一门艺术，它对启发学生思维、活跃课堂氛围及提升课堂教学效果具有重要作用。因此，教师在备课过程中必须精心设计问题。科学课堂的提问应遵循以下几项原则。

（一）问题设计要有针对性

教师应根据教学内容的难易程度及学生的认知水平，设计具有针对性的问题。提问的设计要与学生的智力水平和知识背景相吻合，以便有效突破教学中的重难点，解决学生在思维过程中遇到的困难。在小学科学课堂上，教师应优先考虑提出封闭性问题，因为这有助于活动的设计和教具的选择，也更容易引导学生沿着教学目标的方向，顺利达成学习目标。

（二）问题设计要有启发性

教师应善于通过提问来引导和启发学生的思维，使他们在提问的引导下产生深入的思考。具有启发性的问题能够为学生提供独立思考的机会，因此，教师应当抓住教学内容中的内在矛盾及其发展变化，精心设计能够启发学生思维的问题，从而培养学生的独立思考能力。

（三）问题设计要体现全面性

全面性原则要求教师在设计课堂提问时，能够让全体学生都参与到问题的解决过程中。提问应当面向全体学生，调动每个学生思考问题的积极性和主动性，让每位学生都积极参与课堂教学。通常情况下，教师应先提出问题，给予学生思考的时间，然后根据问题的性质和难度，选择不同类型的学生作答。在全班学生都进行了思考后，再指定个别学生回答，以避免课堂中出现“被遗忘的角落”。

（四）问题设计要体现适时性

适时性原则强调教师提问的时机要恰到好处。教师应选择恰当的知识点和合适的视角作为提问的切入点，通常在知识的重点、难点或关键处进行提问，例如新旧知识的衔接处、过渡点或容易产生矛盾和疑问的地方。同时，还要把握课堂教学的时间，选择最佳的提问时机。课堂开始时的提问可以集中学生的注意力；课堂进行中的提问可以帮助学生理顺思路，引导思维方向；课堂结束时的提问则能消除学生的疲劳感，帮助他们保持清醒的思维状态。教师还应在学生汇报过程中，培养他们的质疑精神，并引导他们在思维遇到困惑时寻找解决办法。适时适当的问题设计不仅能够激发学生的兴趣，还能推动他们的思维向更深层次发展。

（五）问题设计要具有灵活性

教师要善于应对教学过程中可能出现的不确定因素。虽然提问的内容、形式及顺序在备课时已经精心预设，但学生的回答往往可能超出教师的预期，甚至产生意料之外的答案。因此，提问既要有计划性，也要具备灵活性。当学生的回答偏离主题或不得要领时，教师应灵活地加以引导，以确保教学内容的紧凑性。如果学生从不同角度给出多种答案，教师应顺势而为，鼓励并帮助学生分析答案的合理性，进一步引导他们深入思考。

四、提问的要求

课堂提问是常见的教学方法之一，但研究表明，并不是每位教师都深入思考过课堂提问的内涵，也不是每位教师都掌握了提问的技巧。尤其是在小学科学课堂上，介绍科学概念、解释自然现象、实施科学实验等主要教学活动对提问的要求更高，需要教师给予足够的重视。在教学过程中，教师应根据不同的教学活动和学生思维发展的特点，灵活运用不同类型的问题，并掌握相应的提问技巧。

（一）课前充分准备

教师应高度重视课堂提问的重要性。在备课时，要认真设计提问内容，并根据学生的思维水平对问题进行分类，再根据教学要求全面组织提问内容，合理选择封闭性问题和开放性问题的使用时机。一般来说，在学生尚未掌握一定基础知识时，应多提出封闭性问题；而在鼓励学生进行分析和探究时，则可以使用开放性问题。

（二）问题简洁明了

在设计课堂提问时，教师应注意用词简洁明了，词义准确。对于小学科学教育，尤其要考虑学生的年龄特征，使用他们能够理解的语言。在提问中，教师还应特别关注“关键词”的选择，确保学生能够准确理解问题。

（三）把握最佳的提问时机和对象

提问应根据教学的进展和学生思考的进程进行。孔子曾说：“不愤不启，不悱不发。”从学习心理学的角度看，课堂提问应使学生处于以下三种心理状态之一：一是有部分答案，但不完整；二是有解决问题的思路和方法，但没有最终答案；三是虽然一时无法回答，但有信心找到答案。这三种状态正是提问的最佳时机。

(四) 善于启发和引导

教师在学生回答问题时，应抓住以下时机进行启发和引导：

(1) 当学生的思维局限于一个小范围内无法“突围”时；

(2) 当学生感到困惑、厌倦或困顿时；

(3) 当学生意见不统一，无法达成共识时；

(4) 当学生无法顺利实现知识迁移时。

在启发引导的方式上，教师可以：

(1) 从旧知识入手进行启发；

(2) 通过类比和对比进行启发；

(3) 运用直观手段，如使用挂图、实物、电影、电视或多媒体课件进行演示，帮助学生更好地回答问题。

(五) 留有足够的等待时间

提问的等待时间有两种：一种是教师提问后等待学生回答的时间，另一种是学生回答后教师做出反应前的时间。研究表明，延长这两段时间常常会产生意想不到的效果。研究发现，将等待时间延长至3~5秒，学生的回答内容会增加4~8倍，做出正确回答的学生人数也显著增加。同时，学生的自信心也会提升，未来他们回答问题的积极性会更高。特别是延长等待时间可以吸引更多学习有困难的学生参与。另外，教师也应更耐心地听取学生的回答。对于那些一时回答不出问题的学生，教师应给予他们更多思考时间。

在给学生提问后，教师可能会发现许多学生会踊跃举手要求回答。然而，实际上有些学生可能并未真正理解问题，他们的举手只是出于儿童的心理反应。教师不应被这种表象迷惑，在叫学生回答前仍需给予他们充足的思考时间。

(六) 提问的态度要端正

教师应创造良好的提问环境，使提问在轻松的氛围中进行。适度的紧张气氛可以提醒学生集中注意力，但切忌用强制性的语气和态度提问。要注重师生之间的情感交流，消除学生过度的紧张心理，鼓励他们成为“学习的主人”，积极参与问题的回答，大胆发言。

在提问时，教师应保持谦逊和善的态度。面部表情、身体姿势以及与学生的距离和教室内的位置，都应让学生感到信赖和鼓舞，避免表现出不耐烦、训斥或责难的态度，否则会导致学生回避和抵触，从而阻碍问题的解决。

教师要耐心倾听学生的回答。对于一时回答不出来的学生，应给予适当的等待，并进行启发和鼓励；对于错误或冗长的回答，不应轻易打断，更不能训斥学生；对于不作回答的学生，不应批评或惩罚，而应让他们听取其他人的回答。

面对学生出乎意料的回答时，教师可能无法立即判断其正确性，也无法及时做出回应。在这种情况下，教师不应妄下定论，而应实事求是地向学生说明，待思考清楚后再做解释，或者与学生一起研究。当学生纠正教师的错误时，教师应态度诚恳，虚心接受，与学生共同学习和探讨。

第三节
课堂讲解技能

讲解是历史悠久的教学方法，也是古今中外教育中最基本且广泛使用的教学手段。即使在现代化教学环境中，讲解仍然是课堂教学中最常用和最普遍的方法。要实现高效和高质量的课堂教学，教师必须具备出色的讲解技能。讲解在课堂教学中占据重要地位，也是教师专业成长的关键环节。

一、讲解的作用

课堂讲解作为传统的教学方法之一，仍然是当今学校课堂教学中不可或缺的基本环节与重要手段。讲解被定义为教师在深入理解和消化教材内容后，通过语言和其他辅助手段，使学生达到一定的教学目标的教学活动。恰当地运用讲解，不仅能够激发学生对科学知识的探究欲望，还能有效提高课堂教学效率。

（一）发挥教师的主导作用

通过讲解，教师可以充分展示自己想要表达的内容，掌握课堂教学的主动权。教师在选择讲解内容、运用讲解方式、控制讲解程度、安排讲解时间、调节讲解进程，以及在教学中注入思想情感和进行操作演示等方面，都有着很大的自主性。讲解的过程不仅反映了教师的知识深度和语言表达能力，还展示了教师的个人素质，从而充分发挥了教师在教学中的主导作用。

（二）系统快捷地传授知识

学生的学习主要是对间接知识和经验的获取，而这种学习通过讲解可以迅速实现。讲解是一种有目的、有组织和有控制的教学行为，通过教师的精心策划，讲解可以确保知识的系统性，帮助教师在有限的时间内传递大量系统化的教学信息。讲解具有时间短、信息容量大、效率高的特点，在课堂教学中展现出高速高效的优势。相比实验、实践或实物教学，讲解不仅省时省力，还能在不受设备限制的情况下有效进行。然而，教师必须具备扎实的知识功底，并对教学内容有充分的准备，才能有效运用讲解这一手段。正如教育家夸美纽斯所说："教师的嘴就是一个源泉，从那里发出知识的溪流。"

（三）促进学生的认知发展

教学讲解不仅能够系统快捷地传授知识，还能够促进学生的认知发展。尽管传统的讲解有时被误认为是单纯的灌输，可能压抑学生的主动性和思维发展，但实际上，有效的讲解可以通过环环相扣、层层推进的方式系统地传递知识，减少学生在认知过程中的盲目性。讲解能够激发学生的学习兴趣，打开学生新的认知视野，为学生提供新的认知空间，促使他们向更高的认知水平发展。

（四）激发学生的探究欲望

课堂讲解可以激发学生的学习兴趣和探究欲望。教师通过生动形象的描述、简练清晰的解释和有趣翔实的讲解，能够将学生引入一个充满吸引力的学习情境，使他们沉浸其中，产生浓厚的学习兴趣。科学学习要求学生主动参与和积极探索，而这种过程常常需要教师的讲解和启发来引导和推动，从而达到理想的教学效果。

二、讲解的类型

（一）描述式讲解

描述式讲解是指教师对形象、具体的客观事物及其变化过程进行科学的表述。这种讲解方式特别适用于需要描绘环境、介绍细节、渲染气氛、表达情感及呈现状态的教学内容。例如，在讲解自然界的生态系统时，教师可以通过详细的语言描述，让学生在头脑中构建出森林、河流、动物栖息地等图景，帮助他们理解这些生态系统的复杂性和多样性。描述式讲解的重点在于生动、形象的语言表达，使学生能够通过听觉“看到”或“感受到”所描述的内容，从而增强理解力和记忆力。

（二）叙述式讲解

叙述式讲解是教师通过有条理的叙述，将教学内容系统地呈现给学生的讲解方式。这种方式主要用于讲解历史事实、科学发现的过程、生物物种的分类及自然现象的变化等内容。例如，在讲述光合作用的过程时，教师可以按时间顺序，逐步解释阳光如何被植物吸收、如何转化为能量、最终如何帮助植物生长。叙述式讲解的优势在于其逻辑性和连贯性，教师可以通过清晰的结构，引导学生逐步理解复杂的过程和原理，使他们在脑海中形成连贯的知识链条。

（三）解释式讲解

解释式讲解是教师从学生已有的知识出发，利用他们已经掌握的概念来引导学生理解新知识的一种讲解方式。这种方式强调新旧知识之间的联系，教师通过合理的推理和解释，帮助学生理解新概念或现象。例如，当教师介绍化学反应中的平衡原理时，可以从学生已经了解的质量守恒定律出发，逐步引导他们理解为什么在一个封闭系统中，反应物和生成物的质量保持不变。解释式讲解的关键在于逻辑的清晰性和解释的充分性，使学生能够在已有知识的基础上自然地理解和接受新内容。

（四）剖析式讲解

剖析式讲解是教师对教学内容中的各类因素进行深入、细致分析的一种讲解方式。这种讲解方式注重对各因素的分解和内涵的挖掘，旨在帮助学生深入理解教学内容的复杂结构及其要素之间的关系。例如，在讲解电路的工作原理时，教师可以详细分析电流、电压、电阻之间的关系，解释它们如何共同作用形成一个完整的电路系统。剖析式讲解要求教师具备深厚的知识功底和较强的分析能力，以确保学生能够理解复杂的科学概念和理论背后的机制。

（五）对比式讲解

对比式讲解是教师通过比较事物之间相同或相似特性来帮助学生理解内容的一种讲解方式。这种方式通常用于对比不同的实验操作、科学概念或现象。例如，在小学科学课堂上，教师可以通过比较动物和植物细胞的结构差异，帮助学生理解它们各自的功能和特性。对比式讲解的优势在于通过对比强化学生对概念间差异和相似点的理解，使他们更容易记住和掌握这些知识点。这种方式不仅可以使学生加深对特定内容的理解，还可以提高他们的分析和辨别能力。

三、讲解的原则

在新课程背景下，教师需要突破传统的单一讲解模式，力求多样化的讲解形式。尽管不同教师基于对教材的理解和独特的教学风格选择了各异的讲解方式，但在讲解过程中仍需遵循一些共性的原则，以确保教学的有效性。

（一）启发性原则

孔子曾说过：“不愤不启，不悱不发。”这句话揭示了启发性在教学中的重要性。教师的讲解不应仅仅传递知识，还应激发学生的学习兴趣和主动性。科学课本身就具有很强的启发性，教师在讲解时应围绕教学主题，重视知识间的逻辑关系，按照学生的认知顺序，启发学生主动思考和探究，而不是直接给出答案。

（二）吸引性原则

一段精彩、生动的讲解不仅可以激发学生的学习兴趣，还能使他们在课堂上感到愉悦和投入。贴切的比喻、生动的描述或适时的幽默，都可以使课堂氛围更加轻松有趣，帮助学生更好地理解和记住知识。教师要通过生动形象的语言和表达方式，把科学知识深深植入学生的心田，使他们乐在其中，真正体验到学习的乐趣。

（三）科学性原则

科学性是科学课程讲解的核心。教师必须确保所讲解内容的科学性，避免庸俗化或牵强附会。讲解的内容必须真实、严谨，建立在学生已有的知识和经验基础上，帮助学生正确理解科学概念和原理。只有确保科学性，才能培养学生正确的科学观和思维方式，避免误导学生。

（四）精准性原则

精准性要求讲解内容要少而精，抓准知识的核心和关键。教师在讲解时应避免贪多求全，应突出重点，使学生能够抓住关键点，深入理解知识。内容过多可能导致学生难以消化，影响教学效果。因此，教师应根据学生的认知水平和学习特点，精心选择和安排讲解内容，确保学生能够准确把握核心知识。

（五）易懂性原则

讲解的最终目的是帮助学生更好地理解和掌握科学知识。讲解应当简洁明了，条理清晰，深入浅出，生动有趣。教师应善于运用比喻和实例，使复杂的概念变得通俗易懂，避免使用过于抽象或难懂的语言。同时，讲解要避免枯燥乏味，应引导学生积极参与，使其在轻松愉快的氛围中学到知识。

（六）针对性原则

讲解必须针对具体的教学内容和学生的实际需求。教师在讲解过程中，既要掌握好教学内容的逻辑顺序，又要关注学生的认知水平和发展需求。讲解不仅是教师的讲述，更应是一种师生之间的互动过程。通过这种方式，教师可以更好地把握学生的学习状态，调整讲解的方式和内容，使教学更加有效。

四、讲解的要求

课堂讲解是教学中常见且重要的方法之一，尤其在科学教学中，讲解发挥着不可替代的作用。无论是科学概念的讲解、自然现象的解释、实验方法的指导，还是未知奥秘的解读和具体问题的解决，都离不开教师的有效讲解。

（一）语言要精练、准确、清晰，逻辑性强

讲解的语言应当精练、准确，表达方式要清晰并富有逻辑性。精练的语言要求教师以简洁的方式提纲挈领地表达关键原理、主要观点，以及重点和难点。对于学生已知或不重要的内容，教师应点到即止；而对于学生不熟悉或至关重要的内容，则需要详细讲解，确保传达得当。教师应善于用最少的词汇表达尽可能多的内容，做到言简意赅，重点突出，详略得当。

（二）生动形象，幽默风趣

讲解的内容应当生动形象，将抽象的概念融入具体的事例和情节中，使枯燥的科学知识变得易于理解。通过深入浅出的方式，教师可以激发学生的学习兴趣，帮助他们更好地掌握知识。一个有趣的例子或富有幽默感的讲解，能够迅速吸引学生的注意力，使他们更快进入学习状态，并有效提升课堂效率。

（三）具有针对性和点拨性

课堂讲解应具备较强的针对性和点拨性，教师需提前做好充分准备，灵活应对教学中的难点。在讲解过程中，教师应适时为学生提供有效的指导，同时留给他们足够的思考空间。讲解内容应启发学生思考，指明探究的方向和方法。此外，教师还应注重情感的投入，营造良好的师生关系，使学生愿意接受教师的讲解。只有当教师对教材和学生充满情感时，课堂讲解才能焕发出独特的光彩，取得良好的教学效果。

第四节 课堂演示技能

演示是一种教学方式，指教师在课堂教学中，通过与讲授和问答相结合，利用多媒体或其他工具，将学习对象的形态、特点、结构、性质或其发展变化的过程直观地展示给学生，使其获得感性认识，从而促进

学生对教学内容的理解或指导他们进行实际操作。

随着科学技术的迅猛发展，演示作为一种教学手段变得愈发重要。因此，教师需要对演示有全面而深入的理解，并掌握相关的技能与技巧，以更好地服务于课堂教学的需求。

一、演示的作用

在当今高科技信息化时代，课堂教学中的演示不仅能够帮助学生跨越时间与空间的限制，获得生动的感性认识，还能在培养学生技能、启发思维、调动学习积极性和提高教学效率等方面发挥重要作用。特别是在小学科学教学中，演示的作用尤为显著，具体表现在以下几个方面。

（一）帮助学生获得生动直观的感性知识

演示教学通过实物、图片、视频等多种形式，将那些学生在日常生活中难以接触到的内容，或者微观、宏观层面上难以直接观察到的现象，生动形象地展现在学生面前。这种直观的展示方式，符合小学生依赖感性认知的特点，能够让他们更容易理解和记住复杂的科学概念。例如，利用显微镜观察细胞结构，或者通过视频展示地球自转的过程，都能够将抽象的知识具体化，使学生在视觉、听觉等多感官的参与下，形成深刻的感性认识。这种方式不仅提高了学生对知识的理解程度，也增强了他们的学习记忆效果，从而为进一步的抽象思维和概念学习奠定了坚实的基础。

（二）培养学生的形象思维能力

在演示教学中，教师使用的直观教具通常设计得形象、生动、简洁，这些特点非常有助于激发学生的形象思维。在学习过程中，学生可以通过观察这些教具，主动从不同角度进行思考和分析，从而有效促进形象思维的发展。形象思维是抽象思维的基础，它帮助学生将具体的感性经验转化为抽象的逻辑概念。通过频繁的演示教学，学生不仅能更好地理解当下的教学内容，还能逐渐发展出较强的抽象思维能力，这对他们未来学习更加复杂的科学知识至关重要。

（三）增强学生的观察能力

演示教学不仅提供了直观的学习材料，还锻炼了学生的观察能力。在演示过程中，教师常常结合讲解和提问，引导学生对所展示的内容进行深入的观察和分析。例如，在展示植物的生长过程时，教师可以提出“植物的根部有什么变化”等问题，引导学生细致观察植物的生长细节。通过这样的引导，学生逐渐学会如何抓住关键细节，培养出更加细致入微的观察能力。这种能力的培养不仅有助于学生理解和掌握课堂内容，也为他们未来进行更为复杂的科学探究打下了良好的基础。

（四）提高学生的实验操作技能

实验演示是演示教学中的重要组成部分，通过观察教师或同学的实验操作，学生能够直观地学习到科学实验的步骤和方法。教师在演示实验时，通常会详细讲解实验的每一个步骤，同时展示正确的操作技巧。这不仅有助于学生理解实验的原理，还使他们在观看的过程中掌握了实际操作技能。在此基础上，学生可以通过自己的实验练习，进一步巩固这些技能。同时，通过观察他人的操作，学生还可以学会识别和避免实验中的常见错误，从而不断提高自己的实验操作水平。这种实践性学习方式，极大地提高了学生在科学实验中的自信心和能力。

（五）激发学生的学习兴趣

演示教学中使用的直观教具通常具有多感官刺激的特点，如声音、光线、色彩等元素，这些元素能够有效地调动学生的感官，使他们迅速集中注意力。对于小学生来说，这种直观且多样化的展示方式能够极大地激发他们的好奇心和学习兴趣。当学生被这些鲜明、生动的直观信息所吸引时，他们不仅更容易理解和记住所学内容，还会产生浓厚的兴趣，想要进一步探索和了解更多的知识。这种由兴趣驱动的学习动力是持续性学习的关键，因此，演示教学能够显著提升学生的学习积极性，使他们更加主动地参与到课堂活动中，从而更好地掌握教学内容。

（六）缓解学生的学习疲劳，提高教学效率

在课堂上，学生的注意力通常在开始的 5~20 分钟内最为集中，但随着时间的推移，精力可能会逐渐分散，尤其在面对长时间的单调讲解时，学生容易出现疲劳和注意力涣散的情况。演示作为一种富有声、光、色等多维刺激的教学形式，能够在学生注意力下降时有效地重新吸引他们的注意力。这种教学形式不仅提供了视觉和听觉上的多样化体验，还能通过动态的演示内容让学生重新聚焦，减轻学习疲劳。通过适时引入演示环节，教师可以有效调节课堂节奏，激活学生的学习状态，从而大幅提高课堂教学的整体效率，使学生在轻松愉快的氛围中保持较高的学习效率。

二、演示的类型

在小学科学教学中，由于课程的需要和各年龄段学生认知的差异，教师应选择不同的演示类型为课堂教学服务。课堂教学演示的类型主要有以下几种。

（一）实物、标本和模型演示

实物、标本和模型演示的突出特点是演示对象的真实性和立体性，可以通过多种感官进行感知。实物、标本和模型作为教具，各有优缺点。实物具有真实性和生动性的优势，能够最真实地反映事物的原本属性，但其应用常常受限于时间和空间。标本则是经过加工的实物，其真实性和生动性仅次于实物，不受时间和空间限制，便于学生观察，但无法很好地呈现事物的内在特征。模型则是根据教学需要制作的仿制品，可以是原型的扩大或缩小版本，除了展示物体的立体外形外，还能够向学生展示物体的内部结构，特别是在表现宏观或微观物体方面，模型具有独特的教学优势。

（二）挂图演示

挂图是教学中最早使用的一种辅助手段，可以是正规印刷品，也可以是教师自制的简略图、结构图、分类图、表格图等。挂图的优点在于制作简单、形式灵活，不受地点限制，可以广泛应用于教学中。然而，在演示时需要注意以下几点。

（1）及时性：把握好展示挂图的时机，不应在课前展示，而是在适当时机出示，并在使用完毕后立刻收回，避免分散学生的注意力。

（2）结合性：挂图展示应与教师的讲解和板书有机结合，帮助学生理解教学内容，加深印象。

（3）辅助图的运用：对于复杂的图形，教师可以使用略图或辅助图来放大细节，帮助学生更清楚地理解重点部分。

（三）实验演示

实验演示是科学教学中常用的演示方式，旨在通过直观的实验过程帮助学生理解教学内容。根据演示目的，实验演示可以分为获取新知识的实验和验证、巩固知识的实验。从内容上看，实验演示可以包括全过程展示或仅展示实验的某一部分。实验演示的优势在于科学性强、直观性强，能够深入揭示物质运行的内在规律，同时还能激发学生的学习兴趣，启发他们的思维。

（四）幻灯、投影演示

幻灯和投影演示是利用幻灯机、投影仪等设备，将图片、手写材料及实物轮廓投影到银幕上，这种演示方式具有操作简单、灵活和成本低廉的特点。其优势在于能够放大细节部分，增强学生对教学内容的感知和理解。然而，在使用过程中，需注意以下几点。

（1）画面质量：要确保演示的幻灯片或投影片设计精美，画面清晰，色彩鲜明，避免模糊不清的画面影响学生的学习。

（2）时间控制：演示时间不宜过长，以免造成视觉疲劳，影响学生的学习效果。

（3）适度遮光：为了确保画面清晰，通常需在教室内进行局部遮光，但应避免长时间遮光，以免影响学生的视力和情绪。

（五）计算机、电影、电视演示

计算机、电影和电视演示是利用现代化教学媒体进行的演示方式，结合了形、声、色等多种元素，具有较强的生动性、真实感和感染力。这类演示不仅突破了时间的限制，还能够将复杂的科学现象形象化地展示给学生。使用这类演示时，教师应做好充分的课前准备，选择适合的媒体软件，确保演示内容与课堂教学活动紧密结合，并在演示前向学生提出应思考的问题，以增强学习效果。

三、演示的要求

课堂教学中的演示是一种常见且有效的教学方法，尤其在公开课中常被使用。演示的主要目的是辅助课堂教学，帮助学生更好地理解和掌握教学内容。为了使演示更具效果，教师必须掌握以下基本要求。

（一）目的明确，讲求实效

演示应始终围绕教学目标展开，不能为了演示而演示，也不能仅仅为了激发学生的兴趣而脱离教学内容。教师需要科学、系统地设计演示，明确演示的目的和内容，并确保演示的效果最大化。演示的次数不宜过多，对于非关键内容或学生理解较为容易的内容，应尽量减少演示的使用，确保演示具有针对性和实效性。

（二）选用恰当的演示类型

选择适当的演示类型是确保课堂教学效果的关键。教师在选择演示类型时，不仅要考虑教学任务的需求，还应结合学生的认知特点、教学内容的特性、演示所需时间及学校的设备条件。合理组合多种演示类型，可以最大限度地发挥其在教学中的作用，达到最佳教学效果。

（三）演示的时机适当

演示应选择在教学内容和学生情绪最需要的时候进行。如果演示时机不当，可能会分散学生的注意力，打乱教学节奏，甚至引发学生思维混乱，影响演示效果。根据学生的学习心理和学科特点，媒体出示的时机可以选择以下几种。

（1）离散时机：在上课铃响后，学生的注意力尚未完全集中时，进行演示可以迅速吸引他们的注意力，激发学习兴趣。

（2）渴求时机：当学生的求知欲望达到高峰时进行演示，可以促使他们更认真地观察和理解，提升学习效果。

（3）疑难时机：在教学重点和难点处进行演示，帮助学生更好地理解和掌握复杂概念。

（4）升华时机：在知识归纳和概括上升为抽象知识时进行演示，帮助学生将具体内容转化为抽象概念。

（5）欲试时机：在学生掌握一定知识后进行演示，可以指导他们将书本知识转化为技能。

（6）懈怠时机：在学生注意力分散或疲劳时进行演示，可以重新激发他们的学习兴趣。

（四）注意演示物的位置和能见度

演示物的位置应根据教学需求、媒体特点、教室环境及学生的需求来合理安排。演示物必须放置在全班学生都能清晰看到的位置，以确保所有学生都能全面、准确地观察到演示内容。

（五）操作规范，具有示范性

教师的演示操作应熟练、规范，特别是在公开课上，操作不当可能削弱教学效果，甚至影响学生的学习兴趣。对于实验演示，教师的操作更应规范、准确，使用精要的语言进行讲解，向学生示范正确的实验操作方法。

（六）演示与观察和思考紧密结合

学生在观察演示时，可能因知识水平和认知能力的限制，无法抓住关键点。教师应在演示过程中引导学生关注重点，并通过提问和讲解，帮助学生深入思考演示内容。观察演示物的主要特征、进行比较分析和综合概括，是学生获得科学结论的关键步骤。

（七）演示与讲解紧密结合

演示与讲解应相辅相成。教师通过生动的语言引导学生观察，在讲解中帮助学生建立已有知识与新内容之间的联系。讲解不仅能强化演示的效果，还能弥补演示可能存在的局限性。演示与讲解结合的形式可以多样化。

（1）语言在前：教师先动员学生有重点地观察，并启发他们思考。

（2）同时或交错进行：语言与演示互相补充，使教学更有层次感。

（3）讲解在后：教师在演示结束后进行总结和概括，进一步强化教学内容。

通过遵循以上要求，教师可以使演示更加有效地服务于课堂教学，提高教学的整体效果。

第五节
随堂评价技能

小学科学新课程标准的核心理念是“以学生发展为本”，强调对学生科学方法的有效指导，并提倡“教是为了不教”的教育理念，即“授人以鱼，不如授人以渔”。教师应在教学过程中，努力引导学生主动发现问题，激发思考，进行深入的探究活动，让学生在经历“捕鱼”方法的形成、应用的过程中，真正掌握解决问题的能力，甚至能够自主创新，创造出更优的方法，从而培养学生具备终身学习和持续发展的能力。

一、课堂指导的作用

课堂指导是教师在教学过程中，通过多种方式传授知识与技能，帮助学生解决疑问，促进其发展的关键行为方式。指导在课堂教学中具有以下重要作用。

（一）强化教师的主导作用

小学科学课程标准强调学生是科学学习的主体，但这并不意味着教师的主导作用可以被忽视。在科学课堂上，教师的有效指导至关重要，失去教师的引导，课堂可能会变得混乱无序，科学探究活动也难以顺利进行。因此，教师应在课堂上明确学生的探究方向，重点指引、搭建桥梁，帮助学生解决疑惑，确保教学的有效性。

（二）激发学生的学习兴趣

教学指导能够有效激发学生的求知欲，使他们产生强烈的探究动机。尤其在小学科学课堂上，大量的新奇信息充满了未知与神秘，这往往会引发学生的好奇心，但也可能带来困惑。此时，教师通过有针对性的指导，可以帮助学生解开这些疑惑，引导他们深入探究科学的奥秘，从而激发他们的学习兴趣。

（三）促进学生的认知发展

教学指导是一个逐步推进的过程，旨在促进学生的认知从简单到复杂、从低级到高级的发展。通过有效的教学指导，教师可以引导学生积极思考，将他们的认识从感性层面提升到理性层面，进而加深他们对科学概念的理解，推动认知能力的全面提升。

（四）提升学生的思维品质

教学指导不仅帮助学生解决具体问题，更在于培养和提升他们的思维品质。在指导过程中，教师并不是简单地给出答案，而是引导学生通过观察、实验、探索、比较和归纳等方法，自己去发现和解决问题。这一过程中，学生的思维得到高度锻炼。教师的启发性指导不仅在内容上给予支持，更在方法和思维方式上提供重要的引导，帮助学生在思考中探索，在探索中发现，在发现中解决问题，从而提升其整体思维能力。

二、指导的类型

小学科学课涵盖广泛的知识领域，要求学生在不断探索中逐步养成科学思维习惯，并形成有效的科学问题解决方法。在课堂教学中，常见的指导类型包括指导实验、指导观察、指导探究、指导讨论和指导小组合作。

（一）指导实验

科学实验是科学教学中的重要手段之一，也是教师经常使用的教学方法。不同年龄段的学生对实验都表现出极大的兴趣，并积极参与其中。然而，学生在完成实验后，能否真正从中获得科学知识？他们的实验是否按照科学方法进行？是否解决了课堂教学的重点和难点？这些都是教师需要关注的问题。教师的有效指导能使实验更加高效和科学，帮助学生更好地理解和掌握科学概念，同时培养他们解决问题的能力。

（二）指导观察

观察是学生认识世界的基本方法，在各个学科中都被广泛应用。学生通过观察了解周围的世界，并产生对自然的好奇心，进而激发探究欲望。观察作为一种科学方法，需要遵循一定的顺序和技巧，如从外到内、从远到近等。教师在指导学生观察时，应帮助他们逐步养成科学、系统的观察习惯，从而提高他们的观察能力。

（三）指导探究

在指导学生进行科学探究时，教师应注重培养他们的科学态度和科学精神，帮助学生初步掌握基本的科学探究方法。教师应鼓励学生亲身经历探究的全过程，体验挫折与失败，同时也要引导他们在成功时感受喜悦与成就感，这将有助于他们在科学学习中获得更深刻的理解和成长。

（四）指导讨论

讨论作为一种教学方式，广泛应用于各个学科，尤其是在小学科学课堂上。遇到教材的重点或难点时，教师通常会采用小组讨论的形式，通过学生之间的思维碰撞，达到互助学习的目的。尽管讨论形式多样，但在实际教学中，学生可能会因某个难点而陷入无意义的讨论。为避免浪费宝贵的教学时间，教师应密切关注讨论的进程，适时给予指导和提示，使讨论更具针对性和效果。

（五）指导小组合作

小学科学新课程标准强调，自主探究、动手实践、合作交流是学生课堂学习的主要方式。小组合作可以充分发挥组员的智慧，通过合作分工，互相协助完成学习任务，同时增强团队合作意识。当小组成员在合作中遇到困难时，教师应及时提供指导和帮助，以确保合作学习的顺利进行。

三、指导的原则

教师在教学指导过程中应明确目标，选择恰当的时机，并遵循一定的原则。只有把握好这些指导原则，教师才能最大限度地发挥教学指导的效果，使教学更加有针对性。下面将详细探讨教学指导中的几项关键原则：启发性原则、因势利导原则、循循善诱原则及过程互动原则。

（一）启发性原则

教学指导应当具备启发性，能够激发学生的思维，并为他们提供思考的起点和方向。在科学教学中，教师应通过巧妙的引导，帮助学生在科学探究中找到突破口，使他们在思考和探索中获得新的见解和认知。

（二）因势利导原则

因势利导原则要求教师准确把握学生的认知状态，根据他们的认知水平和思维走向进行有针对性的引导。在科学课堂上，教师应善于抓住教学时机，及时进行有效的指导，做到顺应学生的学习节奏，适时而教，从而真正发挥指导的作用。这种指导并非强制性的推动，而是与学生的学习状态相匹配的引导。

（三）循循善诱原则

循循善诱原则强调教学指导应遵循教育规律，逐步推进。无论是学生的认知过程，还是知识的逻辑结构，都有其内在规律。教师的指导应当遵循由浅入深、由简至繁、由已知到未知、由具体到抽象的进程，帮助学生在学习过程中逐步建立起完整的知识体系。

（四）过程互动原则

过程互动原则指出，教学指导应在师生互动的过程中进行。尽管教师在指导中起主导作用，但这个过程应当是师生共同参与的。教师可以通过提问引发学生的思考，或者解答学生提出的问题，形成双向交流。这种互动不仅有助于学生更好地理解和掌握知识，还能增强他们在学习中的主动性和参与感。

四、指导的要求

在小学科学教学中，教师需要综合运用多种指导方法，以确保学生能够在真实有效的科学学习活动中取得良好效果。教师的精准指导如同画龙点睛，可以瞬间打开学生的思维，达到事半功倍的教学效果。本节将详细阐述几种关键的指导方法，包括弃暗为明、拨偏为正、变死为活、化浊为清。

（一）弃暗为明

弃暗为明指的是教师将教学内容中隐含的、学生难以察觉的关键点点拨出来，使之清晰明了。这种方法能够帮助学生深入理解教学内容。例如，在科学实验中，某些现象背后的原理可能不易被学生发现，教师通过巧妙的引导，可以将这些隐含的知识点揭示出来，使学生茅塞顿开，更加全面地掌握相关概念。

（二）拨偏为正

拨偏为正是指教师在学生学习过程中发现其思维偏差或误解时，及时进行纠正和引导。这种方法能帮助学生调整思维方向，避免走入误区。在科学课堂上，学生常常会因为理解不够准确而出现偏颇的认知，此时教师的纠偏指导不仅能够正本清源，还能深化学生对正确知识的理解。

（三）变死为活

变死为活针对的是学生在学习过程中遇到的思维困境或僵局。当学生的思维停滞不前，无法继续深入时，教师应适时介入，通过启发和引导帮助学生打破僵局，使他们重新获得思考的动力和方向。这种指导方式不仅可以帮助学生掌握当前的学习内容，还能培养他们解决问题的能力。

（四）化浊为清

化浊为清是指教师通过点拨和澄清，使学生模糊不清或混乱的认识变得明晰。当学生对某些科学现象或概念产生误解或感到困惑时，教师应当通过清晰的解释和引导，帮助学生理清思路，消除认知障碍，从而使他们对科学概念有更清楚的理解和认知。这一过程有助于学生在科学探究中保持清晰的思维逻辑和正确的认知路径。

第六章

“趣”“效”合一的特殊主题与案例研究

第一节 STEM 教育的整合

STEM 教育是指科学（Science）、技术（Technology）、工程（Engineering）和数学（Mathematics）四个学科的综合教育模式。这种教育模式强调跨学科的融合和实际问题的解决能力，旨在培养学生的创新思维和实践能力。近年来，随着全球科技发展的迅速推进，STEM 教育的重要性愈发凸显，各国纷纷将其作为教育改革的重要方向之一。在小学阶段，科学教育是孩子们接触自然、认识世界的重要途径。然而，目前小学科学教育仍面临着诸多挑战。一方面，现有的科学课程内容往往较为抽象，难以引起学生的兴趣；另一方面，教师在授课过程中也常常缺乏有效的方法来激发学生的好奇心和探究欲望。这些问题导致了小学阶段科学教育的效果不尽如人意，学生的科学素养和学习积极性有待提高。学生科学兴趣的培养在教育过程中具有至关重要的作用。科学兴趣不仅能提升学生的学习动机，还能促进他们在科学领域的长期发展。研究表明，早期科学兴趣的激发与后续的学术成就和职业选择有着密切的关联。因此，如何在小学阶段有效地培养学生对科学的兴趣，成为教育工作者和政策制定者亟待解决的课题。

一、STEM 教育在小学科学中的整合现状

（一）STEM 教育在小学阶段的实施情况

随着全球对 STEM 教育的重视不断增加，各国在小学阶段逐渐将 STEM 教育引入科学课程，旨在通过跨学科的整合培养学生的综合能力。在许多教育系统中，小学阶段的 STEM 教育实施已经成为教育改革的一个重要方面。尽管实施方式因地区和学校而异，但总体趋势是通过科学、技术、工程和数学的结合，让学生的探究精神和创新思维得到促进和发展。

在实践中，STEM 教育在小学阶段的实施往往以项目式学习和问题

导向学习为主要形式。教师通过设计跨学科的活动和项目，帮助学生将科学知识与实际生活中的问题联系起来。例如，在某些学校，学生会参与到环保项目中，通过科学探究、数据分析及工程设计来解决现实生活中的环境问题。这种教学方式不仅增强了学生的学习兴趣，也培养了他们的团队合作和问题解决能力。

（二）小学科学课程中的 STEM 要素

1. 科学实验与探究

科学实验与探究是小学科学课程中最基本的 STEM 要素。通过亲身参与实验，学生可以直观地理解科学概念，培养他们的探究精神和批判性思维能力。在小学科学课程中，教师通常会设计一些简单的实验活动，让学生通过观察、测量和记录数据来理解科学原理。例如，学生可以通过种植植物观察光合作用，或者通过制作简单电路了解电流的基本知识。这些实验不仅有助于学生掌握科学知识，还激发了他们对自然现象的好奇心。

2. 数学的应用与联系

数学是 STEM 教育的重要组成部分，它在小学科学课程中起到了支持和连接其他学科的作用。学生在进行科学探究时，常常需要运用数学知识来进行数据分析、图表绘制和结果推导。例如，在实验中测量液体体积时，学生需要运用数学中的测量和单位转换知识；在记录实验结果时，他们需要使用图表来直观展示数据。通过这些实践活动，学生不仅加深了对数学概念的理解，还能体会到数学在科学探究中的实际应用价值。

3. 技术与工程的引入

随着科技的进步，技术与工程在小学科学教育中的地位越来越重要。通过将简单的工程设计和技术工具引入课堂，学生可以在动手实践中体验到科学与技术的结合。比如，学生可以利用简单的材料设计和建造模型桥梁，通过实践理解工程设计的基本原理。此外，教育技术工具（如计算机软件、编程工具）的使用也成为小学科学课程中的一部分，这不仅提高了学生的技术素养，还促进了他们的创新能力和问题解决技能。

（三）当前整合中的不足与挑战

1. 课程设计的局限

尽管STEM教育在小学阶段的整合取得了一定的进展，但在课程设计上仍然存在一些局限性。许多课程在整合STEM要素时，往往只是表面的学科叠加，而缺乏深度的跨学科融合。这导致学生在学习过程中难以建立起学科间的联系，无法充分理解和应用所学知识。此外，一些课程过于注重知识的传授，忽视了学生自主探究和实践能力的培养，使得STEM教育的潜力未能充分发挥。

2. 师资力量的挑战

教师是STEM教育成功实施的关键。然而，目前小学教师在STEM教育领域的专业素养和教学能力仍存在较大差距。许多教师缺乏跨学科的知识背景和教学经验，使得他们在实施STEM教育时面临困境。尤其是在工程和技术领域，许多教师缺乏相关的培训和资源支持，难以有效引导学生进行实践活动。此外，教师工作负担的增加也影响了他们对STEM教育的深入探索和实践。

3. 资源和设备的限制

STEM教育的实施需要一定的资源和设备支持，然而在许多小学，尤其是偏远和资源有限的学校，这方面的条件往往难以满足。实验室设备的缺乏、教学资源的不足及教育技术工具的匮乏，都是制约STEM教育有效整合的因素。此外，教育资源分布的不均衡也加剧了这一问题，使得不同地区的学生在STEM教育中获得的机会和体验存在较大差距。

在这种背景下，STEM教育在小学科学中的整合虽已取得初步成效，但要实现全面推广和深度融合，仍需在课程设计、师资培训和资源配置等方面进行持续改进和投入。

二、STEM教育的整合策略

（一）学科整合的理论基础

STEM教育的核心在于科学、技术、工程与数学四个学科的紧密结合。各学科间的相互关联性使得STEM教育不仅仅是简单的学科叠加，而是通过整合这些学科来促进学生的综合能力发展。在实际教学中，科学为学生提供了探究自然现象的基础，数学为解决问题提供了工具，技术与工程则为学生提供了应用与实践的场景。这种整合方式能够帮助学生从多角度理解和解决复杂问题，从而培养他们的系统思维和创造性解决问题的能力。

学科整合的教育学理论为 STEM 教育的实施提供了有力支持。建构主义理论强调，知识不是通过简单传递获得的，而是在实践与反思中主动构建的。通过整合不同学科，STEM 教育能够为学生创造更多的实践机会，让他们在解决实际问题的过程中构建知识。多元智能理论则指出，每个学生的学习方式和智能类型是多样的，STEM 教育通过丰富的学习方式和多样化的项目，满足不同学生的学习需求，激发他们的潜力。

（二）跨学科项目设计

跨学科项目设计是 STEM 教育整合的重要手段之一。项目式学习（PBL）作为一种以学生为中心的教学方法，在 STEM 教育中得到了广泛应用。通过 PBL，学生可以围绕一个真实世界的问题或任务，跨越学科边界进行探究和合作。例如，学生可以设计一个环保建筑模型，这不仅涉及科学知识（如材料的选择和能源的利用），还需要运用数学技能进行测量和计算，并利用技术和工程原理来实现设计方案。这样的项目能够让学生在解决实际问题的过程中应用和整合多学科的知识，提升他们的综合能力和学习兴趣。

在项目设计中，引入真实世界的问题是关键。现实中的问题往往是复杂和多维的，需要学生从多个学科的角度进行分析和解决。这种问题导入不仅可以增强学生的学习动机，还可以帮助他们理解知识的实际应用价值。例如，通过探讨气候变化的影响，学生可以同时学习科学中的环境知识、数学中的数据分析、技术中的测量工具使用，以及工程中的解决方案设计，从而全面提升他们的科学素养和实际应用能力。

（三）科技工具与创新实践

科技工具在 STEM 教育中扮演着不可或缺的角色。使用教育科技工具，如编程、机器人等，可以有效激发学生的兴趣，并为他们提供探索和创新的机会。例如，编程不仅是计算机科学的核心技能，还能够通过编程项目帮助学生理解数学中的逻辑结构和工程中的设计思维。机器人项目则可以将机械原理、电子技术和编程结合起来，让学生在动手实践中掌握知识并提升创新能力。

创客教育（Maker Education）是STEM教育中另一个重要的创新实践。创客教育强调通过“做中学”（learning by making）的方式，培养学生的创造力和实践能力。在创客实验室中，学生可以使用3D打印、激光切割等工具，将自己的创意变为现实。他们不仅可以设计和制造各种物品，还能在制造过程中理解科学原理和工程技术。动手实验和创客项目的整合，能够让学生在创造过程中深刻体验到STEM教育的魅力，进一步增强他们的学习兴趣和动机。

通过这些整合策略，STEM教育能够在小学阶段有效激发学生的科学兴趣，并培养他们的跨学科思维和创新能力。这不仅有助于提升学生的学业表现，还能为他们未来的学术和职业发展打下坚实基础。

三、STEM教育整合对小学科学教育效果的影响

（一）兴趣与学业成就的关系

在教育心理学中，兴趣被认为是激发学生学习动机和提高学习成效的关键因素。特别是在小学阶段，学生的科学兴趣往往直接影响他们在科学学习中的表现和长远发展。STEM教育通过整合科学、技术、工程和数学的学科内容，为学生提供了丰富的学习体验，这种跨学科的教学模式能够有效激发学生的好奇心和探究欲望。

当学生的科学兴趣得到提升时，他们在学习中的主动性和参与度会显著增强。这种积极的学习态度不仅有助于他们更好地理解和掌握科学概念，还能提升他们在考试中的表现和长期学业成就。例如，通过参与实际的科学实验和工程设计项目，学生能够亲身体验科学原理的应用，这种亲历性学习体验通常比单纯的课堂讲授更能引发他们对科学的兴趣。此外，STEM教育的成功案例也表明，当学生的科学兴趣被有效激发时，他们的学业成就也会随之提高。

例如，在美国的某些小学，学校通过将编程、机器人设计等技术活

动引入科学课程，使学生能够在实践中学习数学和物理等学科知识。这种整合后的STEM教育不仅提升了学生的科学兴趣，还显著提高了他们在标准化考试中的成绩。同样，芬兰的一些学校通过跨学科的项目式学习，成功将科学与环境教育结合，让学生在参与环境保护项目的同时，深刻理解生态学原理，结果学生在相关学科的考试中表现优异，并对科学研究产生了浓厚的兴趣。

（二）多样化评价方式

在STEM教育中，多样化的评价方式是评估学生学习效果的重要手段。传统的评价方式通常侧重于笔试成绩，这种单一的评价方式无法全面反映学生在STEM学习中的成长与发展。相比之下，STEM教育倡导通过多维度的评价方式来全面考查学生的表现，特别是科学思维和问题解决能力等方面。

多样化评价方式包括对学生在科学探究过程中的表现进行评价，如他们在实验中的观察能力、数据记录的准确性及对结果的分析与解释。此外，学生在跨学科项目中的合作能力、创新思维和实际操作技能也成为评价的重要内容。这种评价方式不仅关注学生的知识掌握情况，更注重他们在实际问题解决中的表现。

科学思维与问题解决能力的考核是STEM教育评价中的核心内容。学生在面对真实问题时，需要应用科学知识进行分析，并通过技术和工程手段提出解决方案。因此，在评价中，不仅要考查学生对科学知识的理解，还要评估他们在复杂问题情境中的应对能力。例如，学生在设计一个环保装置时，需要运用物理和工程知识，同时进行创新和批判性思考，这些能力都应该在评价中得到体现。

通过多样化的评价方式，教师可以更全面地了解学生在STEM教育中的成长，帮助他们发现自己的优势与不足，从而更有针对性地指导和支持他们的学习。这种全面的评价不仅能够提升学生的学习动机，还能引导他们在科学领域中不断探索和进步，最终实现学业成就和个人能力的全面提升。

第二节 环境教育与可持续发展

一、概述

（一）环境教育的定义与重要性

环境教育是指通过教育手段培养学生对环境的理解、意识和责任感，从而促使他们采取积极的行动来保护和改善环境的过程。环境教育不仅仅是传授环境知识，它更强调通过体验和实践，让学生理解人类与自然之间的复杂关系，并培养他们的生态责任感。在当今环境问题日益严峻的背景下，环境教育的重要性愈加突出。它不仅是培养未来公民环境素养的关键途径，也是应对全球环境挑战的重要手段。

在小学阶段，环境教育的作用尤为重要。这个年龄段的学生正处于世界观和价值观形成的关键时期，他们对新知识的接受能力强，对自然环境充满好奇。环境教育可以帮助学生从小树立环境保护意识，养成良好的环境行为习惯，进而为他们的终身学习和可持续发展奠定坚实基础。

（二）可持续发展的概念及意义

可持续发展是指既满足当代人需求，又不损害后代人满足其需求能力的发展模式。这个概念强调经济增长、社会进步和环境保护之间的平衡，追求长远而非短期的利益。可持续发展理念自提出以来，已成为全球应对环境、经济和社会挑战的指导方针。

全球面临的环境问题，如气候变化、资源枯竭、生物多样性减少等，正威胁着人类社会的可持续性发展。为应对这些挑战，各国政府、企业和社会组织纷纷倡导可持续发展，并将其纳入政策和实践中。教育作为促进可持续发展的重要途径，肩负着培养具有可持续发展意识和能力的公民的责任。尤其在小学阶段，通过环境教育引入可持续发展理念，不仅可以让学生理解和认识这些全球性问题，还能激发他们的责任感和行动力，推动他们成为未来的环境守护者。

（三）小学环境教育的目标与作用

首先，小学环境教育旨在培养学生对自然环境的热爱和尊重，增强他们的生态保护意识。通过参与各种环境活动，学生可以直观地感受到自然的美丽与脆弱，从而形成保护环境的自觉性。

其次，小学环境教育通过知识的传授和实践活动，帮助学生理解人类活动对环境的影响，从而认识到环境保护的重要性。

再次，小学环境教育可以培养学生的批判性思维和问题解决能力。通过探究和讨论环境问题，学生可以学习如何分析和解决复杂的生态问题。这种能力不仅有助于他们在学术上的发展，也为他们未来在社会中承担环保责任做好了准备。

最后，小学环境教育通过培养合作精神和社会责任感，促进学生的全面发展。在参与环保项目和团队活动时，学生学习如何与他人合作，共同为环境保护贡献力量。这种团队精神和社会责任感对于他们的个人成长和社会融入具有重要意义。

总之，小学环境教育不仅是传递知识的过程，更是培养学生责任感、创新力和合作能力的关键途径。将可持续发展理念融入环境教育，可以让学生从小树立正确的价值观和行为模式，为应对未来的环境挑战做好准备。

二、小学环境教育的现状与挑战

（一）当前小学环境教育的内容与形式

小学环境教育的内容和形式在不同地区和学校可能存在一定的差异。首先，小学环境教育的内容通常涵盖自然界的基础知识，如生态系统的组成、生物多样性的重要性、水资源的循环利用等。这些内容有助于学生理解自然环境的基本结构和功能，进而认识到人类活动对环境的影响。

其次，小学环境教育形式通常采用课堂教学、户外活动、实验操作、项目式学习等。例如，教师可能会组织学生进行校园或社区的环保实践活动，如植树、垃圾分类、参观自然保护区等，以增强学生的环保意识和实际操作能力。此外，一些学校还会利用多媒体工具和互联网资源，让学生通过观看纪录片、参加在线环保课程等方式，拓展环境知识和全球视野。

然而，尽管这些形式多样的教育活动为学生提供了丰富的学习体验，但在实际操作中，由于教育资源和教师水平的差异，环境教育的效果往往不尽如人意，存在较大的提升空间。

（二）小学科学课程中的环境教育元素

在小学科学课程中，环境教育元素是课程的重要组成部分，通常包括以下几个方面。

1. 基础知识的传授

小学科学课程中，环境教育首先体现在基础知识的传授上。例如，学生会学习地球的基本结构、气候变化的基本原理、水和空气的循环过程等。这些基础知识不仅帮助学生理解自然现象的科学原理，还让他们认识到环境问题的复杂性及其与人类生活的密切关系。

2. 环境保护意识的培养

除了知识传授，环境保护意识的培养是小学科学课程中的另一重要内容。通过课程，学生学习到节约资源、减少污染和保护动植物等环境保护基本原则。例如，在课堂上，教师可能会通过案例分析、讨论等方式，引导学生思考如何在日常生活中减少资源浪费、保护自然环境。这种意识的培养有助于学生从小形成良好的环保习惯，并逐步内化为他们的日常行为规范。

（三）当前环境教育实施中的不足与面临的挑战

尽管环境教育在小学科学课程中占有重要地位，并在某些方面取得了积极成效，但在实际实施中仍面临许多不足和挑战。

1. 课程设置的局限性

当前的小学环境教育课程设置往往存在一定的局限性。一方面，课程内容有时过于理论化，缺乏实践操作和跨学科的整合，导致学生难以将学到的知识应用于实际问题的解决。另一方面，课程设计上可能过于集中于某些基础知识，忽视了学生自主探究和创新能力的培养。这种局限性使得环境教育在提升学生环境素养方面的效果受到限制。

2. 师资力量与教育资源的不足

师资力量和教育资源的不足是当前小学环境教育面临的主要挑战之一。许多小学的教师在环境科学领域的专业知识和教学经验不足，使得他们在教学过程中难以有效传递环境教育的核心理念。此外，由于教育资源的匮乏，许多学校缺乏开展环境教育所需的基本设备和材料，如实验器材、自然观察场地等，这限制了环境教育活动的多样性和深度。

3. 学生参与度与兴趣激发的难点

在环境教育的实施过程中，如何有效激发学生的参与兴趣是一个难点。尽管环境问题对学生的未来生活至关重要，但由于这些问题通常较为抽象和宏观，学生在理解和感知上可能存在困难，这就削弱了他们的参与动机。此外，一些环境教育活动的设计缺乏趣味性和互动性，未能充分调动学生的积极性，导致他们在参与活动时表现出一定的被动性和抵触情绪。

总的来说，虽然小学环境教育在提升学生的环境意识和科学素养方面具有重要作用，但在实际实施中，仍需进一步优化课程设计、提升教师专业能力、增加教育资源投入，以克服现有的不足和挑战，更好地激发学生的兴趣，促进环境教育的有效开展。

三、兴趣在环境教育中的作用

（一）兴趣驱动的学习动机

兴趣是学生学习动机的强大驱动力，尤其是在环境教育中，兴趣不仅能激发学生的好奇心，还能促使他们深入探索和持续参与。对于小学生而言，环境教育涉及的许多内容，如生态系统的运作、动植物的多样性及气候变化的影响等，但如果缺乏足够的兴趣支撑，这些内容可能会显得抽象和难以理解。因此，如何激发和维持学生对环境的兴趣，成为教育者在设计和实施环境教育时必须优先考虑的问题。

通过设计与学生生活经验相关的课程内容和活动，教师可以有效地利用兴趣来驱动学习动机。例如，当学生意识到他们日常生活中的行为对环境产生的实际影响时，他们往往会表现出更高的学习热情和参与度。这样的学习动机不仅使学生更容易掌握环境知识，还鼓励他们在日常生活中践行环保行为，从而实现环境教育的最终目标。

（二）探索自然与环境：激发好奇心与探究精神

自然界本身就是激发学生好奇心和探究精神的最佳课堂。通过引导学生亲身探索自然环境，教师可以帮助他们发展对环境问题的深层次兴趣。大自然的多样性和复杂性为学生提供了无尽的学习机会，从观察植物的生长过程，到研究当地生态系统的平衡，每一次接触大自然都是一次新的发现和学习。

例如，教师可以带领学生进行户外探险活动，如森林漫步、溪流观察或鸟类观测等。在这些活动中，学生不仅可以亲身接触自然，还能通过观察和记录自然现象，培养探究精神。学生在探索自然的过程中，往往会产生许多问题，这些问题成为进一步学习和探讨的起点。通过这种方式，学生不仅能学会如何提出科学问题，还能学会如何通过观察和实验来寻找答案，从而在潜移默化中培养了科学素养和探究能力。

（三）项目式学习（PBL）与实地考察在环境教育中的应用

项目式学习（PBL）是一种以学生为中心的教学方法，通过让学生参与实际项目，帮助他们深入理解和应用所学知识。在环境教育中，PBL 提供了一个非常有效的框架，学生可以通过参与与环境相关的项目，解决现实生活中的环境问题，从而加深对环境问题的理解和兴趣。

例如，学生可以参与设计一个校园绿化项目，从选择植物种类、规划种植区域到实际种植和维护，整个过程都由学生自主进行。通过这种实践，学生不仅学到了植物生长的科学知识，还意识到了绿化对校园环境的重要性，进一步激发了他们对环境保护的热情。

实地考察也是环境教育中非常重要的手段。通过带领学生前往自然保护区、污水处理厂、回收中心等场所，教师可以帮助学生将书本知识与实际环境问题联系起来。这种沉浸式的学习体验能够让学生更直观地感受到环境问题的严重性，从而增强他们的责任感和参与意识。

（四）环境主题活动与游戏对兴趣的促进作用

环境主题活动与游戏是激发学生兴趣的重要工具，尤其是在小学阶段，游戏化的学习能够让学生在轻松愉快的氛围中掌握复杂的环境知识。通过设计与环境保护相关的主题活动和游戏，教师可以将抽象的科学概念转化为具体的体验，使学生更容易理解和接受。

例如，教师可以设计一场模拟环保竞赛，让学生通过完成不同的环保任务来获取积分。这些任务可以包括垃圾分类比赛、环保知识问答、节能减排行动计划等。这类活动不仅让学生在竞争中学习，还通过游戏化的形式使学习过程更加有趣和生动，进一步激发他们的学习兴趣。

此外，环境主题的艺术活动，如绘画、手工制作等，也可以作为环境教育的一部分。这些活动不仅能帮助学生表达他们对环境的理解和感受，还通过创造性的过程，增强他们了对环境保护的认同感和责任感。

通过结合兴趣驱动的学习动机、自然探索、项目式学习、实地考察以及环境主题活动和游戏，环境教育可以变得更加生动和有效。兴趣不仅促进了学生的主动学习，还使他们能够在享受学习的过程中逐步培养出对环境问题的深刻认识和持久的探究精神。

四、可持续发展教育的整合策略

（一）跨学科整合：科学、社会、经济的交融

可持续发展教育的核心在于通过跨学科整合，将科学、社会和经济等领域的知识融会贯通，帮助学生全面理解可持续发展的概念及其应用。在小学阶段，跨学科整合可以通过结合不同学科的课程内容，使学生认识到环境问题不仅是自然科学的问题，还涉及社会和经济的发展。例如，学生在学习气候变化的科学原理时，可以同时探讨气候变化对经济活动的影响，以及社会在应对气候变化方面所承担的责任。

这种跨学科的学习模式有助于学生理解环境问题的复杂性和多维度性，培养他们从多个角度分析问题和解决问题的能力。此外，通过讨论经济活动与环境保护之间的平衡，学生可以更好地理解可持续发展的必要性，并在日常生活中做出更加负责任的选择。

（二）实践与体验：实地考察与社区项目

实践与体验是可持续发展教育的重要策略之一，通过实地考察和社区项目，学生可以将课堂上学到的理论知识应用到现实生活中，增强对

环境问题的直观理解。实地考察可以包括参观自然保护区、了解可再生能源设施、探访本地的农场或水资源管理中心等，让学生直接观察和参与环境保护的实际工作。

社区项目则为学生提供了一个将理论与实践结合的机会。例如，学生可以参与社区的垃圾分类项目、植树活动，或是策划并实施一个节能减排的倡议。这些项目不仅培养了学生的实践能力，还增强了他们的社会责任感和团队合作精神。

通过这些实践活动，学生能够亲身体验环境保护知识在现实中的重要性，这种体验式学习能够更有效地内化可持续发展的观念，使他们在未来的生活中更自觉地践行环保理念。

五、兴趣与可持续发展教育的关联

（一）儿童与自然的亲密接触：激发对自然的兴趣

激发儿童对自然的兴趣是培养可持续发展意识的关键起点。儿童天生对自然充满好奇心，通过与自然的亲密接触，可以将这种好奇心转化为浓厚的兴趣。接触自然的经历，如在森林中漫步、观察昆虫的生活、体验四季的变化等，能够帮助儿童建立与自然的情感纽带。这种情感纽带不仅激发了他们对自然的热爱，也为他们日后理解和参与环境保护奠定了情感基础。

在教育实践中，教师和家长可以通过组织户外活动、自然探索营等方式，提供更多的机会让儿童亲近自然。这些活动不仅可以丰富儿童的感官体验，还能帮助他们发现自然界的奥秘，增强他们对自然的敬畏和珍惜之情。这种从兴趣出发的环境教育方式，有助于培养儿童的生态保护意识，并在他们心中种下可持续发展的种子。

（二）探索与参与：让孩子感受保护环境的紧迫性

在激发对自然的兴趣之后，下一步是帮助儿童认识到环境问题的存在及保护环境的紧迫性。这一阶段的教育旨在让儿童从被动的自然观察者转变为主动的环境保护参与者。通过探索和参与，儿童能够更深刻地理解人类活动对环境的影响，感受到环境问题的严峻，从而激发他们的责任感和行动力。

例如，教师可以通过带领学生参观受污染的河流、退化的森林或已经绝迹的物种栖息地，直观地展示环境问题的严重性。这样的实地考察活动让儿童能够切身体验到环境危机的存在，进而促使他们思考如何为保护环境做出贡献。此外，参与环境保护行动，如清理垃圾、植树造林或节能减排项目，也能够让儿童在实际行动中感受到他们可以成为改变环境的一分子，从而增强他们的环境保护意识。

（三）环境项目与实践活动：从小培养可持续发展的意识

实践活动是培养儿童可持续发展意识的有效途径。通过参与具体的环境项目，儿童不仅能应用课堂上学到的知识，还能在实际行动中体会到环境保护的重要性。这种“做中学”的方式，不仅使学习内容更加生动具体，也增强了儿童对可持续发展的理解和认同。

在学校教育中，教师可以设计和实施各种环境项目，例如校园绿化计划、节水节电行动、垃圾分类与回收利用等。这些项目不仅让儿童在实践中学习，还培养了他们的团队合作精神和问题解决能力。此外，儿童在参与这些项目的过程中，会逐渐意识到他们的行动对环境的影响，从而更加重视日常生活中的环保行为。

这些实践活动还可以通过与社区和家庭的合作，进一步扩大其影响力。例如，学生可以将他们在学校学到的环保知识带回家中，和家人一起实践节能减排或垃圾分类等环保行动。这种家庭与学校的联动，不仅巩固了儿童的环保意识，还推动了可持续发展观念在更大范围内的传播。

（四）环境教育与其他学科的整合：跨学科学习的潜力

环境教育不仅仅是科学教育的一个部分，它还可以与多种学科进行有效整合，从而发挥更大的教育效力。这种跨学科的学习方式，不仅丰富了儿童的学习内容，还帮助他们从不同角度理解可持续发展的复杂性。

例如，在科学课上，教师可以通过讲解生态系统的运作、能源的可持续利用等内容，让学生理解自然界的基本规律和人类对环境的影响；在数学课上，学生可以学习如何通过统计和数据分析来衡量人类活动的环境影响；在社会课上，学生可以探讨全球气候变化与社会发展的关系，以及不同文化背景下的环保实践。

通过这种跨学科学习，学生不仅能更全面地理解环境问题，还能掌握分析和解决这些问题的多种方法。这种整合性的教育策略，有助于培养学生的综合能力，使他们能够从更宏观的视角思考和应对未来的环境挑战。

综上所述，激发儿童对自然的兴趣、通过探索与参与感受环境问题的紧迫性、参与实践活动培养可持续发展意识，以及将环境教育与其他学科整合，都是帮助儿童建立可持续发展观念的重要策略。这些教育方法不仅能够激发学生对环境的关注和热爱，还能引导他们在未来成为积极的环境保护者和可持续发展的践行者。

第七章

小学科学教育的评估与反馈

第一节

小学科学教育评估的方法与标准

科学教育在学生早期发展中扮演着至关重要的角色。它不仅是学生接触和理解自然世界的第一步，更是培养他们科学思维和探究能力的关键阶段。在这一阶段，学生通过学习基础科学知识，掌握观察、实验、推理等基本技能，并开始理解科学在现实生活中的应用。这些早期的科学教育体验对学生未来的学习态度和科学素养有着深远的影响。因此，科学教育在小学阶段的有效实施对于培养下一代具备科学素养的公民至关重要。

评估在小学科学教育中具有重要的角色和意义。首先，评估是衡量学生学习成果和教学效果的主要工具。通过评估，教师可以了解学生在学习过程中掌握了哪些知识，哪些概念仍需加强。其次，评估可以为教师提供教学反馈，帮助他们识别教学中的不足之处，从而调整教学策略，以更好地满足学生的学习需求。最后，评估有助于激发学生的学习动机。当学生通过评估了解到自己的进步与不足时，他们会更加明确自己的学习目标，从而增强学习的主动性和积极性。评估不仅是对学生学业水平的检验，更是对教学过程的反思与教学改进的依据，是实现有效教学的重要环节。

一、评估方法概述

（一）定量评估与定性评估

在小学科学教育中，评估方法可以分为定量评估和定性评估两大类。这两类评估方法各有其特点和优势，通常在实际教学中应结合使用，以全面了解学生的学习情况。

1. 标准化测试

定量评估主要通过标准化测试来进行。标准化测试是评估学生科学知识掌握情况的常用工具。通过统一的试卷和评分标准，教师可以客观地测量学生在科学课程中所学知识的掌握程度。这种评估方式的优点在于能够提供量化的数据，便于教师对学生的学业水平进行横向比较，识别学生学习中的共性问题。

然而，标准化测试也有其局限性。它主要关注学生对科学概念、事实和定义的记忆与理解，较少涉及学生在科学探究过程中表现出的思维能力、实验技能和创造力。因此，虽然标准化测试在评估学生基础知识方面发挥着重要作用，但它无法全面反映学生的综合科学素养。

2. 课堂观察与表现性评估

定性评估侧重于通过课堂观察和表现性评估来了解学生的学习过程和能力。课堂观察是教师在日常教学中对学生行为、参与度、合作能力等方面进行记录和分析的过程。通过观察，教师可以捕捉学生在科学探究活动中的思维过程、问题解决能力和实验操作技能。这些观察数据为教师提供了深入了解学生学习过程的重要依据。

表现性评估则是在特定的学习任务或项目中，评估学生的实际表现。例如，学生在科学项目中的实验设计、数据分析、报告撰写和展示等都可以成为表现性评估的对象。表现性评估的优势在于它能够全面评估学生的科学探究能力、批判性思维和沟通能力，是对学生综合素质的有效考量。

（二）形式性评估与总结性评估

根据评估实施的时间和目的，评估方法还可以分为形式性评估和总结性评估。这两种评估方式在小学科学教育中各自承担着不同的功能，配合使用可以更好地促进学生的学习与发展。

1. 课堂中的即时反馈

形式性评估是指在教学过程中进行的评估，通常通过课堂中的即时反馈来实现。这种评估方式旨在及时了解学生对所学内容的理解程度，并根据学生的反馈调整教学策略。形式性评估的形式多种多样，如教师在课堂上提出问题，或让学生完成小测验或课堂练习。

即时反馈的优势在于它能够帮助教师迅速识别学生在学习中的困难，及时进行教学调整，从而提高教学的针对性和有效性。同时，学生也可以通过这种即时反馈了解自己的学习状况，及时纠正错误，增强学习的主动性和积极性。

2. 期末考试与学年总结

总结性评估则是在一个学习单元、学期或学年结束时进行的评估，通常以期末考试或学年总结的形式呈现。总结性评估的目的是对学生整个学习阶段的知识掌握情况和能力发展进行全面评估，并为下一阶段的教学提供依据。

期末考试是总结性评估的主要形式之一，通过统一的考试题目和评分标准，教师可以了解学生在科学课程中的总体学习成果。学年总结则不仅包括学生的考试成绩，还涵盖他们在整个学年中的表现、参与度、项目完成情况等多方面的内容。

总结性评估的结果通常用于评价学生的学业成就、评定成绩，并为家长和学校提供学生学业进展的综合报告。然而，由于总结性评估通常在学习结束后进行，缺乏对教学过程中即时反馈的功能，因此它更适合作为长期教学效果的评估手段，而非教学调整的依据。

综上所述，小学科学教育的评估应结合定量与定性、形式性与总结性评估的方法，以全面、客观地反映学生的学习过程与成果。通过多样化的评估方法，教师可以更好地了解学生的学习需求，调整教学策略，最终提高小学科学教育的整体质量。

二、评估标准的设定

（一）学科知识的掌握与理解

在小学科学教育中，学生对学科知识的掌握与理解是评估的基础。评估标准应包括对学生在概念理解、记忆和科学术语应用方面的能力进行考核。

1. 概念理解与记忆

评估学生对科学概念的理解和记忆是基础性的标准。学生需要掌握科学课程中的核心概念，并能够准确地记忆和复述这些概念。例如，学生在学习“能量”这一主题时，应能解释能量的不同形式及能量转换的基本原理。评估可以通过测试学生对这些概念的准确记忆，以及他们在新的情境中运用这些概念的能力来实现。教师可以设计包括选择题、填空题和简答题的测验，评估学生对关键科学概念的理解和记忆情况。

2. 科学术语与定义的应用

小学科学教育中，正确使用科学术语和理解定义是衡量学生科学素养的重要部分。学生应能够在适当的语境中正确使用科学术语，并理解其定义。例如，学生应能够解释“光合作用”这一术语，并描述其在植物生命中的作用。评估标准应包括学生在口头表达、书面报告和实验记录中使用科学术语的准确性，以及他们能否基于定义进行科学解释。教师可以通过课堂讨论、实验报告和小组项目中的表现来评估学生对科学术语的应用能力。

（二）科学探究能力的评估

科学探究是小学科学教育的重要组成部分，评估学生的科学探究能力可以帮助教师了解学生在实际科学研究中的表现。这类评估标准应关注学生在提出问题、制定假设、设计实验和分析数据方面的能力。

1. 问题提出与假设制定

学生提出科学问题与制定假设的能力是评估学生科学探究能力的关键指标。学生应能够根据观察提出有意义的科学问题，并利用已有知识和逻辑推理制定合理的假设。例如，在观察植物生长时，学生可能会提出“光照强度对植物生长速度的影响”这一问题，并假设“光照越强，植物生长越快”。教师可以通过观察学生在课堂讨论和科学项目中的表现，重点评估他们提出的问题的深度和假设的合理性。

2. 实验设计与数据分析

实验设计与数据分析是学生科学探究过程中的核心能力。学生应能够设计实验来验证他们的假设，选择合适的工具和方法，并准确记录实验数据。评估标准应包括学生是否能够合理控制变量、设计对照组，并在实验过程中遵循科学方法。此外，学生还需要具备分析数据并从中得出结论的能力，例如，通过数据图表分析实验结果的趋势，并判断实验结果是否支持最初的假设。教师可以通过学生的实验报告、数据记录和结论分析来评估他们的实验设计和数据分析能力。

（三）创新思维与解决问题能力的评估

在现代科学教育中，培养学生的创新思维和解决问题能力至关重要。这部分评估标准应着重考查学生在面对新问题时的创造性思维表现，以及他们如何运用科学知识来解决实际问题。

1. 创造性思维的激发

评估学生的创造性思维能力，旨在了解他们在科学探究过程中是否能够提出新颖的想法或方法。学生在实验设计、问题解决或项目研究中，应能展示出与众不同的思路，例如，在研究能源节约时提出使用新型材料或智能技术的独特方案。评估标准应包括学生是否能够突破传统思维框架，提出创新性的解决方案或提出独特的问题视角。教师可以通过学生的项目计划、创造性实验设计及在科学竞赛中的表现来评估他们的创造性思维。

2. 实际问题解决中的科学应用

实际问题解决能力的评估应考查学生如何运用所学的科学知识来解决现实中的问题。学生应能够识别问题的科学根源，设计合理的解决方案，并在实施过程中灵活应用所学知识。例如，学生可以通过设计一个节水系统来解决学校用水浪费的问题，这一过程要求他们运用物理学、环境科学和工程知识。教师可以通过学生在科学项目、实践活动中的表现，以及他们在解决问题过程中展示的分析、计划和执行能力来评估。

通过设定这些评估标准，教师能够更全面地衡量学生的学习成果，关注科学探究能力和创新思维的培养。这些标准为教师提供了有效的评价工具，也为学生的全面发展奠定了坚实的基础。

三、多样化评估工具

（一）观察与记录

多样化评估工具在小学科学教育中起着关键作用，它们能够为教师提供多维度的学生学习信息，有助于教师全面了解学生的学习进展与潜在问题。其中，观察与记录是最基础也是最常用的评估工具。

1. 教师日常观察与评价

教师日常的课堂观察是获取学生学习情况的重要途径。通过观察，教师可以及时了解学生的课堂表现、参与度、合作能力，以及他们在科学探究活动中的具体表现。这种评估方式能够捕捉学生在课堂中的细微变化，例如，他们在实验中的操作技能、提出问题的能力、与同伴合作的情况等。教师可以通过日常的观察记录，发现学生在学习中的优势与不足，从而调整教学策略，更好地支持学生的发展。此外，教师的评价可以包括口头反馈、个别辅导和课堂笔记等形式，帮助学生认识到自己的进步与需要改进的地方。

2. 学生自评与同伴评估

学生自评与同伴评估是发展学生自我反思能力和增强合作意识的重要手段。在自评过程中，学生通过反思自己的学习过程，识别出学习中的成功与不足，从而提高他们的自主学习能力。同伴评估则通过学生间的互动，鼓励他们对彼此的工作进行评价，这不仅有助于学生理解多元视角的重要性，还培养了他们的批判性思维和合作能力。教师可以设计简单的自评表或同伴评估表，引导学生在项目结束后对自己或同伴的表现进行评分和反馈。这些评估活动能够让学生更深入地参与学习过程，并促进他们的成长。

（二）项目式评估

项目式评估是一种强调学生在实际任务中应用知识的评估方式，尤其适用于科学教育中的探究活动和实践项目。这种评估工具不仅能够评估学生的知识掌握情况，还能够考查他们的动手能力、创造性思维和问题解决能力。

1. 科学项目与实践活动的评估

科学项目与实践活动的评估旨在通过学生的实际表现来衡量他们的科学素养和探究能力。学生通常会参与长期的科学项目，例如，研究水质、设计环保方案或建造简单的机械装置。在这些项目中，学生需要综合运用多学科的知识，制订计划、执行实验、分析数据并得出结论。评估标准应包括学生在项目中的参与度、创新性、合作能力及最终的成果展示。教师可以通过观察学生的项目过程、阅读他们的实验日志和报告，来全面评估他们在实践中的表现。

2. 作品展示与口头报告

作品展示与口头报告是项目式评估的重要组成部分，通过这种方式，教师不仅可以考查学生的科学理解能力，还能评估他们的沟通技巧和表达能力。学生在完成科学项目后，通常会通过作品展示或口头报告的形式向同学和教师汇报他们的研究过程和结果。在此过程中，学生需要清晰、有逻辑地表达自己的观点，回答观众的问题，并展示他们的实验数据或成果。这种评估形式有助于培养学生的公众演讲能力和团队合作精神。教师可以根据学生的报告内容、表达技巧、回答问题的准确性和作品展示的效果进行评分，并提供建设性的反馈。

（三）数字化与技术支持的评估工具

随着教育技术的快速发展，数字化与技术支持的评估工具在小学科学教育中变得越来越普及。这些工具不仅提高了评估的效率，还为教师和学生提供了更丰富的评估数据和反馈形式。

1. 在线测试与测验

在线测试与测验是数字化评估工具的重要形式，它们可以通过网络平台快速进行，且自动化评分极大地减轻了教师的工作负担。这些测试通常包括选择题、判断题、填空题和短答案题，能够及时反馈学生的知识掌握情况。在线测验的优势在于其灵活性，教师可以根据教学进度随时创建和调整测试内容。此外，在线测试系统通常提供详细的分析报告，帮助教师识别学生的学习弱点，并为他们提供个性化的学习建议。

2. 虚拟实验室等工具

技术的发展为评估工具的创新带来了新的可能性。虚拟实验室、模拟软件、互动式学习平台等工具，能够为学生提供更加丰富的学习体验和评估机会。例如，学生可以在虚拟实验室中进行模拟实验，完成后系统会自动评估他们的操作步骤、数据记录和结论得出过程。这种技术支持下的评估工具，不仅提高了评估的精确性和公平性，还能激发学生的学习兴趣和参与度。教师可以利用这些工具进行多维度的评估，获取学生在不同学习场景下的表现数据，从而更全面地了解学生的学习进展。

通过多样化的评估工具，小学科学教育可以更全面、准确地评估学生的学习成果，促进他们在科学知识、探究能力和创新思维方面的全面发展。无论是传统的观察与记录，还是现代的数字化工具，都在评估体系中发挥着不可替代的作用。这些评估工具的合理使用，能够有效支持教师的教学决策，并帮助学生不断提升科学素养。

四、评估反馈与改进

（一）反馈机制的重要性

评估反馈是教学过程中不可或缺的环节，它不仅帮助教师了解学生的学习状况，还为学生的学业发展提供了方向性的指导。有效的反馈机制能够及时识别学生学习中的问题，并促使教师对教学策略进行必要的调整，从而提高教学效果和学生的学习体验。

1. 反馈在学生学习中的作用

及时反馈对学生的学习发展至关重要。当学生在学习过程中收到即时的反馈时，他们能够迅速了解自己的错误和不足，进而进行自我调整。这种即时性反馈能够帮助学生纠正学习中的偏差，巩固他们的知识基础，并增强他们对学习内容的理解和掌握。例如，在科学实验中，教师可以通过实时指导和反馈，帮助学生理解实验步骤中的错误，并指导他们改进实验操作。这种及时的反馈不仅提高了学生的学习效果，还增强了他们的学习动机和信心。

2. 反馈在教学改进中的作用

反馈不仅对学生发展重要，对于教师的教学改进也具有重要意义。通过评估反馈，教师可以获得关于学生学习进展的详细信息，从而识别教学中的薄弱环节，并据此调整教学内容和方法。例如，评估结果显示多数学生在某一科学概念的理解上存在困难时，教师可以针对这一概念设计更多的练习或采用不同的教学策略来加强教学效果。此外，反馈还可以促使教师反思和改进自己的教学方式，探索更加有效的教学方法，以更好地满足学生的学习需求。

（二）个性化反馈与差异化教学

在多样化的学生群体中，个性化反馈和差异化教学变得尤为重要。通过针对每个学生的评估结果提供个性化反馈，教师可以更好地支持学生的发展，并实施差异化教学，以满足不同学习水平学生的需求。

1. 根据评估结果调整教学策略

评估结果为教师调整教学策略提供了依据。通过分析评估数据，教师可以了解每个学生在不同学习内容上的掌握情况，并据此进行个性化的教学调整。例如，对于那些在评估中表现出色的学生，教师可以提供更加具有挑战性的任务或引导他们进行更深入的探究；而对于在某些知识点上存在困难的学生，教师则可以通过补充讲解、个别辅导或提供额外练习等方式帮助他们巩固基础知识。这种根据评估结果调整教学策略的做法，能够有效提升教学的针对性，确保每个学生都能在适合自己的节奏下取得进步。

2. 支持不同学习水平学生的成长

在一个班级中，学生的学习水平往往存在较大差异，因此，教师需要通过差异化教学来支持每个学生的成长。个性化反馈是实施差异化教学的重要手段之一。教师可以根据学生在评估中的表现，为他们设定不同的学习目标，并提供相应的学习资源和支持。例如，对于学习进度较慢的学生，教师可以给予更多的基础性练习并逐步提高任务的难度；而对于学习能力较强的学生，则可以鼓励他们参与更加复杂的项目或研究活动。这种差异化的教学方法，不仅帮助每个学生在自己的水平上不断进步，还能够激发他们的学习兴趣和潜力。

通过建立有效的反馈机制，教师可以及时了解学生的学习进展，调整教学策略，并实施差异化教学，以满足不同学生的需求。这不仅有助于提高教学效果，还能促进学生的全面发展，最终实现小学科学教育的目标。

第二节 教学反馈与持续改进

教学反馈在小学科学教育中扮演着至关重要的角色。它不仅是衡量学生学习效果的手段，更是促进学生成长和提升教学质量的关键因素。

通过有效的反馈，教师可以了解学生在学习中的困惑与不足，及时提供指导和支持，帮助学生克服学习障碍。反馈的过程也是学生自我反思和调整学习策略的机会，有助于他们更好地掌握科学知识，发展探究能力。教学反馈的及时性和准确性直接影响学生的学习动机和参与度，因此，在小学科学教育中，建立健全的反馈机制显得尤为重要。

一、教学反馈的类型与方法

（一）形式性反馈与总结性反馈

教学反馈可以分为形式性反馈和总结性反馈，这两种反馈方式在教学过程中扮演着不同的角色，并具有各自的优势和作用。

1. 课堂中的即时反馈

形式性反馈是指在教学过程中，教师通过观察学生的表现、提出问题或进行小测验等方式，及时了解学生的学习情况，并给予即时的指导和建议。这种反馈通常发生在课堂教学的实时情境中，是帮助学生即时纠正错误、巩固知识的重要手段。例如，教师在课堂上通过提问了解学生对某一科学概念的理解情况，如果发现学生存在误解，可以立即进行解释或举例说明，确保学生在理解问题之前不会继续进行新的学习内容。即时反馈具有高度的针对性和灵活性，能够帮助学生在学习的过程中不断调整和优化自己的学习策略。

2. 单元总结与期末反馈

总结性反馈通常发生在一个学习单元结束或学期末，通过考试、作业评阅、实验报告等形式对学生的学习成果进行系统性的评价。这种反馈方式旨在对学生在整个学习阶段中的表现进行总结，并为未来的学习提供指导。例如，期末考试和单元测验的成绩能够反映学生对所学知识的掌握情况，而教师在评阅作业或实验报告时的评论，则可以为学生指出学习中的优势和不足之处。总结性反馈具有总结和反思的作用，有助于学生全面回顾和整理所学内容，并通过教师的建议，明确下一阶段的学习重点和改进方向。

（二）定性反馈与定量反馈

根据反馈内容的不同，教学反馈还可以分为定性反馈和定量反馈。

这两种反馈方式结合使用，可以为学生提供全面的学习评价。

1. 观察与口头反馈

定性反馈主要通过教师的观察、课堂讨论、口头评价等方式进行，侧重于描述和解释学生的学习过程和表现。例如，教师在观察学生进行实验时，可以给予及时的口头建议，帮助他们纠正实验操作中的错误，或者在小组讨论后，教师可以通过口头反馈对学生的表达能力和思维深度进行评价。定性反馈通常具有描述性和建设性，能够帮助学生理解他们在学习过程中的表现，并明确如何进一步改进。定性反馈关注学生的学习态度、思维过程、合作能力等方面，是对学生学习行为的深度分析和指导。

2. 测试与作业评分

定量反馈则是通过测验、作业评分等量化的方式，提供学生学习成果的客观数据。定量反馈能够直观地反映学生对知识的掌握程度和学习效果，例如，通过测试成绩、作业分数或实验结果评分，教师可以了解学生在科学知识和技能方面的具体表现。定量反馈通常具有可量化和可比较的特点，便于教师识别学生的学习水平差异，并根据这些数据进行教学调整和资源分配。定量反馈在考试评估、作业批改等方面尤为重要，是对学生学习效果的直接衡量。

（三）反馈的来源

教学反馈的来源多样化，不仅限于教师的评价，还包括学生的自我评估和同伴互评，这些反馈形式共同作用，能够为学生提供全面的学习支持。

1. 教师反馈

教师反馈是教学反馈中最常见和最重要的来源。教师通过日常教学活动中的观察、评价和测试，了解学生的学习情况，并通过各种形式的反馈，帮助学生改进学习方法、纠正错误和提升学习效果。教师反馈具有专业性和权威性，能够为学生提供具有指导意义的学习建议。例如，教师在评阅作业或实验报告时，通常会指出学生的不足，并提供具体的改进建议，这对于学生的学习进步具有直接的促进作用。

2. 学生自评与同伴互评

学生自评和同伴互评是反馈的重要补充，通过这两种方式，学生能够参与到反馈过程中，培养自我反思和批判性思维能力。在学生自评中，学生通过自我反思来评价自己的学习表现，这有助于提高学生的自我认识和自我管理能力。同伴互评则是学生之间相互评价，通过交换意见，学生能够从他人的视角了解自己的学习表现，同时也能锻炼他们的沟通能力和合作意识。学生自评和同伴互评增强了学生的学习参与感，并促使他们在学习过程中更加主动和负责任。

通过形式性与总结性反馈、定性与定量反馈的结合，以及多元反馈来源的利用，教学反馈能够更全面、有效地支持小学科学教育中的学生发展。这些反馈类型和方法不仅能帮助学生提高学习效果，还为教师持续改进教学策略提供了重要的依据。

二、有效反馈的特征

（一）及时性

及时性是有效反馈的核心特征之一。在小学科学教育中，及时的反馈能够帮助学生在学习过程中迅速识别和纠正错误，避免误解的积累。及时反馈的作用在于它能立即影响学生的学习行为，使他们在学习的关键时刻得到必要的指导，从而促进更深层次的理解和掌握。例如，在科学实验课上，教师在观察到学生的操作失误时，能够立即给予纠正性反馈，这不仅有助于学生正确理解实验步骤，还能增强他们对实验过程的信心。及时性反馈缩短了学生在错误理解和正确理解之间的时间间隔，使学习过程更加高效。

（二）具体性

有效反馈必须具有具体性，这意味着反馈内容应当明确、详细，能够为学生提供清晰的改进方向。泛泛而谈的反馈往往难以对学生的学习产生实际影响，而具体的反馈则能够直接指出学生在哪些方面存在问题，以及如何进行改进。例如，教师在评阅学生的科学报告时，具体的反馈可能包括："你在描述实验过程时缺少对控制变量的详细说明，建议你在下一次报告中详细阐述这一部分。"这样的反馈不仅指出了学生的问题，还为他们提供了具体的行动指南，从而帮助他们在未来的学习中更有针对性地改进。

（三）可操作性

反馈的可操作性指的是反馈内容能够被学生理解并转化为具体的学习行动。有效的反馈不仅要指出问题，还要提供可行的解决方案，帮助学生将反馈转化为实践。例如，如果教师发现学生在理解某一科学概念时存在困难，反馈中除了指出这一问题，还可以建议学生通过阅读特定的教材章节、观看相关视频或进行额外练习来加强理解。这样的反馈帮助学生将学习改进转化为具体的行动步骤，从而有效提升学习效果。可操作性的反馈使学生在面对学习挑战时知道该采取什么措施，有助于增强他们的自主学习能力。

（四）积极性

有效反馈应当在激励和建设性批评之间找到平衡。积极的反馈不仅能够增强学生的自信心和学习动机，还能够引导他们在批评中看到改进的机会。教师在给予反馈时，既要肯定学生的努力和进步，也要以建设性的方式指出他们的不足。例如，教师可以这样反馈："你的实验设计非常有创意，这很好！不过在数据分析部分，建议你再仔细检查一下计算过程，这样结果会更准确。"这种反馈方式在肯定学生优点的同时，也提出了改进建议，使学生感到既受鼓励又有明确的提升方向。

总的来说，及时性、具体性、可操作性和积极性是有效反馈的四大特征。通过运用这些特征，教师能够为学生提供更加有价值的反馈，帮助他们在小学科学学习中不断进步和成长。有效的反馈不仅改善了学生的学习体验，还提升了教学效果，促使学生在科学探究中保持高昂的兴趣和持续的动力。

三、教学反馈在课堂中的作用

（一）反馈与学生学习行为的联系

教学反馈在课堂中起着至关重要的作用，它直接影响学生的学习行为，并在多个方面促进他们的学业发展。

1. 激发学习动机

有效的反馈能够显著激发学生的学习动机。当学生从教师那里获得正面反馈，特别是当他们的努力和进步得到认可时，他们的自信心和学习积极性会大大增强。比如，教师在学生完成一项科学实验后，对他们的操作技能和实验设计给予积极反馈，学生会感到自己的努力得到了肯定，这种激励能够促使他们在未来的学习中更加投入。此外，反馈还可以通过指出学生的潜力和鼓励进一步挑战，激发他们追求更高目标的动机。

2. 促进概念理解与掌握

反馈在帮助学生理解和掌握科学概念方面也起到了关键作用。教师通过反馈可以及时纠正学生的误解，帮助他们加深对复杂概念的理解。例如，当学生在课堂讨论中对某一科学概念表达不清时，教师可以通过引导性的问题或详细的解释，帮助学生澄清模糊的部分，巩固他们的理解。这样的反馈有助于学生更牢固地掌握知识点，并在今后的学习中更加自信地运用这些知识。

（二）反馈与科学探究能力的培养

1. 鼓励独立思考与实验探究

教师通过反馈可以有效鼓励学生进行独立思考和实验探究。对于学生在科学实验中的表现，教师可以提供具体的反馈，鼓励他们提出自己的假设，并进行自主实验。例如，当学生在实验设计中表现出创新性或提出了独特的实验方法时，教师的积极反馈能够增强他们的探究精神，促使他们继续深入思考和实践。这样的反馈不仅肯定了学生的努力，还引导他们在未来的科学探究中保持独立思考的习惯。

2. 指导解决科学问题

反馈在学生解决科学问题的过程中起到了指导和支持的作用。教师可以通过反馈帮助学生反思他们在问题解决中的思路和方法，从而提高他们的分析和解决能力。例如，当学生在解决一个复杂的科学问题时遇到困难，教师可以通过反馈提示他们重新审视问题，分析不同的解决路径，并提供相应的建议。这种反馈不仅能帮助学生解决当前的问题，还培养了他们面对科学问题时的思考框架和策略，提升了他们的科学探究能力。

(三) 反馈与学生自主学习的促进

1. 培养反思与自我评估能力

通过反馈，教师可以帮助学生培养反思和自我评估的能力。这种能力对于学生的长期学习至关重要。教师可以通过反馈引导学生反思自己的学习过程，识别出学习中的优势和不足。例如，在科学项目完成后，教师可以要求学生对自己的工作进行自评，评估哪些部分完成得好，哪些部分还有改进的空间。这种反馈方式促使学生主动参与学习，培养了他们的反思能力和自我评估的意识，有助于他们在未来的学习中更加独立和自律。

2. 鼓励持续学习与知识应用

反馈还可以鼓励学生持续学习和将知识应用于实际生活中。教师可以通过反馈指出学生的学习进步，并建议他们如何进一步扩展和应用所学知识。例如，教师在科学课后可以建议学生通过课外阅读或参与科学实验活动来巩固和扩展课堂上学到的知识。这样的反馈不仅帮助学生加深对学习内容的理解，还鼓励他们将科学知识应用于日常生活中，从而实现知识的迁移和实际应用。这种持续性的反馈支持了学生的终身学习和知识应用能力的培养。

通过在课堂中有效应用反馈，教师不仅能够激发学生的学习动机，还能够培养他们的科学探究能力和自主学习的习惯。这些反馈机制的运用，将有助于提升小学科学教育的整体质量，支持学生在科学学习中不断进步和成长。

四、持续改进的策略与方法

(一) 分析教学数据

数据驱动的教学改进是现代教育中提升教学效果的关键策略之一。通过科学的数据分析，教师可以深入了解学生的学习进展和教学中的不足，从而实施更有效的改进措施。

1. 分析学生成绩与反馈数据

学生成绩与反馈数据是反映教学效果的重要指标。通过对这些数据的系统分析，教师可以识别出学生在哪些知识点或技能上表现突出，哪些方面还需要进一步强化。成绩数据提供了学生学习成果的直接量化指标，反馈数据包括了学生对教学内容、教学方式及课堂氛围的主观感受。这些数据结合使用，可以让教师全面了解学生的学习状态。例如，教师可以使用数据分析工具来追踪学生的测验成绩，发现整体趋势和个体差异，进而调整教学内容的难度和进度。通过分析数据，教师能够更有针对性地制订教学计划，提高课堂教学的有效性。

2. 识别教学中的薄弱环节

通过对教学数据的深入分析，教师可以识别出教学中的薄弱环节。例如，如果多数学生在某个特定知识点上表现不佳，那么可能表明在这一部分的教学设计或教学方法上存在不足。识别出这些薄弱环节后，教师可以针对性地进行教学调整，如重新设计教学活动、提供额外的练习资源或采用不同的教学方法，以帮助学生更好地掌握相关内容。此外，教师还可以通过与同事讨论、参加教学研讨会等方式，进一步探讨解决这些薄弱环节的有效策略，从而不断优化教学质量。

（二）提升专业水平

教师的专业发展是持续改进教学的核心要素。通过不断反思和学习，教师可以提升自己的教学能力，更好地应对教育环境中的各种挑战。

1. 教师反思与同伴观察

教师反思是教学改进的重要手段。通过对自己教学过程的回顾和反思，教师可以发现自身的优点与不足，并制订相应的改进计划。反思不仅可以是个人的独立活动，还可以与同伴观察相结合。通过邀请同事进入课堂进行观察，教师可以获得来自同行的客观反馈。这种反馈通常涉及教学方法、课堂管理、学生互动等多个方面，有助于教师全面了解自己的教学风格和效果。此外，通过参与同伴观察，教师还可以学习到其他教师的优秀做法，并将其借鉴应用到自己的教学中，进一步提升教学水平。

2. 持续学习与提升教学技能

教师的持续学习和提升教学技能对于保持教学活力和适应教育变革至关重要。通过参加专业发展课程、教育研讨会及学术交流活动，教师可以不断更新自己的知识体系，掌握最新的教育理论和教学技术。例如，教师可以参加关于科学探究教学的培训，学习如何更有效地引导学生进行实验和问题解决。这种持续的专业发展不仅提高了教师的教学技能，还增强了他们对新教学工具和方法的接受能力，使他们能够在不断变化的教育环境中保持竞争力。

（三）优化学习环境和资源

学习环境和教学资源的优化是支持教学改进的重要条件。通过根据反馈调整课程和资源，教师可以为学生提供更加适合他们需求的学习环境。

1. 调整课程与资源

基于学生反馈，教师可以对现有的课程和教学资源进行调整，以更好地满足学生的学习需求。例如，如果学生普遍反映某一单元的教学内容过于抽象，教师可以考虑引入更多的实际案例或视觉化教学资源，帮助学生更好地理解知识。此外，教师还可以根据学生的兴趣和学习风格，增加或调整课程中的选修内容和项目式学习活动，从而提高学生的学习参与度和效果。通过反馈驱动的课程调整，教师能够更加灵活地应对不同学生的需求，提供个性化的学习体验。

2. 应用技术支持与创新教学工具

技术的进步为教学工具的创新提供了广阔的空间。教师可以利用各种教育技术工具，如在线学习平台、虚拟实验室、互动式白板等，丰富课堂教学的形式和内容。例如，教师可以使用虚拟实验室让学生在数字环境中进行科学实验，这不仅增加了实验的可操作性，还消除了传统实验室资源有限的限制。此外，在线测评工具和数据分析软件的应用，也使教师能够更加精准地跟踪学生的学习进展，并及时进行教学调整。通过引入这些创新的教学工具，教师可以大幅提升课堂教学的互动性和效率，促进学生更深入的学习。

通过数据驱动的教学改进、教师专业发展的持续推进，以及学习环境和资源的优化，教师可以不断提升教学质量，满足学生多样化的学习需求。这种持续改进的策略和方法不仅有助于实现小学科学教育的目标，还为学生的长期发展奠定了坚实的基础。

第三节
数字技术在评估中的应用

随着信息技术的迅猛发展，数字技术已深刻融入现代教育的各个方面，从教学内容的呈现到学生学习方式的转变，数字技术正逐渐成为教育领域的核心驱动力。在线学习平台、虚拟课堂、智能教学系统等数字工具的广泛应用，使得教学资源的获取更加便捷，教学方法更加多样化。同时，数字技术也促进了个性化学习的发展，通过大数据和人工智能技术，教育工作者能够更精确地了解学生的学习需求，并提供量身定制的教学方案。此外，随着虚拟现实（VR）、增强现实（AR）等技术的逐步成熟，学生可以通过沉浸式学习环境更直观地理解复杂的科学概念，极大地提高了学习效果。

一、数字技术评估的类型与工具

（一）在线测试与测验平台

数字技术在教育评估中的应用，最为广泛和直接的便是在线测试与测验平台。这类平台不仅改变了传统测试的形式，还极大地提高了评估的效率和效果。

1. 实时测评

实时测评工具是在线测试平台的重要组成部分，这些工具允许教师在教学过程中随时进行测验，快速了解学生对知识点的掌握情况。例如，教师可以在讲解完一个科学概念后，立即发起一项小测验，通过学生在平台上的实时回答，迅速获取全班的掌握情况。这种即时性测评不仅使教师能够及时调整教学内容和节奏，还可以有效识别学生的个体差异，为后续的个性化教学提供依据。实时测评工具还可以在课堂外使用，学生在家中完成在线测验后，教师能够即时查看结果并给出反馈，大大缩短了评估与反馈的时间间隔。

2. 自动评分与数据分析

在线测试平台的另一大优势在于自动评分和数据分析功能。传统的纸笔测试需要教师花费大量时间进行阅卷和评分，而在线测试平台则能够自动完成这些工作。自动评分系统不仅能够准确无误地处理大量测试数据，还能够立即生成学生的成绩报告，减少了人为误差。同时，平台还具备强大的数据分析功能，能够对学生的作答情况进行深入分析，识别出共性错误和知识盲点。通过对这些数据的分析，教师可以更好地了解学生的学习状态，并在教学中进行针对性调整。此外，自动评分与数据分析还支持教师对学生的学习进展进行长期跟踪，形成全面的学习档案，为学生的持续发展提供数据支持。

（二）数字化观察与记录工具

数字化观察与记录工具是现代教育评估中不可或缺的一部分，它们为教师提供了更加精确和全面的学生表现记录方式。

1. 学生表现的数字化记录

在传统的课堂观察中，教师通常依靠手写笔记来记录学生的表现，这不仅耗时，而且容易遗漏细节。数字化观察工具改变了这一状况，它们允许教师在课堂上通过平板电脑或智能手机实时记录学生的表现。这些工具可以捕捉学生在课堂活动中的参与度、合作表现、科学实验中的操作技能等多方面的信息，形成详细的观察记录。通过数字化记录，教师可以更全面地了解学生的学习过程，识别出潜在的问题，并根据这些记录为学生提供个性化的反馈和指导。

2. 教师评估与反馈的数字化支持

数字化工具不仅帮助教师记录学生的表现，还为评估和反馈提供了强有力的支持。教师可以通过这些工具生成学生的表现报告，并直接通过平台向学生或家长发送反馈信息。数字化支持系统还允许教师在评估过程中使用标准化的评分表或评价标准，确保评估的客观性和一致性。

此外，这些工具还能够整合多次评估的数据，帮助教师分析学生的进步情况，识别出长期趋势，并对教学效果进行反思与改进。通过数字化评估与反馈的结合，教师可以更有效地管理教学评估过程，提高工作效率，并为学生提供更加及时和有效的学习指导。

（三）学习管理系统（LMS）中的评估功能

1. 学生进度的跟踪与评估

LMS 中的评估功能允许教师全面跟踪学生的学习进度，并进行阶段性评估。这些系统能够整合学生的测试成绩、作业完成情况、课堂参与度等数据，形成综合的学业表现报告。通过这些报告，教师可以了解每个学生的学习进展，识别出哪些学生需要额外的帮助或挑战。此外，LMS 还可以生成个性化的学习建议，根据学生的评估数据推荐适合他们的学习资源和活动。这种个性化的学习路径不仅能够满足学生的不同需求，还能提高他们的学习效果。

2. 个性化学习路径与评估数据的整合

LMS 中的评估功能不仅关注当前的学习成果，还为学生提供了个性化的学习路径。系统通过分析学生的评估数据，自动调整学习内容的难度和进度，确保每个学生都能在适合自己的节奏下学习。比如，对于在某些科学概念上表现不佳的学生，系统可能会推送额外的练习题或提供更详细的解释资源，而对于表现优异的学生，则可能会推荐更具挑战性的项目或深入学习材料。这种个性化的学习路径大大提高了学习的针对性和有效性，使得每个学生都能够充分发挥他们的潜力。此外，LMS 能够整合多种评估数据，为教师提供全面的学生学习档案，帮助教师进行长期的教学规划和调整。

通过在线测试平台、数字化观察与记录工具及学习管理系统的综合应用，数字技术不仅革新了小学科学教育的评估方式，还为教育工作者提供了强大的工具来提升教学效果。这些数字评估工具的有效整合，帮助教师更好地理解学生的学习需求，提供个性化的教育支持，并推动整体教育质量的提升。

二、数字技术提高评估的效率与准确性

（一）实时反馈与个性化评估

1. 调整教学内容与方法

实时数据反馈是数字技术在教育评估中的一大优势。通过在线测试平台和其他数字工具，教师可以在教学过程中立即获取学生的作答情况。这些实时数据允许教师迅速了解学生对某一知识点的掌握程度，并根据学生的表现即时调整教学内容和方法。例如，当发现大部分学生在某个测试题目上出现困难时，教师可以立刻停下来，重新讲解相关概念，或者安排小组讨论来加强理解。这种即时性的反馈不仅提高了课堂教学的灵活性，还能有效避免知识盲点的累积，从而提升整体教学效果。

2. 提升个性化学习实效

数字技术使得个性化评估成为可能。通过分析实时反馈数据，系统能够生成针对每个学生的个性化教学建议。这些建议可以包括额外的学习材料、特定的练习题或者个别辅导的建议，帮助学生更好地理解和掌握所学内容。例如，对于学生在在线测验中表现较弱的领域，系统会自动推送相关的学习资源，或者建议教师为这些学生安排补充练习。这种基于数据的个性化评估，确保每个学生都能得到符合其学习需求的支持，从而最大限度地提升学习效果。

（二）自动化评分系统

1. 减轻教师评分负担

传统的纸笔测试和作业批改需要教师花费大量时间进行评分，而自动化评分系统通过算法和数据处理技术，能够快速、准确地完成这些任务。这不仅大大减轻了教师的工作量，使他们能够将更多精力投入教学设计和学生辅导中，还提高了评分的效率。例如，一个大型的在线测验中，系统可以在短时间内完成所有学生的评分，并生成详细的成绩报告，极大地提高了评估工作的效率。

2. 提高评分的客观性与一致性

自动化评分系统还显著提高了评估的客观性与一致性。在传统的手

工评分中，教师的主观判断难免会影响评分的公平性和准确性。而自动化评分系统通过预设的评分标准和算法，确保每个学生的作答都能依据同样的标准进行评分，消除了主观偏差。例如，选择题和填空题的评分可以完全自动化处理，即使是开放性问题，系统也可以通过关键词和结构分析来进行初步评估。这种一致性和客观性确保了每个学生的成绩都能准确反映其真实的学习水平。

（三）数据分析与教学决策支持

1. 统计与分析评估数据

数字评估工具能够自动收集和处理大量的评估数据，生成详尽的统计分析报告。这些报告可以展示学生的整体表现趋势、个体进步情况、常见错误分布以及各个知识点的掌握情况。例如，系统可以生成学生在不同测验中的表现对比，识别出哪些知识点需要进一步复习。通过这些数据分析，教师能够更全面地了解学生的学习状态，从而制订更加有效的教学计划。统计分析不仅限于单次评估，还可以通过长期数据积累，帮助教师识别出学生的学习模式和趋势，为个性化教学提供数据支持。

2. 改进教学策略

数据分析的结果为教师的教学改进提供了重要依据。通过对评估数据的深入分析，教师可以发现教学中的薄弱环节，例如，某些知识点的普遍掌握程度不高，或者某些教学方法在特定学生群体中效果不佳。基于这些发现，教师可以有针对性地调整教学内容和方法，例如，加强对某一知识点的讲解，或者引入新的教学策略。此外，教师还可以根据数据反馈的结果，设计更有针对性的练习和辅导计划，确保每个学生都能获得必要的支持。数据驱动的教学改进决策，使得教学过程更加科学和有效，有助于持续提升学生的学习效果。

通过实时反馈、自动化评分和数据分析，数字技术在提高评估的效率与准确性方面发挥了重要作用。这不仅帮助教师更好地了解学生的学习情况，也为教学决策提供了坚实的基础，推动了教学质量的不断提升。

三、数字技术支持下的多样化评估方法

（一）游戏化评估与互动式学习

1. 通过游戏评估学生能力

游戏化评估是一种通过将游戏元素融入学习和评估中，激发学生兴趣并测量他们学习能力的方式。在教育游戏中，学生通过完成任务、解决问题和参与互动，展示他们对知识的掌握情况和应用能力。例如，一款科学教育游戏可能会让学生在虚拟环境中进行实验操作、解决环境问题或进行生物分类，通过这些活动，游戏系统可以实时评估学生的操作技能、科学理解和问题解决能力。由于游戏的娱乐性和互动性，学生在参与评估时感受到的压力较小，同时也更容易展现出真实的学习水平。游戏化评估不仅提升了学生的学习动机，还提供了一个动态的评估环境，使评估过程更加灵活和生动。

2. 互动式学习工具中的评估应用

互动式学习工具，如在线互动白板、学习应用程序和虚拟课堂平台，也为评估提供了新的可能性。通过这些工具，教师可以设计互动式评估活动，如实时测验、课堂问答和小组讨论等，及时了解学生的理解和掌握情况。例如，在一节科学课上，教师可以通过在线互动白板发布一组问题，学生通过平板电脑或智能手机实时作答，系统即时收集和分析答案，帮助教师迅速识别学习中的薄弱环节。此外，互动式学习工具还支持学生之间的协作学习和互评，进一步丰富了评估的方式和内容。这些工具使评估过程更加灵活和即时，能够更好地支持教学中的个性化调整。

（二）数字化项目与作品评估

1. 数字作品集与学生成长记录

数字作品集是一种记录和展示学生成长过程的评估工具，学生可以通过上传自己的项目、实验报告、论文和多媒体作品，展示他们的学习成果和创意发展。这些作品集不仅是学生学习成果的展示平台，也是教师评估学生进步的依据。通过定期更新和审阅作品集，教师可以追踪学生的成长轨迹，了解他们在不同学习阶段的表现和发展。数字作品集还

允许学生自我反思，通过回顾自己的作品，学生可以发现自己的进步点和需要改进的地方，增强自我评估和学习调节能力。作品集的数字化还使得评估过程更加灵活和方便，教师可以随时查看学生的工作，给予及时的反馈。

2. 线上展示与同伴评审

线上展示和同伴评审是数字化项目评估的重要组成部分。学生通过在线平台展示他们的项目成果，接受教师和同伴的评审与反馈。例如，学生可以在虚拟展览中展示他们的科学实验结果，其他学生可以观看并提供反馈。这种评估方式不仅让学生有机会展示自己的成就，还培养了他们的批判性思维和沟通能力。同伴评审鼓励学生从不同的视角审视问题，提高了他们的分析能力和团队合作精神。线上展示和评审的数字化使得评估过程更加开放和互动，有助于形成一个积极的学习社区。

（三）虚拟实验室与模拟环境中的评估

1. 虚拟实验室在科学评估中的应用

虚拟实验室是科学教育中的一种创新工具，它允许学生在数字环境中进行实验操作，探索科学现象。这些虚拟实验室通常配备了模拟实验器材和化学反应环境，学生可以在其中设计实验、操作仪器、收集数据和分析结果。通过对学生在虚拟实验中的操作步骤、数据记录和实验结果的评估，教师能够了解学生的实验设计能力、动手操作技能和数据分析水平。例如，在虚拟化学实验室中，学生可以通过混合化学物质观察反应，并根据实验结果得出结论。虚拟实验室的评估不仅可以避免真实实验中可能出现的安全问题，还能够提供更多的实验机会，丰富学生的实践经验。

2. 模拟环境中的探究能力评估

模拟环境为学生提供了一个接近真实世界的学习场景，评估学生在这些环境中的表现，能够全面反映他们的探究能力和问题解决能力。例如，教师可以使用地理模拟软件让学生分析气候变化对不同地区的影响，学生需要运用他们的科学知识和探究技能，提出假设、进行模拟实验，并最终得出结论。这些模拟环境的评估关注学生在复杂情境中的表现，包括他们如何应用知识、制定决策和解决问题。通过这种方式，教师可以评估学生的综合能力，帮助他们在未来的学习中更加有效地应用所学知识。

通过游戏化评估、数字化项目评估及虚拟实验与模拟环境中的评估，数字技术为教育评估带来了前所未有的多样化和灵活性。这些评估方法不仅提升了学生的学习体验，还为教师提供了更全面和精准的学生能力评估手段，有助于全面提升小学科学教育的质量。

参考文献

［1］张国富. 小学科学本体和教育价值的实现［M］. 北京：首都师范大学出版社，2022.

［2］蔡矛，黄海旺. 中国百年教科书史　小学科学卷［M］. 北京：人民教育出版社，2021.

［3］卢明强. 创新驱动小学科学教育新思路［M］. 昆明：云南科技出版社，2021.

［4］成艳萍，马颖琳. 科学素养导向下的小学科学教育实践［M］. 长春：东北师范大学出版社，2022.

［5］潘洪建，王天锋，等. 小学科学课程与教学论［M］. 镇江：江苏大学出版社，2022.

［6］吴逢高. STEM 教育小学科学教育我们这样做［M］. 西安：陕西科学技术出版社，2021.

［7］谭晓泉，张俊锋. 小学科学+生活融合实践研究［M］. 重庆：重庆大学出版社，2022.

［8］滕俊玲. 孩子们的科学小学科学课外实践活动组织案例［M］. 杭州：浙江工商大学出版社，2022.

［9］张彩琴. 小学科学生活化主题 STEM 课程建构［M］. 福州：福建教育出版社，2022.

［10］唐仁成. 新课程背景下小学科学有效性教学研究［M］. 长春：吉林人民出版社，2021.

［11］李刚. 科学教育中大概念的课程转化研究：以小学科学课程中的能量大概念为例［M］. 南昌：江西人民出版社，2021.

［12］王云. 小学科学探究与思维培养［M］. 苏州：苏州大学出版

社，2017.

［13］张平柯，范增. 小学科学教师成长指导与实践案例［M］. 武汉：武汉大学出版社，2018.

［14］陈峰. 小学科学［M］. 上海：上海科学技术出版社，2008.

［15］丁耀方. 微课实录丛书小学科学卷［M］. 宁波：宁波出版社，2017.

［16］张奇，沈群，韩志伟. 小学科学教学心理学［M］. 北京：北京教育出版社，1999.

［17］卢新祁. 小学科学教学法［M］. 长春：东北师范大学出版社，2005.

［18］袁优红. 新课程背景下小学科学有效教学探索　上学生喜欢的科学课［M］. 上海：上海交通大学出版社，2018.

［19］陆多林. 学习评价问题诊断与解决　小学科学［M］. 长春：东北师范大学出版社，2015.

［20］侯琳波，贺红山. 小学教育科学研究方法［M］. 长沙：湖南大学出版社，2020.

［21］宋汉阁. 小学科学课教学指要［M］. 长春：东北师范大学出版社，2002.

［22］涂桂庆. 小学科学课程教与学的实践研究［M］. 北京：首都师范大学出版社，2011.

［23］王欢名校长工作室，北京史家教育集团，北京知行华夏教育科技有限公司组. 家庭教育指导手册［M］. 北京：机械工业出版社，2023.

［24］李镇西. 聆听教育大智慧［M］. 成都：四川人民出版社，2022.

［25］黄莹. 法治教育进校园［M］. 武汉：武汉大学出版社，2022.

［26］赵传栋. 跨学科教育原理［M］. 上海：上海远东出版社，2022.

[27] 绿春县教育体育局. 绿春县教育志 [M]. 青岛：中国海洋大学出版社，2022.

[28] 王坤庆，岳伟. 教育哲学论纲 [M]. 北京：人民教育出版社，2022.

[29] 罗星凯，李萍昌. 探究：小学科学教学的思想、观点与策略 [M]. 北京：人民教育出版社，2003.

[30] 胡承东，等. 每课一练　小学科学　三年级上 [M]. 杭州：浙江少年儿童出版社，2004.